UNDER NEW

"기존의 경영 원칙들에 도전하는 동시에, 실제로 조직의 높은 성과를 끌어내는 반직관적인 방식들을 보여준다. 이 책은 왜 고객을 우선순위에서 둘째로 놓아야 하고, 개방형 사무실을 폐쇄해야 하며, 업무실적 평가를 없애야 하는지 그 이유를 도발적으로 설명해준다."

애덤 그랜트《오리지널스》의 저자

"경영의 기본이라고 여겨지는 모든 것을 재고하라. 데이비드 버커스는 소위 모범 사례에 대해 이의를 제기하고 오늘날 리딩 기업들이 어떻게 직원의 재능을 발휘하게 하는지 보여준다. 새로운 세상에서 앞서 나가고 싶다면 이 책을 읽어야 한다!"

리즈 와이즈먼《멀티플라이어》의 저자

"당신의 회사는 20세기 경영 표준의 틀을 과감히 벗어나 새로운 접근을 시도할 준비가 되어 있는가? 데이비드 버커스는 바로 그 길을 가고 있는 수십 개 기업의 이야기를 여기 모아놓았다. 이들 기업은 기존의 규칙을 뒤집고, 놀랄 만한 수준의 투명성과 자율성을 바탕으로 회사를 운영하고 있다. 더욱 좋은 소식은, 당신도 따라 할 수 있도록 버커스가 그 방법을 알려준다는 것이다."

다니엘 핑크《드라이브》의 저자

ANAGEMENT

"데이비드 버커스는 데이터로 입증된 새로운 경영의 시대를 열 수 있는 혁신적인 아이디어를 소개한다. 이메일 사용을 금지하고, 개방형 사무실을 없앤다. 직원들이 원할 때마다 휴가를 가게 해주고, 인사고과를 폐지하면 성과는 더 올라갈 수 있다."
하이디 그랜트 할버슨 《어떻게 의욕을 끌어낼 것인가》의 저자

"나는 이 책을 친구와 동료들에게 입에 침이 마르도록 칭찬하고 다닌다. 만약 더 나은 경영자나 관리자가 되는 법에 관한 책을 읽고 싶다면, 이책으로 시작하라. 데이비드 버커스는 경영에 관한 최신 연구 결과와 대담한 아이디어들을 놀라울 정도로 설득력 있게 엮어냈다."
톰 래스 《당신은 완전히 충전됐습니까?》의 저자

"20세기의 경영 원칙을 신봉하는 기업이 미래의 성공을 거머쥘 수는 없다. 이 책에는 기업과 조직이 획기적인 성공을 거두는 데 밑바탕이 될 아이디어들이 풍부하게 제시되어 있다. 우리에게 통념을 버리라고 요구하고, 실제 성공을 거둔 기업의 사례와 다양한 연구 결과로 설득력을 높인다."
휘트니 존슨 《자신을 파괴하라》의 저자

데이비드 버커스

경영의 이동

데이비드 버커스 지음
장진원 옮김

데이비드 버커스

경영의 이동

지금까지 세상에 없던
성공의 방식

UNDER NEW
MANAGEMENT

한국경제신문

"무엇부터 바꿔야 합니까?"

"위대한 경영자들은 제품을 혁신하지 않습니다. 그들은 공장을 혁신합니다." 나는 이 문장으로 이 책을 시작하고 싶었다. 이 책을 쓰기 위해 많은 사람과 인터뷰를 했는데, 그중 섬올(SumAll)의 CEO인 데인 앳킨슨(Dane Atkinson)이 한 말이다. 당시 나는 여기 수록하고자 마음먹은 여러 아이디어 중 '급여 공개'에 관해 논의하고자 그를 만났다. 그런데 그가 우리의 아이디어 중 몇 가지를 이전부터 이미 활용해왔다는 것을 알게 됐다. 그는 그 밖에 새로 접하는 우리의 아이디어들에 대해서도 엄청난 관심을 보였다. 내가 그에게서 배우는 만큼 그 역시 나에게서 많은 것을 배우고자 했다. 왜? 앳킨슨은 제품이 아니라 공장을 혁신하고자 노력하는 경영자였기 때문이다.

여기서, '공장'이란 업무가 처리되는 모든 곳을 의미한다. 공장을 혁신하는 것이 얼마나 중요한지는 지난 수백 년간 한결같이 강조되어왔다. 이는 경영자들이 제품과 전략보다 업무 환경을 혁신하는 일에 더욱 집중해야 한다는 의미다. 그래야만 직원들이 최고의 업무 성과를 낼 수 있기 때문이다. 그러한 생각은 '과학적 관리법(The Principle of Scientific Management)'의 창시자인 프레더릭 윈즐로 테일러(Frederick Winslow Taylor)가 같은 이름의 책을 썼던 1911년 당시에도 유효했으며, 그로부터 100년이 지난 오늘날에도 여전히 유효하다. 테일러의 시대가 지난 뒤 대부분 기업에서는 행하는 업무의 본질이 현저하게 바뀌었다. 그러므로 업무에 대한 관리 방법 역시 당연히 바뀌어야 한다. 뛰어난 경영자들은 일찍이 이를 예견하고 그에 따라 변화를 이끌고 있다. 그들은 자신들의 회사를 혁신하고 있으며, 그 혁신 방법은 이 책에 나와 있는 것들 외에도 무수히 많다. 이러한 아이디어들에 대해 이야기할 때마다 나는 종종 그러한 '미래'가 이미 도래했으며, 다만 그것이 고르게 퍼지지 않았을 뿐이라고 말한다.

현세대의 탁월한 경영자들은 이미 자신들의 회사를 혁신했다. 그러한 혁신들은 최고의 인재가 자사로 모여들게 하고 계속해서 회사에 남게 하는 동시에, 그들이 더 나은 성과를 내도록 도와주고 있다. 다른 모든 리더도 이를 따라, 직원들로 하여금 최고의 성과를 내게 하는 변화의 방법을 찾아내야만 한다. 그렇지 않으면, 미래는 없다.

여기서 당연히 나오는 질문은 '그럼 어디서부터 시작해야 하는가?' 이다. 그래서 이 책에서는 앞서가는 조직과 기업들이 사용하는 정책 중 인력과 관련한 열세 가지 방법을 설명하고자 한다. 이어서 이들 정책을 기존의 통상적 경영 관리 방법과 비교한 과학적 연구 결과들을 제시할 것이다. 전통적인 방식으로 경영을 하고 있는 많이 이들이 내게 묻는다. "무엇부터 바꿔야 합니까?" 나는 이 질문을 자주 받기 때문에 당신이 또 한 번 묻는다고 해서 놀라지는 않을 것이다. 오히려, 그 질문에 대한 나의 답변이 당신을 놀라게 할 것이다. 나의 대답이 "제거(elimination)하세요"이기 때문이다. 즉 이 책에 나와 있는 아이디어들의 핵심은 무언가를 더해 조직을 정비하는 데 있는 것이 아니라 오히려 무언가를 없애는 데 있다는 뜻이다.

당신의 직원들이 더 나은 성과를 내도록 돕기 위해 무엇을 바꿔야 할지 찾고 있다면, 무엇을 더할지가 아니라 무엇을 제거해야 할지부터 살펴봐야 한다. 이 책에 나오는 대부분의 아이디어는 장애물을 제거하는 것에서 시작한다. 휴가를 예로 들어보자. 대부분 기업은 직원들에게 정기적으로 휴가를 준다. 하지만 넷플릭스(Netflix)의 리드 헤이스팅스(Reed Hastings)는 기존의 휴가 정책에 대해 직원들이 지나치게 통제적이라 느끼고, 기업과 직원 사이에 불신의 싹이 될 수 있음을 알게 됐다. 그래서 휴가 정책을 폐기했다. 또 다른 예로 이메일도 있다. 오늘날 기업 업무에서 이메일은 필수적인 수단으로 여겨진다. 하지만 아토스(Atos SE)의 티에리 브르통(Thierry Breton)은 이메일 사용 습관이 회사에서의 효과적 소통에 장애가 된다는 것을 알게 됐다. 그래서 이메일을 금지했다. 모든 기업에서 연례행사처럼 치러지는 실적 평가는 어떨까? 어도비 시스템즈(Adobe Systems)의 도나 모리스(Donna Morris)는 업무실적 평가가 직원들에게 별로 도움을 주지 못한다는 것을 알게 됐고, 그래서 평가를 중단했다.

경영자들은 가장 먼저 무엇이 제거되고 간소화되어야 하는지를 살펴봄으로써 적절한 혁신 방법을 찾아냈다. 위대한 작가 앙투안 드 생텍쥐페리(Antoine de Saint Exupéry) 역시 이렇게 말했다. "완벽이란 더는 더할 것이 없을 때가 아니라, 더는 없앨 것이 없을 때 이뤄진다."

'제거'라는 접근법은 이러한 혁신을 시작하는 데 무척 유용하며, 그 출발점은 바로 '대화'다. 나는 여러분이 이 책을 다 읽은 뒤 대화를 시작하기를 기대한다. 만약 당신이 중간 관리자 또는 고위 경영자라면, 이 책에서 영감을 얻어 당신의 조직을 어떻게 변화시킬지에 대한 대화를 시작하길 희망한다. 만약 당신이 일반 직원이라면, 경영진을 만나 변화에 대한 논의를 시작하는 데 필요한 이야깃거리를 얻기를 바란다. 어떤 경우든, 나는 당신이 이 책을 다 읽고 나서 독자인 당신과 나 또한 대화를 시작할 수 있기를 진심으로 바란다.

데이비드 버커스

UNDER NEW MANAGEMENT
CONTENTS

새로운 경영으로 이동하라

1898년, 베들레헴 아이언 컴퍼니(Bethlehem Iron Company)는 어려움에 빠져 있었다. 갈수록 치열해지는 경쟁 속에 설 땅을 빠르게 잃어가고 있었던 것이다. 우선 이 회사는 사명이 잘못 지어졌다. 이들이 생산하는 것은 아이언(iron, 철)이 아니라 스틸(steel, 철강)이었으니 말이다. 이유가 꼭 그것뿐인 것은 아니었겠지만, 당시 경제의 핵심이던 철도 산업에서 주요 철강 공급자로서의 위치를 카네기 스틸 컴퍼니(Carnegie Steel Company) 등에 급속도로 빼앗기고 있었다.

베들레헴의 경영진은 회사를 되살리기 위해 흥미로운 이력을 가진 중년의 지적인 인사를 고용했다. 그는 하버드대학교에서 계속 공부할 생각으로 명문 사립고등학교인 필립스 엑스터 아카데미에 다녔다. 그러나 하버드 입학 시험을 뛰어난 성적으로 통과한 후에, 그는 돌연 학교에 다니지 않기로 결정한다. 놀랍게도, 기술자의 길을 택한 것이다. 기계 기술자로서 그는 가장 낮은 직급부터 시작해 현장 감독이 됐다. 현장 감독이 된 후에도 주간에는 일을 계속하면서 야간에는 기계공학을 공부했다. 이윽고 자신의 학문적 지식과 노동자로서의 경험을 결합할 수 있게 되었고, 이를 바탕으로 컨설턴트가 되기로 마음먹었다. 그가 바로 '과학적 관리법'의 창시자인 프레더릭 윈즐로 테일러다.

1898년 베들레헴에 스카우트되었을 때 그는 공장의 생산 효율을 극대화할 수 있는 새로운 관리 도구들을 가지고 왔다. 그의 방법은 생산 시스템의 모든 작업을 체계적으로 연구하여 불필요한 작업은 제거하고, 노동자들에게 각각의 작업을 자세하고 구체적으로 훈련시키는 것이었다. 테일러는 생산 시스템과 작업 방식을 완성한 후, 시급을 없애고 특정한 임금률(pay rate)이라는 걸 부여했다. 즉 노동자들이 각자 책임져야 할 특정 구간의 일에 대해 임금을 매긴 것이다. 그는 이를 통해 노동자를 완벽하게 만들고자 했다.

이러한 성과급(piece-rate) 체계는 생산 속도를 빠르게 하고 노동자들의 근무 태만을 줄이는 방법으로 보였다. 테일러는 "대충 일하면서도 고용인에게는 그게 가장 적당한 속도라고 둘러대는 노동자가 대부분입니다"라고 말하곤 했다.[1] 그 적당한 속도가 정말로 어떤 것인지를 연구하는 것이 컨설턴트인 테일러의 역할이었다.

테일러는 생산 도구들도 연구했다. 그는 노동자 한 사람이 삽 하나로 나를 수 있는 가장 효과적인 무게가 약 10킬로그램이라고 주장했다. 하지만 노동자들은 나르는 재료가 무엇인지에 상관없이 대개 똑같은 삽을 사용했고, 그래서 그들이 실제로 옮겨 나르는 무게는 들쭉날쭉했다. 이에 대해서도 테일러의 임무는 재료마다 정확하게 10킬로그램을 퍼내는 삽을 찾거나 설계하는 것이었다.

테일러는 그러한 특정 수준의 효율성을 발견해내는 능력은 평범한 노동자의 지적 수준을 넘어선다고 보았다. 그가 생각하기에 이상적인 노동자란 거대한 기계 속의 톱니바퀴에 지나지 않았으며, 한 가지 작업만 하도록 훈련받고 그 일을 최적으로 했을 때 보상받는 것이었다. 테일러는 "작업 방식의 강제적 표준화, 최상의 도구 및 작업 조건의 강제적 도입, 작업 속도 단축을 위한 강제적 협동을 통해서만이 더 빠른 작업이 보장됩니다. 그리고 이러한 표준을 채택하도록 강요하고 협동을 감독할 책임은 전적으로 경영진에게 있습니다"라고 주장했다.[2] 한마디로, 테일러에게 노동자들은 두뇌가 필요 없고 단지 육체만이 필요한 존재였다.

당연히, 그의 아이디어들은 노동자들에게 쉽사리 받아들여지지 않았다. 이 엄격한 작업 방식이 실제로 생산성을 높이긴 했지만, 종전 방식에 익숙한 노동자와 관리자들의 불만 역시 초래했다. 결국, 테일러는 관리자들과의 불화 끝에 1901년 베들레

헴에서 쫓겨났다. 그러나 그는 '과학적 관리'라는 원칙을 고수
했고, 오히려 자신의 생각을 알리는 데 노력했다. 그의 아이디
어는 곳곳에서 기꺼이 채택됐다.

테일러의 과학적 관리라는 개념은 시의적절하게 등장한 셈이
었다. 1800년대가 시작되기 바로 전까지는, 똑똑한 관리자들이
다수의 비숙련 노동자들을 감독할 필요가 거의 없었다. 1790년
경에는 미국 내 노동 인구의 90퍼센트가 농장에서 살면서 음식
은 물론 의류, 가구, 비누와 초 등을 직접 만들었다.[3] 그나마 몇
안 되던 소규모의 상업적 생산조차 집을 겸하는 조그만 가게에
서 숙련된 장인들에 의해 이뤄졌다.

산업혁명은 그 모든 것을 바꾸어놓았다. 새로운 기계가 발명
되고 기계의 동력원이 발견됨에 따라, 다양한 공장이 들어서고
생산 속도도 놀랄 정도로 빨라졌다. 테일러가 베들레헴에서 일
을 시작하기 직전인 1890년과 산업혁명이 세계를 휩쓴 1958년
사이에 미국의 노동시간당 제조업 생산량은 거의 다섯 배로 늘
었다.[4] 물론 그 이후에도 생산량은 계속해서 빠르게 증가했다.
장인이 혼자 만들던 제품들은 이제 대규모 공장에서 대량으로
생산됐다. 공장들은 종업원을 필요로 했고, 종업원들은 관리자
를 필요로 했으며, 관리자들은 관리 도구를 필요로 했다.

이러한 공장에서 사람들을 관리하는 도구를 제공한 사람이
바로 테일러다. 그의 아이디어는 생산의 속도와 효율을 극적으
로 증대시켰고 회사가 성장하는 데 큰 도움이 됐다. 20세기의

경이적인 경제 성장이 대부분 테일러의 경영 개념과 거기서 영향을 받은 개념들에서 비롯됐다고 말하는 사람들도 있다. 인구 대다수가 농장에서 공장으로 이동함에 따라, 성장의 견인차 역할을 한 그의 경영 방식은 이론의 여지가 없는 경영 표준이자 일련의 보편적 경영 도구로 자리 잡았다. 시간이 지나면서 또 다른 이들이 테일러의 작품을 발전시켰고, 테일러의 아이디어에서 파생된 더 많은 도구를 추가했다. 어떤 경우에는 테일러의 개념을 아예 대신하기도 했다. 궁극적으로는 이 모든 것이 대규모 제조회사를 경영하는 도구의 일부가 됐다. 테일러의 생각에서 파생된 가장 색다른 아이디어들조차 여전히 대규모 제조회사의 경영자들과 관리자들이 사용해야 하는 도구로 자리 잡았다.

테일러의 강연 내용은 얼마 안 가 책으로도 나왔다. 1911년 출간된《과학적 관리법》이 그것인데 이 책은 미국과 전 세계에 걸쳐, 심지어 저 멀리 일본에서도 크게 히트했다.[5] 테일러의 손자는 자신이 일본을 방문했을 때 많은 회사의 관리자들이 앞다투어 자기와 사진을 찍고 싶어 했다고 얘기하기도 했다. 테일러에게 영향을 받은 효율 지향적 관리자들은 〈시스템(System)〉이라는 월간지를 창간했다. 그리고 그 잡지는 업무의 모든 면에 걸쳐 효율을 극대화하는 데 초점을 맞춘 기사들을 다뤘다.[6] 〈시스템〉은 점점 인기를 얻었고, 얼마 되지 않아 〈비즈니스위크(Businessweek)〉라는 새 이름을 갖게 됐다.

대학들은 현직 및 미래의 경영자들에게 생산을 극대화하고 비용을 최소화하는 과학적 관리 도구의 사용법을 가르치기 위해 경영대학원을 세우기 시작했다. 테일러 자신도 명망 있는 다트머스대학교 터크 경영대학원의 교수가 됨으로써 이에 동참했다.[7] 기업들은 업계 리더들이 이러한 도구를 어떻게 사용하는지를 비교하면서 자신의 업무 방식에 벤치마킹하기 시작했다. 놀랍게도, 이러한 기본적 경영 도구들의 많은 부분이 오늘날에도 여전히 경영대학원의 교육과정에 포함되어 있고 경영자들에게 벤치마킹되고 있다.

결과적으로, 그러한 도구들 덕분에 오늘날 우리가 여기까지 온 것이다. 그렇지만 이제 상황이 바뀌었다. 오늘날 우리가 처한 상황은 프레더릭 윈즐로 테일러가 1800년대 말에 베들레헴에 처음 발을 들여놓았을 때와는 전혀 다르다. 특히 1900년대 후반을 지나는 동안, 대다수 사람에게서 업무의 성격이 급격하게 바뀌었다. 기업들은 제품을 대량 생산하기 위해 반복 작업을 수행하는 육체노동 대신에, 정신노동을 수행할 인력을 점점 더 필요로 하게 됐다. 예를 들면 제품의 재설계나 마케팅에 대한 의사 결정, 전산 시스템의 설계, 또는 자본 조달의 원천을 새롭게 발굴하는 일 등이다. 정신노동, 다시 말해 '지식 노동'의 양은 계속해서 늘어났다. 하지만 공장 노동자들이 재료에 상관없이 똑같은 삽을 사용했던 것처럼, 경영에서도 오랫동안 사용해 온 옛날의 도구들을 버리지 못하고 있다.

이미 1950년대에, '테일러리즘(Tailorism)'이라는 도구는 새로운 업무 환경에서 더는 효과를 내지 못하리라는 것이 명백해졌다. 〈포춘(Fortune)〉 기자인 윌리엄 화이트(William Whyte)는 1956년에 《조직 인간(Organization Man)》이라는 제목의 신랄한 비평을 담은 책을 출간했다.[8] 화이트의 시각에선, 테일러가 공장 노동자들을 기준으로 개발한 경영 도구들과 회사 조직구조는 개인의 능동성과 지식 노동자의 창의성을 완전히 질식시키는 것이었다. 테일러가 이전에 조립라인에서 그랬듯이, 경영자들은 여전히 획일성과 순응을 요구했다. 결과적으로 기업과 사회 둘 다 이른바 '집단사고(groupthink)'의 해악을 겪게 됐다. 집단사고라는 용어는 화이트가 지어냈으나 예일대학교 심리학 교수인 어빙 재니스(Irving Janis)에 의해 유명해졌다. 재니스는 이 용어를 '집단의 응집력을 이루기 위해 만장일치를 유도하며, 비판적인 생각이나 반대 의견을 억압하여 비합리적인 결정을 내리는 의사 결정 양식'이라는 의미로 사용했다.[9] 《조직 인간》의 독자들은 화이트의 관찰이 설득력이 있다고 느꼈고, 관리자들은 그의 책에서 묘사된 불쌍한 노동자들에게 동정심을 갖게 됐다. 하지만 그렇다고 해서 바뀐 것은 없었다. 경영자들에게 변화를 일으킬 만한 도구가 없었던 탓이다.

수차례 시장 파괴적 사업을 일으킨 바 있는 넷플릭스의 창립자 리드 헤이스팅스는 "우리에게는 수백 년 동안 하나의 공동체 사회로서 제조업 경영을 배울 기회가 있었습니다. 하지만 창의적인 회사를 경영하는 법은 이제 막 배우기 시작했으며, 그것은 제조업과는 전혀 다릅니다"라고 말했다.[10]

전통적 경영 도구들이 오늘날의 경제와 걸맞지 않음을 인식한 리더는 헤이스팅스만이 아니다. 심리학과 조직행동 연구자들은 과학에 근거한 최적의 인력 관리 방법과 현실의 성공 사례 간에 간극이 있다는 것을 오래전부터 알았다. 런던 경영대학원에서 '전략과 기업가정신'을 가르치는 줄리언 버킨쇼(Julian Birkinshaw) 교수는 이렇게 말했다. "우리는 지금 산업 시대 때부터 물려받은 구시대적 작업 방식에 갇혀 있습니다. 미래를 위해서 더 나은 작업 방법을 찾을 수 있는지 자문해야 합니다."[11]

다행스럽게도, 우리는 그 일을 할 수 있다.

상황은 달라졌고 변해야만 한다

이 책에서 제시되는 아이디어는 당연히 이상하게 보일 것이다. 대부분 아이디어가 새롭고 급진적이며 심지어 혁명적이기까지 하기 때문이다. 당신은 그것들이 너무 터무니없어서 효과가 없을 거라고 생각할 수도 있다. 하지만 현실을 보라. 이 급진적 개념들은 기반이 튼튼하고 미래 지향적인 수많은 회사에서 이미 채택되고 있다. 그 개념들은 잘 작동되고 있을 뿐만 아니라 그 회사들을 남보다 앞서가게 만들고 있다.

이 책의 목적은 오늘날 가장 근본적인 경영 개념 일부를 재평가할 시점이 왔는지 질문을 제기하는 데에 있다. 기억하라. 비즈니스의 본분은 변화이고 최신 트렌드에 뒤처지지 않는 것이다. 지금부터 당신은 자신이 고려해야 할 경영 방식의 변화가 무엇인지 직접 확인할 기회를 가질 것이다.

기업 경영자 및 창업가 그리고 조직심리학자들은 경영자들이 필요로 하는 일련의 새로운 경영 도구를 개발하기 위해 분주히 노력해왔다. 그들은 기본 가정들에 이의를 제기하고, 기존의 방식에 의문을 품으며, 소위 '베스트 프랙티스(best practice)' 조차 과감히 없애고 있다. 이러한 시도가 모두 효과를 내진 못했다. 하지만 새로운 많은 아이디어가 가능성을 보여주기 시작했으며 그중에서도 이 책에 제시된 새로운 경영 도구들이 가장 유망할 것이다. 수십 년에 걸쳐 이뤄진 심리학 연구가 그 이유를 설명해준다. 실제로 그 경영 도구가 가진 차별적 우위는 우리에게 경영 엔진의 재창조가 필요하다는 논리를 뒷받침해준다.

1장은 생산성을 가로막는 최대 장애물 중 하나인 이메일을 주제로 삼는다. 사람들은 대개 이메일이 생산성을 높여준다고 생각한다. 그렇지만 많은 기업 경영자가 이메일을 금지하거나 접근을 제한하는 것이 오히려 직원들의 생산성을 향상시킨다는 사실을 발견하고 있다. 그들의 경험은 통념과는 달리 이메일이 도움이 되기보다 사실상 피해를 준다는 최근의 여러 연구 결과와 일치한다.

2장에서는 세계적으로 많은 경영자가 도입한 급진적인 정책을 다룬다. 최상의 서비스를 고객에게 제공하기 위해, 고객의 니즈(needs)보다 직원의 니즈를 더 우선시하는 것이다. 그 경영자들은 고객이 언제나 최우선이라는 기존의 규칙을 뒤집었으며, 대신 직원들의 만족을 통한 고객들의 만족이라는 심층 모델을 사업에 적용했다.

3장에서는 기존의 휴가 정책을 탐구한다. 과거 산업 시대에 관리자들은 공장을 가동하는 데 필요한 인력을 언제나 충분히 확보하기 위해 종업원의 휴가를 제한할 필요가 있었다. 그러나 산업 노동이 지식 노동으로 바뀜에 따라 많은 경영자가 그에 대해 의문을 제기했다. 분명히 혁명적으로 들리겠지만, 새로운 휴가 정책이 어떻게 성과를 내는지 지켜보라.

4장에서는 직원들의 퇴사를 돕는 제도, 말 그대로 직원이 회사를 그만두면 보너스를 지급하는 문제를 다룬다. 말이 안 되는 것처럼 들리겠지만, 실은 그럴 만한 가치가 있다는 것을 발견하게 될 것이다. 자포스(Zappos)와 아마존(Amazon) 같은 회사들이 이런 개념을 보편화했다. 이 회사들 이전에 여러 연구자가 매몰비용(sunk cost)과 확증편향(confirmation bias) 같은 현상들을 연구해왔는데, 그 연구 결과는 퇴사 보너스가 왜 유용한지를 설명해준다.

5장에서는 직원들이 받는 급여가 공개되어야 하는 이유를 따져본다. 급여 정보를 공유하는 것이 사생활을 침해할 우려가 있긴 하겠지만, 이를 비밀에 부치는 것은 직원들에게 훨씬 더 손해가 된다. 연구에 따르면 급여 정보를 비밀로 할수록 직원들의 전체 급여 수준이 낮아지고, 급여 정보를 공개했을 때보다 직장에서 더 많은 갈등이 일어난다고 한다. 그래서 홀 푸즈 마켓(Whole Foods Market)과 섬올 같은 회사의 경영자들은 전 직원이 볼 수 있도록 회사의 급여 정보를 공개했다.

6장에서는 종업원들이 고용계약서의 경쟁금지 조항에 억지로 서명하는, 기업들의 전통적인 비밀주의에 대해 살펴본다. 이 방식은 대체로 유용해 보이지만, 실제로 회사에 큰 손해가 될 수 있다. 여러 측면에서 나온 새로운 증거들은 이 같은 오랜 관행이 떠나는 사람은 물론 남아 있는 직원들, 심지어 회사 자체에 손해를 끼친다는 것을 보여준다. 이 장을 읽고 나서 경쟁금지 조항의 유용성에 대해 스스로 생각해보라.

7장에서는 득보다 실이 더 클 수도 있는 또 하나의 전통적 관행을 무너뜨리라고 주장한다. 바로 실적 평가다. 실적 평가는 오랫동안 경영자에게 주어진 가장 중요한 일로 여겨졌다. 하지만 경직된 실적 관리 체계가 직원들의 실적 향상을 방해한다는 사실을 많은 회사가 알게 됐다. 예를 들어 마이크로소프트(Microsoft), 어도비, 모토롤라(Motorola) 등이다. 이 유명한 회사들은 기존의 연례 실적 평가를 없애고, 직원과 회사의 실적을 동시에 향상시키는 더욱 실증적인 평가 시스템을 구축했다.

8장에서는 기업들이 채용 프로세스를 어떻게 바꾸고 혁신하는지를 이야기한다. 대부분 회사에서 경영자들은 지원자들의 이력서를 추려낸 다음 몇 차례 면접을 보는 것으로 채용을 진행한다. 하지만 대부분의 상사는 새로운 직원 상당수가 면접 때 본 것만 못하다고 느낀다. 이제는 많은 경영자가 지원자가 함께 일하게 될 팀에 채용 의사 결정권을 넘기는 것이 최선의 방책임을 알게 됐다. 그 팀의 구성원들은 다수의 지혜를 모음으로써 새 직원이 자기들과 잘 융화할지를 더 잘 판단할 수 있다.

9장에서는 또 하나의 베스트 프랙티스로 간주되는 '조직도'를 재조명한다. 경직된 조직계층을 만들고 고정된 구조 안에 직원들을 집어넣는 것은 철도업과 같은 옛날 산업에서는 잘 통했을 것이다. 하지만 업무 성격이 끊임없이 바뀌는 오늘날에는 변화에 빠르게 대처할 수 있는 조직도가 필요하다. 그래서 뛰어난 경영자들은 이제 최고의 팀들이 물처럼 흐를 수 있도록 조직도를 연필로 작성한다. 과거 같으면 직원들을 '부문'이라는 조직 틀에 배속했겠지만, 이제는 현안과 제품을 중심으로 팀을 구성할 수 있도록 유연성을 부여하는 것이다. 더욱이, 직원들은 자주 변화하는 팀에서 일할 때 가장 좋은 성과를 낸다는 새로운 증거도 나오고 있다.

10장에서는 팀의 업무 환경을 살펴본다. 일터가 일하는 방식에 많은 영향을 끼치기 때문이다. 근래에는 협업을 권장하기 위해 개방형 사무실이 많이 등장했다. 그러나 협업을 목적으로 설계된 개방형 사무실은 수많은 방해 요인으로 그 장점이 모두 상쇄되고 있음을 최근의 연구와 경험을 통해 알 수 있다. 그래서 뛰어난 경영자들은 사무실의 개방 문제에 대해 다른 해답을 내놓는다.

11장에서는 직원들의 '번아웃(burnout)', 즉 에너지가 소진되어 정신적·육체적으로 무기력함을 느끼는 문제를 살펴본다. 최고의 경영자들은 자신은 물론 직원들에게 장기간의 휴식, 즉 유급 안식휴가를 주는 것으로 나타났다. 그리고 꾸준한 생산성을 유지하는 제일 좋은 방법은 상당한 시간을 일부러 비생산적으로 보내는 것임을 알게 됐다. 대학에서 안식휴가를 경험한 많은 연구원의 연구에서도 같은 결과가 나왔다.

12장에서는 오늘날 경영의 모든 문제 중에서 가장 흥미로운 사항을 고민해본다. 바로, '도대체 관리자들이 정말로 필요하긴 한 것인가'이다. 어떤 경영자들은 관리자 직위를 통째로 없애기로 했고, 또 어떤 경영자들은 그간 관리의 대상이었던 직원들에게 관리 기능의 일부를 위임하는 방법을 찾아냈다. 수십 년에 걸친 연구는 회사 내에 존재하는 관리자의 수와 관계없이 직원 스스로 자신의 운명을 결정할 때 가장 생산적이었음을 보여준다.

13장에서는 직원들의 인력 관리에서 별로 고려되지 않는 요소인 '떠난 직원'에 대해 살펴본다. 개인이 한 회사에서, 심지어는 한 산업 분야에서 근무하는 기간이 점점 짧아짐에 따라 경영자들은 더 자주 이별을 고하게 된다. 이들을 더욱 적극적으로 지원하고 보살필수록 더 큰 네트워크에서 지위를 확고히 할 수 있다. 이를 통해 기업은 다양한 사업 기회를 만날 수 있다.

지금까지 우리가 써온 도구들은 낡긴 했지만 바로 거기에 희망이 있다. 지난 몇십 년 동안 선도적인 경영사상가 중 한 명으로 꼽혀온 게리 하멜(Gary Hamel)은 이렇게 말했다. "인간이 현대의 산업 조직을 만들 수 있었다면, 그것을 다시 창조할 수도 있다."[12] 조직을 연구하는 심리학자들과 기업 경영자들이 실험 중인 이 아이디어들이야말로 경영에서 진정으로 필요한 재창조를 의미할 것이다.

이 책에 담긴 새로운 도구들이 직관에 반하거나 이상하게 보일 수도 있다. 하지만 1800년대 말 테일러의 아이디어들이 당시 베들레헴 직원들에게 얼마나 이상하게 보였을지 생각해보라. 또 1800년대의 농부들과 가내수공업자들 눈에는 대규모 공장들이 얼마나 이상하게 비쳤을까를 상상해보라. 과거의 관리 방식들이 기업을 엄청나게 발전시킨 것은 사실이다. 하지만 이제는 새로운 경영 방식을 도입해야만 한다. 그래야 변화하는 세계에서 더 멀리 나아갈 수 있다.

이메일을
금지하라

전 세계적으로 기업 경영자들은 직원들의 이메일 사용을 금
지하거나 접근을 제한하는 것이 오히려 생산성을 증대시킨
다는 사실을 발견하고 있다. 경영자들의 이와 같은 경험은
이메일이 경영에 도움이 되기는커녕 해가 된다는 연구 결과
와도 일치한다.

우리는 매일 1,000억 건이 넘는 이메일을 보낸다.[1] 그리고 그 대부분은 비즈니스를 위한 것이다. 어쩌면 당신은 이같이 범람하는 전자 정보를 기술 발전의 상징이라 볼 수도 있다. 하지만 티에리 브르통은 이를 다르게 본다. 프랑스에 본부를 둔 기술회사 아토스의 CEO인 브르통은 이런 엄청난 이메일을 공해로 간주한다. 한마디로, 이메일 공해다. 브르통은 끊임없이 흘러드는 이메일이 자신은 물론 직원들의 집중을 방해한다는 사실을 깨달았고, 생산성에 부정적인 영향을 미친다고 생각했다. 그래서 이메일을 없애는 조치를 취했다.

2011년 2월, 브르통은 이메일을 금지한다고 발표했다. 3년의 시간이 지나면 아토스가 '이메일 제로' 회사가 되어 있기를 바랐다. 브르통은 아토스의 웹사이트를 통해 발표된 공식 성명에서 이렇게 밝혔다. "우리는 작업 환경을 급속히 오염시킬 뿐만 아니라 우리의 사생활을 침범하는 데이터를 엄청나게 만들어내고 있습니다. 많은 기업이 산업혁명 이후 환경오염을 줄이기 위해 행동을 취했듯이, 이제 우리도 이러한 추세를 바꿔놓기 위해 행동을 취하고자 합니다."[2]

이 성명은 여러 면에서 놀라운 것이었다. 우선, 아토스가 결코 기술에 역행하는 기업이 아니라는 점에서 그렇다. 오히려 이 회사는 선도적인 정보 기술 서비스 기업이다. 또한 조그마한 신생기업도 아니다. 당시 이 회사는 세계적으로 40개 이상의 사무소와 7만 명이 넘는 직원을 거느리고 있었다. 하지만 아토스의 엄청난 규모가 사실은 브르통이 생각한 소통을 가로막는 원인이었다. 그는 "우리가 기업으로서 이렇게 엄청난 양의 이메일을 주고받는 것은 멈춰야 합니다. 관리자들은 이메일을 읽고 쓰느라 매주 5시간에서 20시간을 사용합니다"라고 말했다. 브르통은 새 업무 방식을 거침없이 시험해보는 반항아적 신생기업의 창업자 유형도 아니다. 중년인 그는 전직 프랑스 재무장관이었으며 하버드 경영대학원 교수로도 재직했었다. "회사를 경영하고 사업을 운영하는 데 이메일은 최고의 자리를 잃어가고 있습니다"라는 주장을 하기까지 그는 많은 고민을 거듭했다.

브르통은 회사의 원칙으로 '제로 이메일'을 공표하기 오래전부터 개인적으로 이를 채택해왔다. 그는 5년 전 프랑스 정부에서 일할 때 조직 내 이메일 사용을 중단했다.[3] 이메일은 제대로 된 업무 처리에 별로 도움이 안 된다는 사실을 알게 됐기 때문이다. 브르통은 아토스에 왔을 때 이곳 직원들에게서도 유사한 문제점을 발견했다. 그 해결책이 즉시 눈에 띄진 않았지만 말이다.

아토스는 300명의 직원을 대상으로 설문을 해서 그들이 사용하는 이메일의 양을 관찰했다. 일주일 동안 그들은 8만 5,000건 이상의 메시지를 주고받았다.[4] 설문조사에서 대부분의 직원은 이메일의 분량을 따라잡기 힘들고, 이를 따라잡느라 시간을 낭비하기 일쑤이며, 이메일을 모두 처리하느라 더 중요한 일을 하지 못하는 상황이라고 대답했다. 브르통은 이전에 자신이 경험했던 것을 직원들도 겪고 있음을 알게 됐다. 그래서 그는 그냥 간단한 조치를 취했다. 이메일을 금지한 것이다.

물론 아토스가 소통 자체를 금지한 것은 아니었다. 컴퓨터를 이용한 커뮤니케이션을 금지한 것도 아니다. 오히려 아토스는 사내 의사소통을 위한 더 좋은 수단을 찾고자 노력했다. 이 회사는 블루키위(BlueKiwi)라는 또 다른 소프트웨어회사를 인수했고, 그 회사의 기술을 이용하여 자체적인 전사 소셜 네트워크를 구축했다. 그 네트워크는 직원들이 참여할 수 있는 약 7,500개의 개방형 커뮤니티로 구성됐다. 이 커뮤니티들은 제품, 내부 프로그램, 협업을 요하는 수많은 프로젝트를 의미한다. 이 커뮤니티들이 이메일과 다른 점은 완전히 투명하다는 것이다. 다시 말해, 특정 이슈에 대해 이미 주고받은 내용이 모두 이어지고 공개되어서 중간에 새로운 사람이 대화에 참여하더라도 그간의 토론 내용을 모두 볼 수 있었다. 이메일과 다른 또 한 가지는 대화 내용을 직원들의 메일함으로 밀어 보내지 않는다는 점이었다. 그런 까닭에 집중해서 일하고 있는 직원들을 방해하지 않는다. 대신 직원들은 자신의 필요에 따라, 그리고 자신이 편리한 시간에 토론에 참여할 수 있다. 이 소셜 네트워크는 직원들이 필요한 전문가를 쉽게 찾고 전사적으로 지식을 공유하게 해주며, 그 결과 협업을 더 잘할 수 있게 해주었다.

이 새로운 시스템은 사내 이메일을 획기적으로 줄여주었다. 관리자들이 새 시스템에 적응하도록 돕고자 아토스는 5,000명 이상의 관리자를 위한 교육 프로그램을 개발하여 이메일이 없는 환경에서 자기 부서와 프로젝트를 주도하는 방법을 지도했다. 또한 직원들이 새로운 시스템에 적응할 때 교육과 지원을 제공하도록 3,500명의 '기술 사절단(ambassador)'을 양성했다. 이제 회사는 완전히 새로운 시스템으로 탈바꿈된 상태로, 프로젝트와 커뮤니케이션 프로세스에 '제로 이메일' 인증을 발급한다.

이 구상은 점점 효과를 보이고 있다. 아토스가 세운 목표에는 도달하지 못했지만, 2014년 외부 기관이 진행한 연구는 아토스의 이메일 감축 노력이 매우 순조롭게 진척되고 있음을 보여주었다. 2013년 말까지 이 회사는 220개 프로그램에 '제로 이메일' 인증을 발급했고, 직원 한 사람의 주당 평균 이메일이 100건에서 40건 이하로 줄면서 전체적으로는 60퍼센트 감축됐다.

더욱 중요한 것은, 직원들이 생산성이 더욱 높아졌고 협업에 도움이 된다고 느낀다는 것이다. 내부 소셜 네트워크는 메일함에 메시지를 보내서 알람을 울려대며 직원들을 방해하지 않을 뿐더러, 그룹 커뮤니케이션을 위한 더 나은 플랫폼을 제공한다. 아토스 직원들은 사내 커뮤니티를 통해 한 달에 거의 30만 번 메시지를 보내고, 그 메시지들은 매달 거의 200만 번 조회된다. 가장 중요한 것은 조회 자체가 직원들 저마다의 선택에 의해 이뤄진다는 점이다.

이메일이 줄어든 것은 회사에도 유익했다. 2013년에 아토스의 영업이익률은 전년도 6.5퍼센트에서 7.5퍼센트로 늘어났으며, 주당순이익은 50퍼센트 이상 증가했고, 일반관리비는 13퍼센트에서 10퍼센트로 낮아졌다. 물론 이 모든 것이 이메일을 금지한 결과라 볼 수는 없다. 하지만 그 상관관계는 분명히 높다. 사람들이 직관적으로 느끼는 상관관계 역시 그렇다.

'이메일 없는 환경'을 실험하다

이메일을 공개적으로 비판한 기술 업계의 경영자는 티에리 브르통만이 아니다. 에버노트(Evernote)의 창립자이자 CEO인 필 리빈(Phil Libin)은 이메일과 관련한 문제가 단순히 양에 그치지 않고, 그 양이 어떻게 처리되느냐에 있다고 생각한다. 리빈은 이렇게 말했다. "받은 편지함이라는 개념 자체가 해롭습니다. 모두에게 해를 끼치고 생산성을 떨어뜨리죠. 당신의 받은 편지함을 한번 생각해보세요. 당신이 처리해야 하는 일들의 목록이지만, 모두 잘못된 순서로 정렬되어 있지 않은가요? 그것은 당신이 일하고자 하는 방식이 아닐 것입니다.[5] 이메일을 하루에 2~3개 받는 정도라면 괜찮습니다. 원래 이메일은 우리가 요즘 사용하는 정도의 분량을 다루도록 만들어진 것이 아닙니다."

호주에 본사를 두고 있는 소프트웨어회사인 아틀라시안 (Atlassian)의 사장 제이 시먼스(Jay Simons) 역시 이메일이 잘못 사용되고 너무나 자주 사용되기 때문에 그만큼 해롭다고 생각한다.[6] 그는 말했다. "우리는 이메일을 쓸데없이 너무 많은 일에 사용합니다. 이메일은 지시를 내리거나 통보하는 수단으로는 매우 적합하죠. 하지만 의미 있는 토론을 원한다면 좋은 수단이 아닙니다."

아토스 외에도 이메일 금지 정책을 채택한 회사는 또 있다. 남미의 여행 서비스 웹사이트 엘 메호르 트라토(el Mejor Trato, eMT)가 대표적이다. eMT의 공동 창립자인 크리스티안 러넬라 (Cristian Rennella)는 자신의 팀이 이메일을 응대 수단으로 잘 활용하고 있긴 하지만, 한편으로는 이메일 때문에 업무에 집중하기가 어렵다는 점을 알게 됐다. 그래서 그는 적어도 사내 의사소통에서는 이메일을 금지하기로 했다. 직원들은 처음엔 저항했으나, 3개월간의 시험 기간이 지나자 모두가 동참했다. "우리는 절대로 이메일 시스템으로 돌아가지 않을 것입니다. 이제야말로 효율성을 갖췄으니까요"라고 러넬라는 말했다.[7] eMT의 규모는 아토스보다 훨씬 작지만, 이메일을 금지하기는 훨씬 더 어려웠을 수도 있다. 왜냐하면 이 회사는 사무실이 없고 모든 직원이 원격으로 일하기 때문이다. eMT도 프로젝트와 커뮤니케이션을 관리하기 위해 내부 커뮤니케이션 네트워크를 만들었다. 아토스와 마찬가지로 eMT의 시스템도 직원들의 집중을 방해하는 알람이나 경고 기능을 가지고 있지 않다.

최근에 이뤄진 수많은 연구는 이메일이 생산성은 높이지 못하고 스트레스는 유발하는 도구라는 경영자들의 주장을 뒷받침하고 있다. 또한 많은 조사에서 아토스 직원들의 경험이 평균적인 직원들의 경험과 같음이 드러났다. 2014년에는 매일 1,080억 건 이상의 이메일이 오갔다.[8] 이는 일반 직원들의 업무시간에서 23퍼센트를 차지하며 그 직원은 매 시간 이메일을 36회 확인했다.[9]

브르통이 내부 이메일을 금지한 것이 효과적이었음을 증명해주는 연구조사도 있다. 캘리포니아 주립대학교 얼바인 캠퍼스의 연구원인 글로리아 마크(Gloria Mark)와 스테픈 보이다(Stephen Voida), 그리고 미국 육군의 아르망 카르델로(Armand Cardello)는 일반 기업의 정보 처리 직원 13명의 이메일을 차단하고 다양한 방법으로 이메일 차단 효과를 측정했다.[10] 연구자들은 실험에 앞서 3일에 걸쳐 참가자들을 인터뷰하고 관찰하면서 컴퓨터 소프트웨어를 통한 모니터링을 했다. 참가자들의 스트레스 수준을 파악하기 위해 심장박동수도 측정했다. 그리고 나서 이메일을 차단했다. 정확히는 참가자들의 이메일 프로그램에 필터를 설치했다. 그 필터는 새로 들어오는 모든 메시지를 나중에 읽을 수 있도록 따로 보관하고, 새 메시지가 도착했음을 알리는 알람 기능을 없애버렸다. 다만, 차단한 날짜 이전에 받은 이메일은 계속 볼 수 있게 했다.

이처럼 '이메일 없는' 환경은 5일간 계속됐다. 그 기간에 연구자들은 계속해서 참가자들을 관찰하고, 컴퓨터 사용 내역을 추적했으며, 심장박동수를 측정했다. 이메일에 접근할 수 없게 되자, 참가자들은 자신의 습관을 바꾸어 대면 접촉과 전화를 통해 더 자주 소통하기 시작했다. 또한 한 사람을 제외한 모든 참가자가 각각의 컴퓨터 프로그램에서 업무를 처리하기 위해 훨씬 더 많은 시간을 보냈다. 이런 관찰 결과는 참가자들이 당면한 과제에 더욱 집중하게 됐고, 당면한 업무와 이메일을 동시에 처리하느라 방해받지 않았다는 것을 보여준다.

또한 참가자들은 준비 기간 때보다 이메일 차단 기간에 스트레스를 훨씬 덜 받았다. 한마디로, 참가자들이 이메일을 사용할 수 없을 때 훨씬 더 집중할 수 있었으며 스트레스는 적었다. 참가자들 자신도 이러한 효과를 인지했다. 그들은 일반적인 업무 상황과 달리 이메일이 차단된 상황에서 더 여유로웠고 집중할 수 있었으며, 업무 효율성이 더욱 높아졌다고 일관되게 답했다.

생산성에 관한 이러한 연구 결과는 매우 흥미롭다. 사람들은 대개 한 일이 아무것도 없으면서도 이메일 수신함을 비웠을 때 뭔가 해냈다고 느끼기 때문이다. 이러한 연구 결과는 브르통의 제로 이메일 정책이 회사의 생산성과 수익성에 긍정적인 효과를 가져왔음을 확실하게 보여준다.

글로리아 마크는 '노 이메일' 정책이 회사를 매우 효과적으로 만든 원인일 수도 있다고 생각한다. 그녀는 "노 이메일 정책은 사실상 조직 차원에서 강제해야 하는 규칙입니다. 회사의 규제 없이 개인이 기존 이메일의 덫에서 빠져나오고자 한다면 최신 정보를 얻지 못하는 등의 불이익을 받을 수 있기 때문입니다."라고 말했다.[11]

마크의 연구 결과를 모르는 상태에서, 셰인 휴스(Shayne Hughes)는 자신의 직원들을 대상으로 비슷한 실험을 했다. 휴스는 캘리포니아에 본부를 둔 조직 개발 컨설팅회사 러닝 애스 리더십(Learning as Leadership)의 사장이다. 그는 2012년에 일주일 동안 사내 이메일을 금지한다는 지침을 내렸다.[12]

휴스의 직원들은 처음에는 이메일이라는 협력 도구 없이 어떻게 일을 할 수 있을까 의아해하며 회의적인 반응을 보였다. 일부 직원은 회사가 혼란에 빠지거나 멈춰 설 것이라고 생각하기도 했다. 하지만 그 한 주가 지나면서 직원들은 이메일이 매우 제한적인 도구라는 것을 알게 됐다. 대면 접촉과 전화 같은 구식 방법들이 훨씬 더 효과적이었다. "사내 메일을 일주일 동안 금지하자 노력을 어디에 쏟을지, 그리고 어떤 문제를 누구와 이야기할지 등에 대해 더욱 심사숙고하게 됐습니다"라고 휴스는 회고했다.[13]

이메일을 금지한 일주일 동안 회사 전체의 스트레스 수준이 감소했고 생산성 수준은 향상됐다. 휴스는 "회사 내부에서 직원들이 이메일 주고받기를 그만두자 서로를 옭아매는 일도 멈췄으며, 스트레스가 줄어드는 것을 날마다 느꼈습니다. 대신, 생산성은 나날이 향상됐지요"라고 회상했다. 이는 마크의 연구가 예상했던 것과 같다. 마크는 이렇게 말했다. "두 팀이 갈등을 극복하며 함께 일할 때 구축된 신뢰이든 아니면 함께 문제를 해결할 때 얻은 뜻밖의 창의성이든지 간에, 한동안 무시됐던 사람 간 직접 접촉의 효과가 되살아났습니다."

이메일에서 벗어나자 나타난 효과

마크 교수의 연구는 아토스가 도입한 이메일 금지 정책과 휴스가 시행한 일주일간의 이메일 중단 조치의 효과를 확실히 뒷받침한다. 그렇지만 마크 자신은 덜 극단적인 방법이 바람직하다고 생각한다. "저는 이메일을 계속 확인하지 말고 하루 중 정해진 시간만 열어볼 수 있게 통제해야 한다고 봅니다."[14] 이메일을 전혀 사용하지 않는 것보다는 적정한 수준을 유지하는 것이 더 합리적인 방법으로 보인다는 의미다. 흥미롭게도 후속 연구에 따르면, 이메일을 확인하는 시간에 제한을 두었을 때도 완전히 금지하는 조치와 비슷하게 사람들에게 중대한 영향을 미친다는 결과가 나타났다. 단순히 이메일을 줄이기만 해도 똑같이 스트레스가 줄어들고 생산성이 높아지는 효과를 기대할 수 있다.

브리티시컬럼비아대학교의 연구진은 개인이 마음대로 이메일을 확인할 수 있는 상황과 열어볼 수 있는 횟수가 정해진 조건을 2주에 걸쳐 바꾸는 실험을 계획했다.[15] 연구진은 지원자를 두 그룹 중 하나에 무작위로 배정했다. 첫 번째 그룹에게는 '무제한 이메일' 조건이라는 이름에 걸맞게 이메일을 원하는 만큼 자주 확인할 수 있게 했고, 두 번째 그룹은 '제한적 이메일' 조건이라는 명칭대로 하루에 딱 세 번만 열어보고 나머지 시간에는 이메일 프로그램을 닫아두도록 지시했다. 그리고 일주일 뒤에는 두 그룹의 조건을 바꾸었다.

실험 기간에는 평일 오후 5시면 근무가 끝나는 시간이라 가정하고, 매일 모든 참가자에게 다양한 질문이 들어 있는 설문지 링크를 보냈다. 설문지의 질문은 산만함과 스트레스, 긍정적이거나 부정적인 감정, 웰빙, 유대감, 수면의 질, 심지어 삶의 의미를 얼마나 느끼는지 평가하도록 고안됐다.

설문 결과를 분석하자 참가자들이 마음대로 이메일을 읽을 때보다 이메일을 제한하는 조건이었을 때 스트레스를 눈에 띄게 덜 겪는 것으로 밝혀졌다. 이는 이메일을 금지했던 앞서의 연구들과 비슷한 결과다. 또한 그들은 이메일을 통제하면 덜 산만해지고 집중을 잘할 수 있다고 느꼈다. 스트레스가 낮아진 것은 사회적 유대감이나 수면의 질, 나아가 삶의 의미 같은 다른 부분에도 긍정적인 영향을 주었다. 흥미롭게도 스트레스를 낮추는 데 이메일 제한이 보여준 효과는 천천히 숨쉬기와 평온하게 상상하기처럼 일반적으로 행해지는 다양한 이완 훈련의 효과에 버금갔다. 즉 이메일을 제한하면 사람들이 행복한 곳에 있다고 느끼게 할 뿐 아니라 행복한 장소에 있는 것만큼이나 스트레스를 낮춰주기도 한다.

이메일을 제한하면 스트레스가 낮아지고 생산성이 높아지는 이유는 멀티태스킹과 주의력 분산을 줄이는 것과 연관되어 있다고 연구진은 생각한다. "이메일은 멀티태스킹을 증가시킵니다"라고 이메일 통제 연구에 관한 논문의 제1 저자인 코스타딘 쿠스레브(Kostadin Kushlev)가 밝혔다.[16] "사람들의 주의를 분산시켜 업무가 너무 많고 처리할 시간이 충분치 않다고 느끼게 하죠." 중요한 연구 결과에 의하면 2개의 과업이 같은 수준의 인지 능력, 즉 작업 기억(working memory, 전화를 걸기 위해 짧은 시간 동안 전화번호를 외우는 것처럼 어떤 작업을 해내기 위해 일시적으로 정보를 기억하는 것-옮긴이)을 필요로 하는 경우 사람들은 두 업무를 동시에 처리하지 못한다고 한다. 집중력과 사고력이 더 많이 요구되기 때문에 업무를 동시에 수행하지 못하고 왔다 갔다 하며 처리하게 되는 것이다. 이는 대부분 사람이 흘러나오는 라디오를 들으면서는 정상적으로 운전을 하지만, 통화를 하거나 문자를 보내고 이메일을 쓰기 위해 스마트폰을 사용할 경우 음주운전을 하는 것처럼 운전 능력이 떨어지는 것과 같다.[17]

두 가지 일을 할 때 작업 기억이 받는 인지 부하(cognitive load)를 처리하는 문제 외에도, 업무를 바꿔가며 처리하는 행동 자체

주당 35시간으로 책정된 프랑스 표준 근로 규칙의 예외 대상으로 주말에도 일을 했으며 어떤 때는 하루에 13시간씩 근무하기도 했다. 대상 근로자들은 합의에 따라 일주일마다 최소 하루의 휴일을 보장받고, 휴일 동안은 이메일 커뮤니케이션이 중단된다.[21]

가장 새로운 반 이메일 정책이라면 아마 독일 자동차 업체 다임러(Daimler)의 예를 들 수 있을 것이다. 폭스바겐의 경쟁사인 다임러는 근무시간 이후의 이메일이 아니라 휴가 기간의 이메일을 대상으로 했다. 2014년 다임러는 직원들이 '휴가 중 이메일(Mail on Holiday)'이라는 부재중 자동회신을 선택할 수 있게 이메일 서버에 새로운 프로그램을 설치했다.[22]

일반적인 부재중 자동회신처럼, 휴가 중인 직원에게 이메일을 보내면 수신인이 부재중이며 이후 어떤 날짜에 돌아온다는 메시지가 자동으로 전달된다. 메시지 내용 중 보통 프로그램과 다른 점은, 보낸 사람에게 그 메일이 삭제된다고 통보하고 직원이 복귀하는 날 다시 보내거나 사무실에 있는 대체 수신인에게 보내라고 요청한다는 점이다. 이런 방식으로 휴가를 간 직원이 쉬는 중에 이메일을 읽지도 생각하지도 않게 해주며, 복귀하는 날 받은 편지함이 대부분 빈 상태가 되게 해준다. 프로그램을 사용할지 말지는 선택에 달렸지만, 독일 전역에서 근무하는 10만 명의 다임러 직원은 누구나 사용할 수 있다.

이처럼 근무시간 이후 이메일을 금지하는 조치는 단순히 일과 삶에서 균형을 잡기 위한 계획으로 보인다. 그런데 연구에 의하면 종업원의 참여도를 높이고, 업무만족도 향상이라는 커다란 목표를 달성하는 데에도 도움이 된다고 밝혀졌다. 텍사스의 3개 대학에 근무하는 마커스 버츠(Marcus Butts)와 윌리엄 베커(William Becker), 웬디 보즈웰(Wendy Boswell) 교수는 퇴근 후 이메일을 받는 직원은 그렇지 않은 사람보다 더 쉽게 화를 내고, 그 화난 심리가 사생활에 지장을 준다는 연구 결과를 내놨다.[23]

연구진은 341명의 성인 직장인을 대상으로 퇴근 후 이메일에 대해 느끼는 감정을 조사했다. 조사에 들어가기 전 참가자들에게 관리자의 폭언에 대한 인식, 일과 사생활이 섞여도 좋은지 등에 대해 질문했다. 그런 후 일주일 동안 실험 참가자들에게 매일 오후 5시에서 6시경 설문이 링크된 이메일을 보냈다. 참가자는 최근에 받은 퇴근 후 이메일을 떠올리며 질문에 답하라는 지시를 받았다. 상대방의 이메일 어조에 대한 느낌과 회신에 소요된 시간, 느낀 감정, 이메일이 사생활에 영향을 미치는가 아닌가 등 다양한 측면에 대한 질문이었다. 만일 일과 후 받은 메일이 없다면 설문지를 작성하지 않아도 됐다.

수집된 데이터를 분석한 후, 연구진은 직원들이 부정적인 어조로 쓰인 것으로 보이는 이메일을 받으면 화가 나고 행복감이 떨어지며 개인 생활에 영향을 받을 가능성이 커진다는 사실을 발견했다. 긍정적인 느낌이 나는 이메일을 받으면 행복감을 느낄 확률이 높기는 하지만 그 행복감은 오래가지 않았다. 어조에 상관없이 회신하는 데 시간이 오래 걸리면 기분이 상할 가능성이 컸다. "퇴근 후 이메일은 직원의 사생활에 실제로 영향을 미쳤습니다"라고 이 연구 논문의 제1 저자인 마커스 버츠는 주장했다.[24] 퇴근 후 이메일이 개인의 삶에 영향을 미친다는 사실 외에도, 연구진은 상사가 모욕적이거나 일일이 관여한다는 인식과 이메일을 읽을 때 화가 날 가능성 사이의 상관관계도 발견했다.

근본적으로 일과 후 이메일은 비업무적 관계를 해칠 뿐 아니라 업무상의 관계도 저해할 가능성이 있으며, 특히 직원과 상사 사이에 존재하던 기존 갈등을 고조시킬 가능성이 있다. 연구진은 관리자들이 연구 결과를 심각히 받아들여야 한다고 조언한다. 일과 후 이메일 때문에 화가 난 직원이 아토스나 eMT, 러닝 애스 리더십, 폭스바겐, 다임러처럼 이메일 제한 정책이 있는 다른 기업으로 옮겨갈 생각을 할 수 있다는 것이다.

회사의 경영진이 이메일을 통제하거나 직원들이 이메일을 열어보는 횟수를 제한 또는 완전히 금지하거나 간에, 이런 회사들이 보여준 경험과 연구 결과는 이메일이 가장 효율적인 커뮤니케이션 도구가 아니라는 사실을 강하게 시사한다. 이메일은 일과 삶의 균형을 해칠 뿐 아니라 생산성에도 해를 끼칠 수 있다. 받은 편지함을 깨끗이 비우면 자신이 엄청나게 업무 능력이 뛰어난 사람인 듯한 기분이 든다. 하지만 글자 그대로 '이메일을 지우는 것'이 자신의 맡은 바 임무가 아니라면, 받은 편지함을 처리하느라 시간을 소비하는 것은 시간을 제대로 쓰는 것이라고 볼 수 없다.

고객을 2순위로
두어라

몇몇 기업에서는 더 나은 고객서비스를 위해 고객의 니즈보다 직원의 니즈를 더 우선시해야 한다는 사실을 발견했다. 학계의 연구에서도 고객만족은 직원만족에서 나온다는 사실이 검증되었다. 앞서가는 기업들은 검증된 연구 모델에 맞춰 조직구조를 뒤집었다.

2006년 2월, HCLT(HCL Technologies)의 CEO 겸 사장인 비닛 나야르(Vineet Nayar)는 HCLT의 가장 중요한 고객들이 모인 글로벌 미팅에서 충격적인 발표를 했다.[1] 무작정 고객을 보살피는 것이 이제 더는 HCLT의 최우선순위가 아니라고 이야기한 것이다. 실제로, HCLT는 일부 고객과 관계를 끊기도 했다.

더 정확히 말하면, 나야르는 '직원 1순위, 고객 2순위' 라는 경영의 우선순위와 이러한 새 전략에 기반을 둔 조직 개편을 공표한 것이다. 고위 임원급으로 구성된 300명의 미팅 참가자들에게 나야르의 선언은 무척 충격이었을 것이다. 하지만 나야르의 이런 결정은 그가 경영진과 함께 오랫동안 심사숙고하여 내린 것이었다. HCLT가 경쟁력을 유지하기 위해서는 변화가 절실한 상황이었다. 따라서 이는 직원들에게 더 많은 관심을 쏟음으로써 단기적으로는 고객 확보 경쟁을 줄이고, 장기적으로는 경쟁에서 이기고자 하는 대담한 계획이었다.

나야르는 HCLT에서 오랜 기간 재직한 끝에 CEO 자리에 올랐다. 그는 1985년에 입사했는데, 당시 HCLT는 매출액이 1,000만 달러에 불과한 조그만 신생기업이었다. CEO로 취임한 얼마 후 그는 HCLT를 모회사로 하는 컴넷(Comnet)이라는 작은 벤처회사를 설립했다. 컴넷은 HCLT 내 다른 부문과 함께 빠르게 성장했으며, 이에 힘입어 HCLT는 인도에서 가장 큰 IT서비스회사 중 하나가 되었다. 2000년에 50억 달러의 매출액을 기록했고, 그 매출액 대부분은 HCLT 자체에서 나왔다.

하지만 2000년부터 2005년까지 이 회사는 경쟁자들에게 점유율을 빼앗기기 시작했다. HCLT는 여전히 매년 30퍼센트씩 성장했지만, 경쟁자들이 40~50퍼센트씩 더 빠르게 성장했기에 업계 내 순위가 급속히 밀리고 있었다. 2005년에 나야르가 HCLT의 지휘봉을 잡았을 때, 이 회사는 중간 위치에 갇혀 있었고 직원들의 사기는 떨어졌으며 이직률이 경쟁사들보다 훨씬 높은 17퍼센트에 이르는 등 많은 문제에 직면한 상황이었다.

나야르의 변신은 두 번에 걸친, 비슷하면서도 서로 다른 고객과의 만남에서 촉발됐다. 두 경우 모두 프로젝트에 대한 사후 평가 미팅 자리였다. 나야르는 직원들과 함께 고객을 만났다. 첫 번째 미팅 상대는 글로벌 기업의 최고정보책임자(CIO)였는데, HCLT는 최근 그 기업의 중요한 프로젝트를 성공적으로 완수한 뒤였다. HCLT 직원들은 먼저 회의실에 도착해 있었고 그 CIO도 와 있었다.

나야르가 회의실에 들어섰을 때 놀랍게도, CIO는 나야르에 대해 거의 신경 쓰지 않았다. 나야르는 당시를 이렇게 회고했다. "저는 내심 그가 환하게 미소 지으며 저에게 악수를 청하리라고 기대했습니다. 그가 제 등을 두드려주고 감사의 말을 건넬 거라고 생각했죠." 하지만 그 CIO는 나야르가 아니라 직원들에게만 관심을 보였다. 그는 직원들의 노고와 서비스의 질을 칭찬했으며, 그들과 한 팀으로 일해서 즐거웠다고 말했다. 그러고 나서야 그는 나야르 쪽으로 몸을 돌리더니 이런 직원들과 함께 일하는 것이 나야르에게 큰 행운이라고 말했다. "저는 깜짝 놀랐으며 그의 진정성에 감동했습니다"라고 나야르는 말했다.[2]

두 번째 미팅 역시 또 하나의 기업 고객이었다. 이번에는 실패한 프로젝트에 대한 사후 평가 보고였다. 나야르는 성과가 좋지 않은 데 대해 자신이 사과를 하고 실패한 원인을 설명한 후 앞으로 실수를 바로잡을 계획을 밝히리라 생각하고 있었다. 그런데 그가 입을 열기도 전에 고객이 나야르의 얼굴을 똑바로 쳐다보면서 거침없이 말했다. "나야르, 당신의 직원들은 할 수 있는 데까지 했습니다. 문제는 그들을 제대로 지원해주지 못한 조직에 있습니다. 회사가 제대로 지원했다면 직원들은 분명히 목표를 달성할 수 있었을 것입니다."[3] 나야르는 고객이 자신과 HCLT를 향해 화를 낸 것에 놀랐지만, 함께 일했던 팀에 대해서는 신뢰를 보였다는 점에 감명을 받았다.

나야르는 이 두 가지의 잊히지 않는 미팅을 비롯하여 그 밖의 많은 고객과 직원 간 만남을 통해 HCLT가 어떻게 고객 가치를 창출하고 이윤을 얻을 것인지에 대해 다시 생각하게 됐다. 나야르는 자신이 명명한 '밸류 존(value zone)', 즉 '고객을 위한 가치가 창출되는 곳'에 대해 곰곰이 생각하기 시작했다. HCLT가 진정으로 고객의 IT 니즈를 충족시키는 서비스 기반의 회사라면, 고객을 직접 상대하는 일선 조직이 바로 밸류 존이 되어야 마땅하다. 일선 조직은 고객에게 진정한 가치를 제공하는 데 중요한 역할을 하기 때문에, HCLT의 나머지 조직은 '지원 부서'로 간주되어야 한다.

대다수 기업처럼 HCLT도 성장을 계속함에 따라 회사의 초점이 점차 바뀌었다. 회사의 매출액이 1,000만 달러에서 50억 달러로 늘어나면서, 조직구조 역시 더 큰 규모에 맞게 구축되어야만 했다. 일선 조직이 업무 효율을 극대화하도록 지원 부서가 추가된 것이다. 하지만 보통 그렇듯이, 그 과정에서 힘의 중심이 일선 조직에서 본사 조직과 지원 조직으로 옮겨갔다. 관리자들에게 권한이 더 많이 주어질수록 일선 조직의 직원들은 관리 직원들에게 얽매이게 됐다. 자신들을 지원하도록 배치된 그들에게 말이다. 그리고 정보는 일방적으로 위에서 내려오고, 책임 소재는 아래에서 올라가게 됐다.

HCLT가 밸류 존에 다시 초점을 맞추려면 이러한 흐름을 뒤집어야 했다. 그리고 그 흐름을 뒤집으려면 조직을 뒤집어야 했다. 조직을 뒤집기 위해서는 관리자들이 일선 조직에 책임을 지게 하고, 재무·교육·인사 등 지원 부서들이 일선 조직을 확실히 지원하게 할 필요가 있었다. 하지만 5만 5,000명에 이르는 조직을 뒤집어서 100명의 고위 경영자를 책임 소재의 맨 아래에 위치하도록 하는 것은 쉬운 일이 아니었다. 나야르는 경영진과 지원 부서들이 일선 조직을 제대로 지원하도록 하기 위해 두 분야에 초점을 맞췄다. 바로 책임 주체를 뒤집고, 투명성을 확립하는 것이었다.

나야르는 본사 조직이 일선 조직을 책임지게 함으로써 책임 주체를 바꾸고자 했다. 자신을 포함한 전 지휘체계가 일선 조직을 지휘 통제하는 것이 아니라 그들을 지원하도록 만들기 위해서다. 책임 주체를 뒤집는 정책은 기존의 HCLT 고객서비스 시스템인 '스마트 서비스 데스크(smart service desk)'에서 아이디어를 따왔다. 이 시스템에서는 고객 관련 문제가 발생할 경우 사건번호를 개설하여, 문제가 해결되는 동안 그 번호를 통해 진척 상황을 확인할 수 있다. HCLT는 일선 조직에 대해 이와 유사한 시스템을 만들었다. 직원들은 문제에 맞닥뜨리거나 정보가 더 필요할 때면 언제든 지원을 요청하는 사건번호를 개설할 수 있다. 그러면 이 번호는 관련 부서나 이를 처리하는 지원 부서에 보내진다. 이 사건번호는 여러 부서를 돌아다닐 수도 있으며 그 내용은 시스템을 통해 기록된다. 여기서 중요한 것은 사건번호를 개설한 직원만이 그것이 완결되었음을 승인할 수 있다는 점이다.

나아가 HCLT는 지원 조직에 대한 업무 평가 기준도 바꾸었다. 얼마나 많은 사건번호가 개설되고 완결됐는지, 또 얼마나 많은 시간이 걸렸는지를 평가 항목에 포함한 것이다. 이 사건번호 시스템은 단순히 일선 직원들에게 필요한 자원을 제공하는 데 그치지 않고, 일선 조직과 지원 조직 모두에게 누가 누구를 지원해야 하는가를 분명하게 보여주었다.

투명성을 확립하는 문제에서는 일선 조직의 직원들과 관리자들 사이에 존재하는 장막을 제거 대상으로 삼았다. 당시 관리자들은 일선 조직의 정보에 접근할 수 있었지만, 그 정보가 역으로는 흐르지 않았다. 나야르는 정보가 더욱 투명하게 흐를 수 있도록 하기 위해 개방적인 360도 피드백 시스템을 만들었다. 많은 회사와 마찬가지로, HCLT도 이미 360도 피드백 프로세스를 일부 사용하긴 했지만 범위가 제한적이었다. 즉, 관리자들만이 그 범위 안에 있었다. 평가 문제가 대표적인 것으로, 관리자들은 자신의 영향권에 있는 몇몇에게 평가를 받았는데 일테면 부하, 동료 관리자, 상사 등이었다. "달리 표현하면, 일종의 끼리끼리에 의해 평가가 이뤄진 것입니다. 그들은 서로 평가를 했기 때문에, 서로를 도와주느라 좋은 점수를 주고 좋은 말만 하면서 문제는 덮어버리곤 했습니다"라고 나야르는 설명했다.[4]

나야르는 이 프로세스를 바꾸어 어떤 관리자와 중요한 업무 관계를 맺은 적이 있는 직원은 그 관리자의 평가에 모두 참여할 수 있게 했다. "좋든 나쁘든, 모든 직원은 자신에게 영향을 끼친다고 생각되는 관리자가 얼마나 일을 잘하는지 평가할 수 있었습니다." 그리고 평가 내용을 공개하기까지 했다. "우리는 어느 관리자에 대한 평가 피드백을 준 사람이면 누구든지 그 관리자의 360도 평가 결과를 볼 수 있게 했습니다."

2,000명이 넘는 관리자들은 자신에 대한 피드백 내용을 공개할지 말지에 대해서 스스로 결정할 수 있었다. 그들이 평가 내용을 공개하기로 하는 데에는 시간이 걸렸다. 시행 첫해에는 나야르와 본사의 몇몇 임원만이 피드백 내용을 공개했지만, 얼마 지나지 않아 대다수 관리자가 이를 따랐다. "만약 그렇게 하지 않는다면, 그 사람이 무언가를 숨기고 있다는 것을 의미했죠."[5] 피드백 내용을 공개함으로써, 관리자들은 직원들의 의견을 받아들여 변화하겠다는 의지를 공개적으로 밝힌 셈이 되었다.

이와 같은 두 가지 조치, 즉 책임 주체 뒤집기와 투명성 확립은 일선 조직의 직원들을 더욱 효과적으로 지원하기 위한 것이었다. 나야르는 그 외에도, 전략에 관한 논의에 이사회뿐만 아니라 모든 임직원이 참여하도록 했다. 이는 직원들과의 격의 없는 대화로 시작됐는데 '디렉션(Directions)'이라 불리는 정례 미팅으로 발전했다. 이러한 이벤트를 시행하기에 앞서, 나야르와 최고 경영진은 회사의 전략을 보여주는 영상을 만들었다. 그런 다음 그들은 길을 나섰고, 2주 동안 직원들을 만나러 돌아다녔다. 디렉션의 목적은 모든 직원이 회사의 목표가 무엇인지 그리고 자신들의 업무가 목표에 어떻게 기여하는지를 100퍼센트 인지시키는 것이었다. 직원들은 디렉션을 통해 공통의 언어와 개념을 공유하게 됐고, 그간 궁금했던 점에 대해서도 경영진에게 직접 답변을 들을 수 있었다. 나야르는 그러한 문답이 일상적으로 이뤄질 수 있도록 온라인 포럼을 만들었다. 직원들은 여기에 어떤 질문이든 올릴 수 있었고, 나야르는 여기에 직접 답변을 해주었다.

책임 소재를 뒤집고 평가의 투명성을 확립하는 데에는 많은 노력과 시간이 필요했다. 하지만 얼마 되지 않아 상황이 점차 바뀌기 시작했다. 그리고 마침내 HCLT는 조직구조를 성공적으로 뒤집었을 뿐만 아니라 회사가 처한 상황도 완전히 바꾸어놓았다. 2009년이 되자 이 회사는 인도에서 최고의 직장으로 선정됐다. HCLT의 연 매출액은 거의 세 배로 늘었고 시가총액은 두 배로 커졌다. 나야르는 2013년에 HCLT의 대표직에서 물러났지만, '직원 1순위, 고객 2순위'라는 그의 개념은 여전히 회사 경영철학의 핵심으로 남아 있다. 그리고 그 개념은 계속해서 HCLT의 성공을 이끄는 원동력이 되고 있다. 2014년, 이 회사는 거의 57억 달러에 육박하는 매출을 기록했다.[6]

고객만족의 출발점은 직원만족

고객보다 직원을 우선시하는 나야르의 생각은 회사에서는 물론이고 업계에서도 신선한 아이디어로 여겨졌다. 하지만 사실 그것은 완전히 새로운 아이디어는 아니다. 이미 20여 년 전에 하버드대학교의 경영학 교수들이 나야르가 경험한 결과를 정확하게 예측하는 모델을 연구한 적이 있다. 제임스 헤스켓(James Heskett), 토머스 존스(Thomas Jones), 게리 러브맨(Gary Loveman), 얼 새서(W. Earl Sasser) 그리고 레너드 슐레진저(Leonard Schlesinger)가 그 주인공들이다. 이들은 수익성이 가장 좋은 서비스 기반 회사들이 보여준 남다른 성공을 설명하는 모델을 만들기 위해, 자신들의 연구 결과들을 비교하고 다른 연구자들의 조사 내용도 검토했다.[7]

이 연구는 새서가 자신의 제자인 프레드 라이켈트(Fred Reichheld)와 진행한 조사로 시작됐다.[8] 두 사람은 '시장점유율이 수익성의 원천이다'라는, 기업 경영에서 오래 유지된 가정을 연구 대상으로 삼았다. 그들의 생각은 다음과 같았다. '만약 어떤 회사가 시장점유율을 높일 수 있다면 그 회사는 매출이 늘어나는 동시에 규모의 경제를 달성할 것이고, 따라서 이익을 늘릴 수 있을 것이다.' 두 사람은 다양한 회사와 기존의 연구를 검토하면서, 시장점유율이 수익성의 한 요인이긴 하지만 수익성이 뛰어난 회사들을 더 잘 설명해주는 또 다른 요소가 있음을 발견했다. 바로 고객충성도라는 요소다. 새서와 라이켈트는 자신들의 연구에 바탕을 두고, 고객충성도가 5퍼센트만 올라가도 수익성은 25~85퍼센트만큼 상승한다고 추정했다. 이 연구 결과는 5명의 하버드대학교 교수가 고객충성도의 요인을 찾는 데 초석이 됐다. 그들은 수십 개의 회사와 귀중한 연구자료를 조사한 뒤 고객충성도의 원천을 밝히는 하나의 모델을 만들었으며, 이를 '서비스-이익 체인(service-profit chain)'이라 불렀다.

서비스-이익 체인은 사업 모델을 구성하는 몇 가지 요소를 연쇄적인 관계로 이어준다. 다시 말해, 이익과 성장은 고객충성도에 의해 견인되며, 고객충성도는 고객만족에 영향을 받고, 고객만족은 서비스 가치에 대한 긍정적 인식으로 촉진된다. 그리고 그 서비스 가치는 높은 생산성의 결과이며, 생산성은 직원만족에서 비롯된다. 간단히 말해서 이익은 고객충성도가 이끌고, 고객충성도는 직원만족에서 나오며, 직원만족은 직원을 최우선순위로 둠으로써 만들어진다.

직원만족은 회사가 높은 '내부적 서비스 퀄리티'를 달성하고자 할 때 이뤄진다. 여기서 내부적 서비스 퀄리티란 앞에서 언급한 5명의 하버드대 교수들이 만들어낸 용어로 직무 설계, 조직 개발, 교육, 보상, 그리고 '직원 최우선주의'에 적합한 그 외의 모든 것을 포함한다. 그들이 주장하는 서비스-이익 체인의 중심에는 가치에 대한 개념이 있다. 서비스 사업 모델에서, 서비스의 가치란 서비스를 받는 고객의 인식에도 좌우된다. 제품에서 품질이 그러하듯이 말이다. 이에 그 교수들은 업무만족도와 생산성이 높은 직원일수록 고객서비스의 질을 높이고, 고객들이 더 높은 가치를 인식하도록 이끌 것이라는 가설을 세웠다. 서비스-이익 체인에 의하면 직원을 최우선시함으로써 고객이 더 나은 서비스를 받게 되며, 이는 고객충성도를 높여 회사의 수익성을 증대시킨다. 이것은 나야르와 HCLT가 경험한 것과 정확히 일치한다.

그들의 연구 결과가 처음 발표됐을 때, 서비스-이익 체인 개념은 많은 논란을 불러일으켰다. 그 개념은 다양한 연구에 바탕을 둔 이론적 모델이었으며, 직원들의 만족도와 고객의 만족도 및 이익 기여도 간의 연관성을 더욱 명확하게 밝히려는 연구들이 뒤따랐다.

휴스턴대학교의 스티븐 브라운(Steven Brown)과 손 램(Son Lam)이 최근 연구에서, 그 연관성을 명확히 규정짓기 위해 수십 년에 걸쳐 이뤄진 연구들을 종합했다.[9] 브라운과 램은 직원만족도와 서비스 품질에 대한 고객의 인식과 관련이 있는 28개의 연구자료를 모았다. 전체적으로 이 연구자료들은 통틀어 6,600명 이상의 직원과 고객을 대상으로 한 것이다. 브라운과 램의 연구결과는 높은 수준의 고객만족도와 고객이 인지하는 서비스 퀄리티는 높은 수준의 직원만족도와 관련이 있다는 것을 보여주었다. 일선 직원들은 회사의 든든한 지원을 받고 업무에 만족할 때 고객에게 더 나은 서비스를 제공한다.

브라운과 램은 다양한 산업에 걸쳐 다양한 연구를 종합하면서 두 가지 사업 유형에서 직원과 고객 간의 흥미로운 관계를 분석해냈다. 그중 하나는 개인병원이나 IT컨설팅회사와 같이 고객과 직원이 지속적으로 관계를 유지하는 사업이고, 다른 하나는 패스트푸드점이나 소매점처럼 일회성 거래가 일어나는 사업이다. 브라운과 램은 지속적인 관계일 경우 고객과 직원이 더 자주 접촉하기 때문에, 이 사업 유형에서는 직원만족이 서비스의 질에 대한 고객의 인지와 만족에 미치는 효과가 더 클 것으로 가정했다. 그러나 연구 결과 사업의 유형이나 고객과의 접촉 횟수에 따라 그 효과가 크게 달라지지는 않는다는 것을 알게 됐다. 직원만족도 역시, 고객 접촉이 일회적이든 빈번하고 지속적이든 간에 똑같이 많은 영향을 끼치는 것으로 드러났다. 이러한 연구 결과들은 HCLT가 직원들을 최우선시하여 그들에게 고객을 보살피도록 맡겼을 때 경험한 것들과 일치한다.

또한 조직도를 뒤집어야 한다는 나야르의 생각을 뒷받침해주는 새로운 연구가 있다. 최근의 한 연구는 직원의 만족도와 서비스-이익 체인에서 관리자들이 중요한 역할을 한다는 것을 보여주었다.[10] 버지니아대학교의 리처드 네터메이어(Richard Netemayer)가 이끄는 3명의 연구진이 하나의 소매 체인에서 자료를 모았다. 306명의 점포 관리자, 1,615회의 고객과 직원 간 접촉, 그리고 5만 7,656명의 고객에 관한 자료였다. 연구자들은 관리자의 실적과 만족도가 직원에게 미치는 영향, 그리고 이에 따라 고객만족과 전반적인 점포 실적에 어떤 영향이 미치는지를 실험했다.

연구자들은 관리자들의 행동과 고객만족 그리고 점포의 재무 실적이 실제로 연결되어 있음을 발견했다. 이런 결과는 직원들에 대한 경영층의 지지가 내부적 서비스 퀄리티에 엄청난 기여를 한다는 주장을 뒷받침한다. 내부적 서비스 퀄리티는 서비스-이익 체인에서 첫 번째 연결고리다. 또한 네터메이어와 그의 팀이 연구한 결과는 조직을 뒤집는 것이 실제로 효과가 있다는 것을 보여준다. HCLT에서 나야르가 그랬듯이 말이다. 관리자들은 자신의 역할이 직원들을 만족시키는 것이라는 점을 이해해야 한다. 관리자가 자신의 역할을 성공적으로 해내면 회사의 재무실적에도 분명히 큰 영향을 미치게 된다.

직원을 우선한 선두 기업들

연구 결과가 말해주듯, 직원만족이 고객만족에 미치는 효과는 고객과 직원이 장기적 관계를 맺는 서비스 산업뿐만 아니라 고객과 직원의 접촉이 장기적이지 않은 소매업 같은 분야에서도 매우 크다. 식료품 체인인 웨그먼스 푸드 마켓(Wegmans Food Markets)이 고객보다 직원을 우선시함으로써 어떻게 미국 내에서 가장 존경받는 회사가 됐는지를 살펴보자. 웨그먼스는 80개 이상의 슈퍼마켓을 운영하는 가족 기업이다. 이 회사는 열성적인 고객 기반을 갖추고 있는데, 그보다 더 눈에 띄는 것은 매우 열성적인 직원들을 보유하고 있다는 점이다.

1916년 월터 웨그먼(Walter Wegman)과 존 웨그먼(John Wegman)이 설립한 이 회사는 현재 월터의 손자인 대니 웨그먼(Danny Wegman)이 운영하며, 대니의 두 딸도 이 회사에서 일한다. 웨그먼 집안은 직원들을 확고히 지지하면 직원들이 그만큼의 충성을 고객들에게 보일 것이라는 믿음을 대대로 물려주었다.[11]

웨그먼스는 여러 가지 방법으로 직원들에게 확고한 의지를 보여준다. 가장 두드러지는 것은 이 회사가 오랫동안 유지해온 '정리해고 없음' 정책이다. 직원 채용에서 회사가 가장 중시하는 입사 자격은 식품에 대한 높은 흥미이며, 식품에 대해 알고자 하는 열정이 없는 지원자는 탈락시킨다. 웨그먼스는 열정적인 직원을 채용한 다음, 그들을 훈련하는 데 엄청난 시간과 돈을 투자한다. 고객 응대 업무를 맡게 되는 신입 직원들은 실무에 임하기 전에 최대 55시간의 기초 훈련을 거친다.[12] 예를 들어, 출납계 직원들은 40시간의 기본 교육을 마쳐야만 고객을 만날 수 있다.[13] 상시적 교육의 하나로, 직원들은 해외에도 다녀온다.[14] 치즈 부서 직원들은 파르메산(Parmesan)이 어떻게 만들어지는지를 배우기 위해 이탈리아로, 그리고 제빵 부서 직원들은 제빵 기술을 배우기 위해 프랑스로 가는 식이다. 웨그먼스가 이렇게 직원 교육에 투자하는 것은 모든 직원이 자신의 전문 경험을 고객 응대에 활용할 수 있게 하기 위해서다. 일테면 어떤 음식들이 서로 잘 맞는지, 어떻게 요리해서 내놓을지 등을 잘 알아야 쇼핑하는 고객들에게 실제적인 도움을 줄 수 있다고 믿기 때문이다. 또한 직원들에게는 지식뿐만 아니라 권한도 부여한다. 그래서 모든 직원은 고객이 기분 좋게 쇼핑을 마치는 데 필요한 모든 일을 자신의 권한으로 처리할 수 있다.

이 회사는 회사가 직원들을 신뢰할수록 직원들도 회사를 신뢰한다는 것을 보여준다. 웨그먼스는 90일이 지난 상근 직원과 1년 이상 근무한 파트타임 직원들에게 건강보험과 생명보험을 제공한다. 처음에는, 회사가 이러한 복지 비용을 100퍼센트 지불했다. 그러나 지출 비용이 늘어나면서 관리자들과 일정 금액 이상을 버는 사람들부터 우선하여 그 비용의 일부를 부담하게 했다. 직원을 우선시하는 웨그먼스의 철학을 상징적으로 보여주는 예다. 시간이 더 지나 나중에는 비용이 계속해서 늘어나는 바람에 직원 모두가 보험료의 일부를 부담하게 됐다.

또한 웨그먼스는 폭넓은 교육 기회를 제공한다. 상근 직원과 파트타임 직원들은 일정 기간을 근무하고 좋은 평가등급을 받는 한 누구라도 교육비와 장학금을 청구할 자격이 있다. 이 회사는 직원들의 교육비로 해마다 400만 달러 이상을 지불한다. 교육을 마친 후 회사를 배신하고 떠나는 사람은 없으며, 그들은 계속 웨그먼스에 머문다. 연간 이직률은 다른 슈퍼마켓의 절반 수준에 불과하며, 장기근속 사원 대부분은 일선 조직에서 일을 시작하여 현재 위치에 오른 이들이다.[15]

웨그먼스는 설립 때부터 〈포춘〉이 매년 선정하는 '가장 일하고 싶은 회사' 중 상위를 차지했으며 2005년에는 1위로 올라섰다. 직원들에게는 이 회사가 최고의 직장이다. 그래서 그들은 매장을 최고로 쇼핑하기 좋은 곳으로 만든다. 그 덕에 회사의 단위면적당 매출액은 경쟁사보다 50퍼센트나 더 높게 기록하는 경우가 많다.[16] 본사에는 고객들이 해마다 수천 통의 이메일과 편지를 보내오는데, 웨그먼스에서 쇼핑을 더 많이 할 수 있도록 자기 동네에 새 점포를 열어달라고 간청하는 내용이 대부분이다. 하지만 이 회사는 고객들의 기대와 달리, 느린 속도로 성장한다는 원칙을 유지한다. 매년 2~3개의 점포만 새로 여는 게 보통인데, 이러한 속도여야 새 직원들에 대한 투자가 가능하고 웨그먼스의 기업문화가 약화되지 않는다고 생각하기 때문이다.

직원을 최우선시함으로써 이득을 얻는 회사 중 고객 접촉이 부정기적인 회사는 웨그먼스만이 아니다. 식당 경영자이자 유니온스퀘어 호스피텔러티 그룹(Union Square Hospitality Group)의 창립자인 대니 마이어(Danny Meyer)는 40년이 넘도록 고객보다 직원에 우선순위를 두어왔다. 마이어가 명명한 '똑똑한 친절의 선순환(virtuous cycle of enlightened hospitality)'이라는 개념이 있는데, 이는 서비스-이익 체인과 대단히 비슷하다. "저는 처음 어느 식당에 들어가거나 비즈니스를 시작할 때, 직원들이 자기 일에 얼마나 집중하고 서로 돕고 화합하는지를 봅니다. 그러면 내가 어떤 경험을 하게 될지 즉각적으로 예측할 수 있죠"라고 마이어는 말한다.[17]

마이어의 선순환 전략은 그가 처음 시작한 유니온스퀘어 카페(Union Square Café)에서부터 세계적 버거 체인인 쉐이크쉑(Shake Shack)에 이르기까지 모든 곳에서 효과를 내고 있다. 마이어는 고객을 만족시키기 위해, 오히려 그들을 2순위로 둘 필요가 있다고 생각한다. "우리 직원들의 이익은 손님들의 이익보다 더 우선시되어야만 합니다. 우리가 지속적으로 고객의 호평을 받으며 단골을 얻고 그들과 끈끈한 연대감을 형성하기 위해서는 팀원들이 즐겁게 출근하는 것이 유일한 방법이기 때문입니다." 또한 마이어는 투자자들을 만족시키기 위해, 오히려 그들을 우선순위에서 맨 끝에 두어야 한다고 생각한다. "제가 돈을 벌고 싶지 않아서가 아닙니다. 반대로 일반적인 사업의 우선순위를 뒤집는 것이 더 큰 재무적 성공으로 이어진다고 확신하기 때문입니다"라고 그는 말한다.[18]

마이어와 유니온스퀘어는 직원들을 여러 방면에서 최우선에 두었다. 높은 급여와 복지 혜택을 통해 직원들의 금전적 수요를 충족시키는 것은 기본에 속한다. 그 외에 직원들의 피드백을 구하고, 관리자에 대한 평가에서부터 자기가 일하는 식당이나 회사 내 다른 식당에 대한 피드백에 이르기까지 회사가 직원들의 의견을 모두 들어준다는 것을 알게 한다. 실제로 마이어는 직원들의 피드백을 바탕으로 자사의 서비스 표준에 부합하지 않는 관리자에 대해 조치를 취했고 심지어 해고를 하기도 했다. 또한 마이어는 일부 관리자에게 자신들이 운영하는 식당의 주식을 매입하게 함으로써 주주가 될 기회를 주었다. 버거 체인인 쉐이크쉑을 상장(IPO)하기 직전인 2015년에, 모든 지역의 모든 관리자에게 스톡옵션을 부여했다.[19] 그리고 상근 직원들과 심지어 파트타임 직원들에게도 사전 IPO(pre-IPO, 기업공개 이전에 투자자들로부터 어느 정도의 자금을 미리 유치하는 것–옮긴이) 가격인 21달러에 주식을 매입할 기회를 주었다. 그 주식은 이튿날 사전 IPO 가격보다 150퍼센트 높은 45.90달러로 장을 마감하면서 대박을 터뜨렸다.

웨그먼스와 유니온스퀘어는 경영자들이 일선 조직 직원들을 최우선시하는 기업문화, 그리고 지점 관리자들이 책임지고 직원들을 돌보는 문화를 만들 때 모두가 경쟁에서 이긴다는 증거를 보여준다. 관리자들이 다른 곳에 관심을 쏟고 기업분화가 시들어지면 일선 직원들이 관심을 고객에서 다른 데로 돌리게 되고, 결국 고객들도 다른 회사로 관심을 돌리게 된다.

특히 회사가 빠르게 성장하고 있을 때 이런 실수를 저지르기 쉽다. 이는 2007년경, 회사가 너무나 빠르게 성장하면서 매장 내 매출이 떨어지기 시작했을 때 하워드 슐츠(Howard Schultz)와 스타벅스(Starbucks)가 얻은 교훈이다. 슐츠는 스타벅스에서 초창기부터 핵심 인물이었다. 엄밀하게 말해서 슐츠가 창립자는 아니지만 사랑받는 커피 체인을 만드는 데 공이 컸고, 성장 계획보다 회사의 '파트너들(스타벅스에서 직원들을 부르는 말)'에 더 집중함으로써 회사를 벼랑 끝에서 구한 주인공이기 때문이다.

1953년에 태어난 슐츠는 브루클린에 있는 저소득층 주택단지에서 자랐다.[20] 그의 유년기 경험은 종업원들을 최우선시해야 한다는 생각에 결정적인 영향을 끼쳤다. 슐츠의 아버지는 의료보험 같은 혜택이 없는 블루칼라 직종을 전전했다. 슐츠가 일곱 살 때, 아버지가 발목을 다쳐 트럭 운전사 일자리를 잃자 그의 가족은 엄청나게 고생했다. 가족들은 아버지가 병상에 있는 동안 생계를 유지하느라 발버둥을 쳤고, 슐츠는 그 어려운 시기를 결코 잊지 않았다. 이 일은 훗날 그의 리더십에 엄청난 영향을 미쳤다.

체육특기자 장학금으로 대학을 마친 슐츠는 제록스에서 판매원으로 일을 시작했다. 그곳에서 일찌감치 탁월함을 인정받아 불과 스물여섯 살에 스웨덴 가정용품회사 퍼스토프AB(Perstorp AB)의 미국 자회사인 해마플라스트(Hammarplast)에 상무 겸 지점장으로 스카우트됐다. 해마플라스트의 제품 중 하나가 에스프레소 기계였고, 이 기계를 구입하는 최고 고객 중 하나가 시애틀에 있는 스타벅스라는 커피 로스터 회사였다.

스타벅스를 방문하러 비행기로 날아간 후, 슐츠는 시애틀로 자리를 옮겨 스타벅스의 주주 겸 마케팅수석으로 합류했다. 그가 이 회사에 머문 것은 4년밖에 되지 않는다. 이탈리아에 출장을 다녀온 뒤, 그는 이탈리아의 에스프레소 바 모델을 스타벅스로 가져가야겠다고 결심했다. 하지만 파트너들을 설득하는 데 실패하자 직접 회사를 차리기로 했다. 몇 년 후 슐츠는 자신의 옛 파트너들이 스타벅스를 팔고 싶어 하는 것을 알고, 그 회사를 인수해서 자신의 벤처회사와 합병했다.

스타벅스의 경영자로서 슐츠는 규모를 키우는 최고의 방법은 고객서비스의 질을 향상시키는 것이고, 그렇게 하는 가장 좋은 방법은 일선 직원들을 사로잡는 것임을 잘 알았다. "고객의 기대는 말할 것도 없고 그 이상을 충족시키는 최고의 방법은 훌륭한 직원들을 채용해서 교육하는 것이라 생각했습니다"라고 슐츠는 말했다.[21] "우리는 좋은 커피에 대해 열정을 가진 직원들에게 투자했습니다."

슐츠는 광범위한 교육 프로그램을 만들었다. 계산대 뒤에서 고객들을 대하면서 성장에 대한 열망을 가진 직원들에게 투자하고 그들을 개발하기 위해서였다. 또한 모든 직원, 심지어는 주당 20시간 이상 근무한 파트타임 직원들에 대해서도 포괄적인 의료보험을 제공하기 시작했다. 일부는 자신의 유년기에 영향을 받았고 일부는 일선 파트너들의 중요성을 강조하기 위해서였다. 슐츠의 리더십 아래 직원들에게 투자하면서 스타벅스는 번창의 길로 들어섰다.

2000년에 슐츠는 이사회 의장으로는 계속 남았지만 CEO에서 물러났다. 회사는 그가 떠나던 해에만 1,000개가 넘는 점포를 개설하면서 급격하게 성장했다.[22] 하지만 슐츠가 파트너들에 중점을 두지 않았다면, 그처럼 규모를 확장하는 것은 또 다른 문젯거리가 되었을 것이다.

몇 년이 지난 2007년, 슐츠는 스타벅스의 성장 속도를 점점 걱정하게 됐다. 그는 스타벅스의 고객서비스를 구성하던 요소들이 사라지거나 흐려지면서 고객서비스의 질이 떨어지는 것을 목격했다. 고객과의 접촉에서는 인간적 유대가 부족해 보였다.

예컨대 바리스타들은 대부분이 단골의 이름을 기억하지 못하는 것 같았다. 점포 관리자들은 자신이 하는 일에 자부심이 없어 보였고, 자신의 지점에 투자도 하지 않았다. 모두가 실적을 내는 데에만 집중할 뿐 회사의 가치를 실천하는 데는 소홀했다. 슐츠는 고위 경영자들에게 보내는 편지에서 이렇게 말했다. "우리는 우리를 찾아온 사람들과 우리의 경영지침을 따르는 15만 명의 직원과 그 가족들에게 엄청난 책임을 지고 있습니다."

그가 편지를 보내고 나서 며칠 후 그 편지가 언론에 새나갔고, 스타벅스 브랜드와 회사의 장래성에 관한 논란이 물밀듯이 이어졌다. 2007년 말경에 이르자, 스타벅스의 재무상태는 슐츠의 걱정대로 전개되기 시작했다. 전년 대비 매출액은 늘어났지만, 증가율은 업계 평균을 밑돌았다. 2008년, 스타벅스는 슐츠가 CEO로 복귀할 것이라고 발표했다.

스타벅스의 상황을 타개하기 위해 슐츠는 자신이 우선 조처해야 하는 것이 무엇인지를 알았다. 그는 회고록 《온워드(Onward)》에서 이렇게 말했다. "미국에서의 사업이 몰락해가는 상황에서 이를 개선하기 위해 가장 중요한 일은 우리 직원들을 다시 몰입시키는 것이었습니다."[23] 슐츠는 경영진이 바리스타와 점포 관리자에 초점을 맞춰야 한다는 것을 알았다. 왜냐하면, 그들이 고객과 가장 많이 접촉하기 때문이다. 경영진이 직원의 발전을 우선시한다면, 직원들은 고객을 돌보게 될 것이다. 그가 처음 한 일은 모든 바리스타에게 완벽한 에스프레소를 만드는 법을 다시 교육하는 것이었다. 2008년 2월 26일, 스타벅스는 직원들이 커피 만드는 예술을 다시 배울 수 있도록 하루 동안 미국 내 모든 매장의 문을 닫았다. 그 여파로 수백만 달러의 매출액 감소와 주가 급락을 겪었다.

두 번째 한 일은 3일간의 스타벅스 리더십 콘퍼런스를 개최한 것이었다. 이 프로그램은 지점 관리자들을 다시 사로잡고 회사가 그들을 지원하겠다는 약속을 재천명하기 위해 마련됐다. 앞서 얘기했듯이, 지점 관리자들은 서비스-이익 체인이 원활히 작동하는 데 엄청난 영향을 미친다. 스타벅스는 3,000만 달러를 들여 1만 명의 관리자를 뉴올리언스로 보냈다. 이 행사는 지점 관리자들이 회사의 핵심 가치를 점검하고, 자기 일을 더 잘하기 위해 새로운 기술을 배우는 데 도움을 주었다. 또한 그들은 아직도 허리케인의 피해에서 회복되지 못한 뉴올리언스 주민들을 위해 온종일 봉사활동을 하는 등 팀 빌딩 활동에도 참여했다. 직원들은 자신의 역할이 스타벅스 고객의 경험에 절대적으로 중요하다는 것을 다시 확인하게 됐다.

세 번째는 직원들에 대한 회사의 지원 약속을 재확인하는 데 중점을 뒀다. 매년 3억 달러를 넘는 터무니없는 비용이 들어가지만, 슐츠는 파트타임 직원들의 건강보험이 포함된 복지를 축소하지 않았다. 슐츠는 약속을 존중하는 것은 마땅히 해야 할 일이며, 그것은 직원들을 우선시하겠다는 전체적인 약속의 일부라고 군건히 주장했다. 회사의 회생 기간에 슐츠는 건강보험을 축소하라는 압력을 곳곳에서 받았다. 주요 주주들은 직접 전화를 걸어 건강보험을 줄인다 해도 비난할 사람은 없을 거라고 말하기도 했다. 슐츠는 건강보험 비용을 걱정하는 사람들에게 "3억 달러 정도는 여러 분야에서 비용을 줄임으로써 충당할 수 있습니다. 그런데도 여러분은 회사를 죽이고, 회사를 지탱해주는 신뢰를 죽이길 원합니까?"라고 말했다.[24] 슐츠의 정책이 회사의 재무실적을 해칠 것이라고 걱정하는 사람들에게 그는 그렇다면 아마도 자신들의 주식을 팔아야 할 것이라고 응수했다. 심지어 주주 가치를 위해서라도 직원들에게 먼저 가치를 제공해야 한다고 생각했다. "나는 여러분이 직원들을 위해 가치를 만들지 않는다면 주주 가치는 지속될 수 없다고 생각합니다"라고 그는 말했다.[25]

시간이 지나면서, 스타벅스에서 일하는 사람들은 회사를 위해 가치를 창출했다. 직원들을 우대하고, 이에 호응하여 직원들이 고객을 우대하게 함으로써 스타벅스는 회생의 길로 들어섰다. 슐츠의 계획에 대해 주주들이 심각한 문제를 제기했음에도 직원들의 사기는 올라갔고, 동시에 고객서비스도 개선됐다. 2년이 지난 2009년에는 새롭게 이익이 나기 시작했다.[26] 이 회사는 이제 회생 작업을 마치고 앞으로 나아가고 있다. 2014 회계연도에 스타벅스는 164억 달러를 벌었다.[27] 아마도 이는 스타벅스의 직원들이 회사가 자신들에게 투자했다는 사실은 물론, 회사를 두 번이나 떠났다가 자신들을 위해 돌아온 경영자 슐츠에게 164

억 달러를 벌어주었다고 말하는 것이 더욱 적절할 것이다.

　조직구조가 뒤집혀야 하고 고객은 2순위로 두어야 한다는 비닛 나야르, 대니 마이어, 그리고 하워드 슐츠의 공통된 생각은 이론적으로는 간단하다. 하지만 실제로 행동에 옮기기는 쉽지 않다. '고객이 항상 옳다'는 오래된 격언을 너무 많이 들었기 때문에, 많은 이들에게는 이와 같은 급격한 뒤집기가 잘 받아들여지지 않을 것이다. 조직을 되살리기 위해서는 충성심을 되살려야 한다. 앞서 말한 경영자들은 자신이 먼저 직원들에게 충성해야 하고, 그리고 나면 직원들은 고객을 더욱 충성스럽게 돌본다는 것을 보여주었다. 확실히 그것은 엄청난 도박이었다. 하지만 결과로써 그것이 틀리지 않음을 증명했다.

휴가 정책을
버려라

근무하는 시간은 세지 않으면서 왜 쉬는 날짜는 세야 하는가? 이에 대해 많은 경영자가 의문을 제기하기 시작했다. 무제한 휴가 정책을 채택한 회사들은 기존의 휴가 정책이 직원이 업무에 집중하고 성과를 내는 데 방해가 된다는 것을 알게됐다.

기업은 주식시장에 상장되고 나면 많은 것이 달라진다. 소유지
분이 창립자·벤처캐피털·소수의 투자자에서 증권거래소를
통해 일반 투자자로 옮겨감에 따라 필연적으로 많은 규제를 받
게 되며, 그 규제는 회사의 모든 분야에 변화를 불러온다. 그렇
다 하더라도, 넷플릭스의 경영진은 자사가 상장되던 2002년에
오랫동안 유지해온 휴가 정책을 바꾸게 될 것이라고는 생각하
지 못했다.[1]

상장 전에 이 회사의 휴가 정책은 대다수 회사와 크게 다를
바가 없었다. 다시 말해 직원들은 매년 정해진 휴가 일수를 받
았으며, 사용하지 않고 남은 일수는 연말에 돈으로 보상받거나
이월되거나 그도 아니면 그냥 없어졌다. 이러한 휴가제도는 산
업 시대에 시작된 것으로 그동안 별다른 변화 없이 지속되어왔
다. 즉, 교대근무가 원활하게 이뤄져야 했던 공장에서 탄생한
제도라는 뜻이다. 넷플릭스 직원들은 10일간의 정규휴가와 10
일간의 월차휴가, 그리고 며칠간의 병가를 사용할 수 있었다.

다만, 넷플릭스 직원들은 자신이 사용한 휴가 내용을 자율적으로 기록하여 언제 얼마나 사용했는지를 상사에게 알렸다. 넷플릭스의 기업문화는 자유와 책임을 중요한 가치로 여긴다. 그러나 상장이 되자 회사의 기업문화와 규제 법규가 여러 면에서 충돌하게 됐다.

첫 번째 충돌은 회사의 감사인들로부터 불거졌다. 그들은 우선 상장기업에 적용되는 사베인스-옥슬리법(Sarbanes-Oxley Act)에 따라 넷플릭스도 직원들의 휴가 일수를 기록할 의무가 있으며, 따라서 자율시행 시스템은 부적절하다고 주장했다. 이에 대해 넷플릭스의 한 직원은 회사 창립자인 리드 헤이스팅스에게 대부분 직원이 9시부터 5시까지의 표준 근무시간 동안 일하는 것이 아니며, 주 5일 근무를 하는 것도 아니라고 지적했다.[2] 사실상 직원들이 일하는 시간은 제각기 달랐다. 많은 직원이 밤을 새우거나 주말에도 일했으며, 꼭두새벽에 이메일에 답하기도 했다. 그 직원은 지금까지 직원들에게 근무 일수를 계산하라고 요구한 적은 한 번도 없으면서, 왜 지금은 휴가 일수를 계산하라고 하느냐고 말했다. 전통적인 명분, 즉 교대근무의 필요성 때문이라는 얘기는 그들에게 전혀 해당하지 않았다.

그래서 규제 당국이 법규에 맞게 휴가 시스템을 갖출 것을 강력히 요구했을 때, 헤이스팅스의 생각은 다른 곳을 향했다. "회사가 꼭 휴가를 주어야 하는가?"[3] 이 문제에 대해 조사해본 그는 넷플릭스의 본사가 있는 캘리포니아 주에는 급여를 받는 정

직원의 경우 휴가를 얼마나 받는지 또는 어떻게 쓸 수 있는지에 관한 법이 없다는 것을 알게 됐다. 2004년 헤이스팅스와 경영 진은 회사의 휴가 시스템이 형식에 구애받지 않도록 휴가 정책 이라는 것을 아예 없애기로 했다.

이제 넷플릭스에는 딱히 정해진 휴가 정책이 없다. 넷플릭스 직원들은 자신이 필요한 만큼 휴가를 쓸 수 있으며, 다만 언제 휴가를 갈 것인지를 상사에게 알리기만 하면 된다. 따라서 이제 는 매년 휴가를 며칠이나 쓰는지 계산하지 않는다. 헤이스팅스 와 동료들은 회사의 기업문화와 휴가 정책에 대한 공식 성명을 발표했다. '우리의 자율적 책임 문화에 대하여(Reference Guide on Our Freedom and Responsibility)'라는 제목의 128장짜리 파워포인 트 파일에서 헤이스팅스와 그의 팀은 다음과 같이 적었다. "우 리는 구성원들이 며칠을 일하는지가 아니라 얼마나 많은 것을 이뤄내는지에 초점을 맞춰야 한다는 것을 알게 됐습니다. 우리 에게 9시부터 5시까지의 근무시간 규정이 없는 것처럼, 휴가 규 정도 필요하지 않습니다."[4]

이 회사에 휴가 정책은 없지만 책임 있게 휴가를 쓰는 방법에 대한 약간의 지침은 있다. 예를 들어 재무 부서 직원들에게는 분기 결산 시기에 자리를 비우지 말도록 권한다. 그때는 팀 전 체가 바쁜 시기이기 때문이다. 그리고 누구든지 30일 이상 연속 으로 휴가를 쓰고자 한다면 먼저 인사 부서를 만나 협의해야 한 다. 게다가 고위 경영진에게는 될 수 있는 대로 휴가를 오래 쓰고 이를 회사 전체에 알리도록 권장한다. "휴가 정책이 없다는 것이 휴가가 없다는 뜻은 아닙니다"라고 헤이스팅스는 적었다.[5] 넷플릭스는 직원들이 휴가를 통해 재충전할 수 있도록 휴가 중에는 충분한 휴식을 취하길 원한다. 그러나 또 동시에, 직원들이 휴가에서 복귀한 뒤에는 회사가 자신들을 신뢰한다는 것을 알고 책임 있게 행동하기를 원한다. 휴가 무정책주의는 바로 이 점을 강조한다.

이 무정책주의가 실제로 큰 효과를 내자, 넷플릭스는 다른 분야에서도 필요 없는 정책을 없애거나 간소화했다. 2015년 넷플릭스는 이제 곧 엄마나 아빠가 되는 직원들은 무제한적인 출산 휴가의 혜택을 받게 될 것이라고 발표했다. 이 정책에 따르면 출산을 맞은 직원들은 단순한 출산휴가 이외에도 필요에 따라 파트타임과 풀타임을 오가거나 나중에 재차 휴가를 가질 수도 있다. 이 기간에 직원들은 정상적으로 급여를 받게 되며, 따라서 실업수당이나 정부 지원을 신청하지 않아도 된다.[6]

넷플릭스 경영진은 또한 여행과 경비에 관한 규정도 상당히 간소화했다. 언제 어떻게 비용을 쓰고 돌려받는지를 명시하는 대신, '넷플릭스의 이익에 최대한 부합하도록 행동하라(Act in Netflix's best interest)'라는 다섯 단어짜리 규정으로 대체했다.[7] 휴가 일수와 마찬가지로 이 자율 정책의 핵심은 직원들에게 성숙한 행동을 기대한다는 것이다. 자율 정책을 통해 대다수 직원의 부담을 덜어주고, 성숙한 행동을 하지 않는 일부 직원에 대해서만 대처한다. "만약 당신이 기대하는 책임 있는 행동이 무엇인지 명확히 알려준다면, 대부분 직원은 그에 따를 것입니다"라고 정책 변경 당시 넷플릭스의 최고인재책임자(Chief Talent Officer, CTO)였던 패티 매코드(Patty McCord)는 말했다.

예상외로 경비규정 간소화는 비용도 줄여주었다. 직원들이 책임 있게 행동했기 때문이다. "지난 몇 년간 우리가 직원들에게 규정 대신 건전한 이성과 상식에 근거해서 행동하라고 얘기했을 때, 우리는 더 나은 결과를 얻었고 비용은 더 적게 들었습니다"라고 매코드는 말했다.[8] 직원들에게 책임감을 가지고 행동할 수 있도록 신뢰와 자유를 준다면 그토록 많은 규정은 필요하지 않다. 헤이스팅스와 매코드는 기업문화에 대한 프레젠테이션을 하면서 이렇게 표현했다. "넷플릭스에는 복장 규정 역시 없지만, 아무도 벌거벗은 채로 출근하지 않습니다."[9]

그 프레젠테이션 내용과 휴가 무정책주의 선언은 헤이스팅스와 넷플릭스에 대해 많은 관심과 열렬한 반응을 불러일으켰다. 그 프레젠테이션 슬라이드만 해도 1,100만 번이 넘게 조회됐고 전 세계적으로 신문에 기사화됐다. 구글의 전 고위 임원이자 페이스북의 최고운영책임자(COO)였던 셰릴 샌드버그(Sheryl Sandberg)가 그동안 실리콘밸리에서 나온 문서 중 가장 중요한 것이라고 했을 정도다.

그러나 아마도 그 슬라이드를 본 사람 중 가장 영향력 있는 사람은 영국 버진 그룹(Virgin Group)의 창립자로 억만장자인 리처드 브랜슨 경(Sir Richard Branson)일 것이다. 브랜슨은 딸이 보낸 이메일을 읽고 이 슬라이드를 처음 알게 됐다. 브랜슨은 딸이 "아빠, 이거 한번 보세요! 버진 문화에 딱 맞는 것 같아요"라고 썼다고 말했다.[10] 브랜슨은 슬라이드를 직접 보고 나서 그 아이디어에 푹 빠졌다. 무정책주의야말로 많은 회사를 옥죄고 있는 형식주의를 없애거나 줄여줄 방법이었기 때문이다. 그는 회사와 전 세계가 볼 수 있도록 블로그에 다음과 같이 적었다. "혁신에 대한 가장 기발한 수식어로서 '스마트'와 '심플'이라는 단어를 쓴다는 것은 대단히 흥미로운 일입니다. 와! 이것이야말로 제가 정말로 오래간만에 접하는 가장 '스마트하고 심플한' 아이디어예요."

같은 블로그 포스팅에서 그는 버진 그룹 역시 '휴가 무정책주의'를 그룹 본사에서 실험해볼 것이라고 발표했다. 영국과 미국 양국의 정규 직원들은 이제 자신이 원하는 만큼 휴가를 쓸 수 있다. 그러나 아무도 그 내용을 추적하지 않는다. 처음에는 단지 170명의 직원에게만 적용됐지만, 머지않아 새 정책이 버진 그룹 전체로 확대되리라고 브랜슨은 기대한다. 브랜슨은 그 블로그 포스팅에서 "이 실험의 결과가 좋다면 우리의 모든 자회사에도 독려할 것이며, 이는 놀랄 만한 흥분을 안겨줄 것입니다"라고 적었다. 여기서 '흥분'이라는 말은 매우 적절한 표현이다. 왜냐하면 버진 그룹은 자회사를 통틀어 전 세계적으로 자그마치 5만 명에 가까운 직원을 거느리고 있기 때문이다.

넷플릭스의 정책을 주목한 사람은 버진 그룹의 창립자만이 아니다. 넷플릭스만큼 큰 야망을 가진 조그마한 신생기업 창업자들도 있다. 미국 오클라호마 주 털사에 본부를 둔 컨슈머어페어스(ConsumerAffairs)의 CEO인 잭 카먼(Zac Carman)이 대표적이다. 카먼은 2010년 인터넷을 기반으로 한 소비자 신문과 소비자 권익 옹호 회사를 인수했다. 당시 그 회사는 겨우 8명의 직원을 두었는데, 이들은 전 세계에 흩어져 있었다. 이후 카먼이 회사를 이끌면서 직원이 90명을 넘는 회사로 성장했다.

이처럼 급속한 성장을 하는 과정에서 새로운 기업문화 또한 절실히 요구됐다. 카먼은 "우리는 성장하면서 기업문화를 새로 정립해야 했습니다. 나 자신의 마음가짐을 지휘와 통제에서 벗어나 자유와 책임감, 성과 위주로 바꾸는 것도 그중 일부였죠"라고 설명했다. 카먼에게 휴가 등에 대한 공식 규정은 버려야 할 문화를 의미했다. 그는 "넷플릭스의 기업문화에 대한 자료를 처음 본 순간, 우리 회사가 성장하는 데 필요한 기업문화를 뭐라고 표현해야 할지 알게 됐습니다"라고 말했다.[11]

휴가 무정책주의, 다시 말해 무제한적 휴가 정책을 실행하는 것은 카먼이 구상하는 문화에 한 발짝 다가서는 것이었다. 그가 구상한 기업문화란 직원들이 높은 성과를 내는 데 전념하게 해주는 신뢰와 자유의 문화였다. 그래서 카먼은 전통적인 휴가 정책과 더불어 그것이 상징하던 통제적 문화를 없애는 데 주력했다. 중요한 시기에 너무 많은 사람이 한꺼번에 자리를 비우지만 않는다면, 컨슈머어페어스 직원은 누구든 원하는 만큼 휴가를 사용할 수 있게 됐다. "그 정책은 성공적이었습니다"라고 그는 말했다.

무정책주의는 직원들에게 자유를 주는 만큼 그들에게 높은 성과를 유지해야 한다는 메시지를 보낸다. 그래서 카먼은 이러한 무정책주의를 고성과 기업문화의 일부라 생각한다. "대부분이 그렇듯이, 지휘와 통제 방식의 기업문화를 가진 회사들은 결국 좋은 인재를 고용하기가 어려워집니다. 경영자는 자신이 원하는 행동을 규정으로 강제해놓았으니 직원들을 신뢰할 필요가 없다고 생각하는 거죠"라고 그는 말했다. 그러나 휴가를 쓰는 것에 대해 직원들을 신뢰한다면, 직원들은 결과적으로 근무시간에 높은 성과를 내게 된다. 카먼과 브랜슨, 헤이스팅스가 실제로 경험했던 것처럼 말이다.

단순히 휴가를 주는 것이 목적이 아니다

휴가 무정책주의를 옹호하는 경영자들이 한목소리로 꼽는 하나의 단어는 '신뢰'다. 이러한 정책은 경영자들이 직원들을 더 많이 신뢰한다는 신호를 보낸다. 이들이 바라는 바는 직원들 역시 긍정적으로 화답하는 것이다. 하지만 신뢰라는 개념이야말로 휴가 무정책주의를 도입할지 말지에 대한 결정을 헷갈리게 하는 요인이다. 도대체 어떻게 신뢰를 계량화하거나 분석할 수 있다는 것인가? 우리는 신뢰를 수학적으로 계량하는 방법은 모른다. 하지만 적어도 그것을 과학적으로 설명하는 방법은 있을 수 있다. 신뢰는 따지고 보면 화학물질의 작용이라 할 수 있다.

그 화학물질은 바로 옥시토신(Oxytocin)이다.[12] 옥시토신은 9개의 아미노산으로 구성된 펩타이드 체인으로, 나노펩타이드(nano-peptide)라고 불리기도 한다. 이 물질은 종종 '연대감 호르몬(bonding hormone)'이라고 일컬어지는데, 애무나 목욕을 할 때 또는 음식을 먹을 때 수치가 올라가기 때문이다. 옥시토신은 뇌하수체에서 분비된 후 뇌로 빠르게 흘러가서 신경세포 사이의 전극을 채워준다. 그러면 우리는 약 5분 동안 황홀하고 편안한 느낌이 들게 된다. 이러한 감정은 심장박동수를 낮추고 호흡 횟수를 줄이며 스트레스 호르몬을 감소시킨다. 또한 '투쟁-도주 반응(fight or flight response)'을 촉발하는 것으로 잘 알려진 편도체와 뇌 상부 간의 연결작용을 감소시킨다. 그뿐만이 아니라 옥시토신은 우리 뇌가 가진 집중력과 기억력, 주변 환경의 오류 인지력에도 영향을 미친다. 그럼으로써 우리의 의사 결정 과정에 영향을 준다. 이러한 이유들을 근거로 많은 과학자가 옥시토신은 두려움을 줄여줄 뿐만 아니라 개인 간의 신뢰를 북돋워 준다는 가설을 세웠다.

폴 잭(Paul Zac)은 신뢰를 구축하는 데 옥시토신이 하는 작용, 그리고 일단 신뢰가 구축된 상태에서 옥시토신이 의사 결정에 미치는 영향에 무척 관심이 있었다.[13] 잭은 로마린다대학교의 의과대학 겸임 교수이자 클레어몬트대학원 교수이며 동 대학 신경경제학연구센터(Center for Neuroeconomics Studies) 소장이다. 신경경제학은 전통적인 경제학의 시각을 통해서뿐만 아니라 뇌에 대한 과학적 연구를 통해 인간의 의사 결정을 연구하는, 새로이 떠오르는 학문 분야다. 옥시토신과 의사 결정 간의 연관성이 잭과 같은 연구자들의 관심을 끈 것도 당연한 일이라 하겠다.

이러한 연관성을 조사하기 위해 잭은 경제학에서 오랫동안 사용되어온 연구 방법인 '투자 게임(investment game)'을 약간 변형하여 진행했다. 투자 게임의 기본 버전에서는 참가자들이 제1 그룹(DM1)과 제2 그룹(DM2)으로 나뉘어, 2명씩 무작위로 파트너가 된다. 이들은 상대방이 누구인지 전혀 모르는 채, 서로 연락을 취할 수 있는 컴퓨터가 놓인 각각의 방으로 보내진다. 그러고 나서 DM1의 참가자들에게 10달러를 주고 자신의 파트너(DM2)에게 0과 10달러 사이에서 원하는 금액을 보내라고 말해준다. 이때 파트너는 자신이 보내는 금액의 세 배를 받게 될 것이라고 알려준다. 예컨대 DM1이 DM2에게 5달러를 보낸다면 DM2는 15달러를 받게 된다. 그리고 DM2의 참가자들에게는 파트너(DM1)에게 받은 금액에서 (0달러를 포함해서) 원하는 만큼 되돌려줄 수 있다고 얘기해준다. 이렇게 돈을 세 배로 불려주고 돌려받는 과정 때문에 이 실험을 '투자 게임'이라 부른다. 이 실험에서 DM1이 DM2에게 투자하는 이유는 이익을 기대하기 때문이다.

이 게임을 통해 신뢰의 정도를 측정할 수 있는데, 일반적 경제 이론에서는 신뢰의 측정값이 '0'이 될 것이라고 예측한다. 그 이유는 참가자들이 서로 만난 적이 없고, 앞으로도 만나지 않을 것이며, 서로 신뢰할 이유가 없기 때문이다. 논리적 관점에서 엄밀히 말하면, 경제 이론상으로는 DM1이 DM2에게 돈을 보내지 않는다고 예측한다. 사실상 DM2 입장에서는 돈을 되돌려주지 않고 자기가 갖는 것이 이득이다. 이를 DM1도 알 것이고, 그러니 DM2에게 돈을 보내지 않고 10달러 전부를 자기가 가지는 것이 일반적이다. 참가자 양측 모두 자신의 이익에 맞게 행동하고 이익을 극대화하는 것이 정답이라는 의미다.

그러나 아이러니하게도, 현실은 그렇지 않다. 투자 게임에 바탕을 둔 많은 연구에서, DM1의 약 50퍼센트가 얼마의 금액을 상대에게 보낸다. 또한 그 돈을 받은 DM2 중 약 75퍼센트가 돈을 돌려준다. 오랜 기간 경제학자들은 이러한 행동을 비상식적이라고 생각하고 명확한 해석을 내놓지 못했다. 그런데 잭은 돈을 보내는 행위가 신뢰 때문이 아니겠느냐고 생각하게 됐고, 그 생각이 맞는지 확인하고자 했다. 잭이 변형한 투자 게임에서는 참가자들이 돈을 주고받은 후에, 그들을 복도 끝으로 안내해서 혈액검사를 받게 했다. 혈액에서 옥시토신을 포함한 몇 가지의 호르몬 수치를 측정한 것이다. 놀랍게도, 참가자 혈액 속의 옥시토신 수치와 투자 게임에서 내린 그들의 결정 간에 상관관계가 발견됐다. 정확히 말하면, DM2 참가자는 돈을 많이 받을수록 옥시토신 수치도 올라갔다. "옥시토신은 신뢰받는다고 느낄 때 증가하며, 다른 사람에 대한 신뢰 역시 높여줍니다"라고 잭은 설명했다.[14]

신뢰를 받고 옥시토신 수치의 상승을 경험한 사람은 더 관대한 태도와 남을 신뢰하는 반응을 보인다. 즉, 어떤 사람이 당신에게 신뢰한다는 신호를 보내면 당신은 더욱 긍정적으로 반응하게 된다. 잭은 옥시토신이 그 밖에도 기억력과 연관된 뇌 영역에 영향을 끼친다고 추정한다. 따라서 뇌는 신뢰 행위에 대한 기억을 남길 수 있으며, 이러한 기억들은 장기간에 걸쳐 신뢰 반응을 일으킬 수 있다는 것이다.

잭은 더 많은 회사가 신뢰에 기반을 둔 정책을 채택해야 한다고 주장한다. 그는 "정책들이 옥시토신의 수치를 높인다면 직원들의 신뢰와 생산성이 높아질 것입니다"라고 말했다.[15] 그처럼 신뢰에 기반을 둔 정책 중 하나가 휴가 무정책주의다. 휴가 정책을 경제적 교환의 일부로 보기보다 오히려 간소화하여 신뢰의 문제로 바꿈으로써 헤이스팅스, 브랜슨, 카먼 등의 경영자들은 직원들에게 신뢰한다는 신호를 보낸 것이다. 거기에 직원들도 똑같이 화답했다.

휴가 무정책주의의 핵심은 신뢰다

물론 휴가 무정책주의가 실패한 사례도 있다. 이때의 결정적인 요인 역시 '신뢰'다. 즉, 경영진과 직원들 간에 신뢰가 없으면 이 정책은 성공하기 어렵다.

2014년, 〈시카고 트리뷴(Chicago Tribune)〉과 〈LA타임즈(Los Angeles Times)〉의 모회사인 트리뷴 퍼블리싱(Tribune Publishing)은 LA타임즈에 무제한적 휴가 정책을 도입하고자 했다.[16] 회사 경영진은 넷플릭스와 같은 휴가 무정책주의를 채택할 것이라고 발표했다. 직원들이 매년 정해진 휴가 일수를 얻고 사용하지 않은 일수에 대해서는 돈으로 보상하던 전통적인 휴가 정책에서 '자율적 휴가(Discretionary Time Off, DTO)'로 전환될 것이라고 밝혔다. 하지만 트리뷴에서는 이 정책이 생각만큼 잘되지 않았다. 일주일도 채 안 되어서 회사는 새로운 정책의 도입 계획을 취소했다. 그 사정은 이러했다.

11월 13일, 새로운 정책과 그 세부 사항을 담은 알림 메시지가 모든 관리자에게 배포됐다. 그 문서의 서두는 자유와 신뢰, 책임감이라는 말로 가득 차 있었다. 얼마 지나지 않아 일반 직원들도 이 메시지를 접하게 됐는데, 그 한가운데에는 다음과 같은 눈에 확 들어오는 한 문장이 있었다.

━━ 트리뷴의 이전 정책하에서 적립된 휴가 일수 중 미사용분은 모두 소진해야 한다.[17]

그 한 줄은 LA타임즈 직원들의 태도를 돌변하게 했다. 그들은 분노에 차서 항의하고 회사를 고소하겠다고 나서기도 했다. 트리뷴은 직원들에게 전사적으로 한꺼번에 무제한적인 휴가 정책으로 전환하는 게 아니라, 적립한 휴가 일수를 모두 소진하고 나서 새 정책을 적용받게 될 것이라고 말한 것이다. 하지만 직원들은 생각이 달랐다. 과거의 경우라면 그 휴가 일수는 보상됐을 것이고, 따라서 정책을 전환하는 시점에 남은 휴가 일수는 그만큼 돈으로 지급돼야 한다고 생각했다.

단지 문구 하나가 추가됨으로써, 새 정책이 추구하는 변화가 신뢰를 바탕으로 한 조치가 아니라 단순한 경제적 거래로 받아들여지고 말았다. 신뢰가 존재하지 않을 때, 이런 식의 거래는 상대방을 희생시켜 자신의 이익을 극대화하고자 하는 것으로 받아들여진다. LA타임즈 직원들도 새 정책을 그런 식으로 보았던 것이다. 그들에게는 자신들이 힘들게 얻은 휴가 일수를 회사가 훔치려는 것으로 보였고, 그래서 반기를 들었다. 트리뷴의 경영진이 신뢰에 기반을 둔 선택을 한 것인지, 아니면 직원들에게 지불해야 할 휴가 보상비를 장부에서 없애려고 한 것인지 진실은 알 수 없다. 어쨌든 간에, 직원들의 항의가 시작되고 며칠 후 트리뷴의 인재개발수석은 또 하나의 메시지를 발표했다. 그는 넷플릭스의 정책 취지를 살려서 트리뷴에서도 정책으로 채택하고자 한다는 회사 입장을 강조했다. 그러고는 직원들이 무제한적 휴가 정책으로 옮겨가기 전에 이미 확보한 휴가 일수를 모두 소진해야 한다는 점을 재차 언급했다.[18]

정책 전환에 대한 첫 발표가 있은 지 8일이 지난 11월 21일, 트리뷴의 CEO인 잭 그리핀(Jack Griffin)은 그 결정을 철회한다고 밝혔다. 그리핀은 자신들이 시행하려던 정책이 회사 내부에서 혼돈과 우려를 불러일으켰으므로 이전에 해오던 방식대로 운영하겠다고 말했다. 발표문에서 그는 "직원들의 소중한 의견을 반영해 'DTO' 정책을 파기합니다"라고 적었다. 적어도 그가 잘한 것은, 자신과 경영진이 앞으로 이러한 사안의 결정을 내릴 때는 사내 모든 직원에게 의견을 더 많이 구하겠다고 약속했다는 것이다. 하지만 그는 직원들을 화나게 한 핵심 이유인 잃어버린 휴가에 대해서는 입을 다물었다.

결과적으로 회사가 직원을 위해 행동한다는 점을 직원들은 믿지 못하게 됐다. 신뢰가 깨진 것이다. 여러 성공 사례에서와 마찬가지로, 트리뷴에서의 실패 사례 또한 무제한적 휴가 정책을 시행할 때 신뢰라는 신호를 보내는 것이 얼마나 중요한가를 증명해준다. 어떤 정책이 직원들에게 뭔가를 빼앗으려는 시도로 비칠 때, 그것은 신뢰 위반으로 간주될 것이다. 그러나 신뢰에 기반을 둔 투자로 보일 때, 그 투자에 대한 수익은 매우 크고 긍정적일 것이다.

심지어 그 투자수익은 조직 내 동료들 간의 신뢰로까지 확대된다. 캐나다 온타리오 주에 있는 윈저 리저널 종합병원(Windsor Regional Hospital)이 딱 들어맞는 예다. 이곳 직원 중 300명의 비노조 직원은 2011년 이후 무제한 휴가 정책 아래서 일해왔는데,

그 정책은 직원과 경영진 간의 관계뿐만 아니라 직원들 서로의 관계도 개선시켰다.[19] 윈저 종합병원은 다음의 두 가지 이유로 이 정책을 채택했다. 첫째는 직원들이 휴가를 잘 쓰지 않는다는 것이었다. 둘째는 첫째 이유 때문에 병원에서 신입 직원을 채용하는 데 방해를 받는다는 것이었다. 즉, 장기근속 직원들이 휴가를 잘 쓰지 않기 때문에 그들의 심기를 건드릴까 봐 신입 직원들에게 상대적으로 제한된 혜택만을 제공해야 했다는 의미다.

그 병원의 CEO인 데이비드 머시즈(David Musyj)와 고위 경영진은 무제한적 휴가 정책이 이런 문제들을 해결하고, 더욱 열성적이고 신뢰가 넘치는 조직으로 거듭나게 할 기회라고 생각했다. 경영진이 그 정책을 처음 발표했을 때 직원들은 회의적인 반응을 보였다. 일부 직원은 자신들이 쌓아놓은 휴가를 잃어버릴까 봐 걱정했고, 또 어떤 직원들은 그 정책이 제대로 시행되지 못할 것이라고 우려했다. 그도 그럴 것이, 실리콘밸리의 첨단 기술 기업이라면 몰라도 교대시간마다 매번 정해진 수의 전문 인력이 필요한 종합병원에 이를 적용하는 것은 훨씬 더 복잡한 문제이기 때문이다. 머시즈와 그의 팀은 직원들의 걱정을 달래고자 노력했다. 직원들이 휴가를 더 많이 사용하게 하고, 그럼으로써 근무하는 동안 모두가 서로 충분한 도움을 주고받게 하려는 것이 정책의 취지임을 강조했다.

다행히 그러한 노력은 효과를 발휘했다. 병원 직원들은 휴가 중에는 더 많은 휴식을 취했고 근무에 복귀하고 나면 일에 더욱 몰입했다. "직원들이 가족과 시간을 보낸 후 일터로 다시 가지고 오는 에너지는 우리 환자들에게 진정으로 귀중한 자산이 됩니다"라고 머시즈는 말했다.[20] 직원들은 근무 중에 서로 더욱 협력하게 됐다. 그들은 일정을 짜기 위해 협력하는 방법과 동료가 자리를 비우는 동안 돕는 방법을 배웠다. 이전에는 휴가를 내는 동료는 다른 직원들이 억지로 채워야 할 공백을 만드는 것으로 보여 좋은 소리를 듣지 못했다. 하지만 이제는 병원 운영이 팀 차원의 활동으로 받아들여지고 있다. 그리고 팀에 대한 소속감은 단순히 일정을 짜는 것뿐만이 아니라 그 외 많은 것에도 영향을 끼쳤다. 머시즈는 이렇게 말했다. "직원들 간의 협력은 일상적인 업무로까지 확대됐습니다. 그래서 모두가 훨씬 더 책임감을 가지는 일터가 됐습니다."

그 정책은 또한 신입 직원의 채용에 도움을 주었고, 이직률을 최저로 낮췄으며, 결과적으로 직원들의 충성도와 열정을 높여주었다. 머시즈는 "내가 이곳에 처음 들어왔을 때는 문제 해결사들이 소수에 불과했는데, 지금은 수백 명으로 늘었어요. 처리해야 할 일이 생길 때마다 항상 전문가가 존재합니다"라고 말했다. 머시즈와 경영진은 무제한적 휴가 정책을 직원들의 휴식을 권장할 뿐 아니라 직원들에 대해 회사가 신뢰를 보여줄 방법으로 보았다. 그랬기에 윈저 종합병원의 직원들은 머시즈를 더욱 신뢰할 뿐만 아니라 직원들 서로 간에 더욱 협력하는 법을 배울 수 있었다.

넷플릭스, 버진 그룹, 컨슈머어페어스 그리고 원저 리저널은 모두 전혀 다른 조직들이다. 이들은 무제한 휴가 정책에 대해 "여기서는 안 될 거야"라는 가장 흔한 반론을 무력화했다. 그들의 경험에 따르면, 무정책주의는 어디에든 적용될 수 있다. 직원들이 정신적으로 탈진해 있거나 형식주의에 가로막혀 있는 곳까지 모두 포함해서 말이다. 높은 성과를 내는 직원들이 간소한 절차와 자유를 갈구하면서 동시에 기꺼이 책임지려는 곳이 있다면, 그곳이 어디든 무정책주의의 좋은 후보가 될 수 있다.

하지만 아쉽게도 대부분 경영자는 트리뷴 퍼블리싱이 경험한 직원들의 반발 등을 보면서, 무제한의 휴가가 주어지면 직원들에게 무슨 일이 벌어질까 불안해한다. 그들은 폴 잭의 연구에서 DM1의 위치에 있는 것과 같다. 다만 차이는 통제권을 남에게 넘길 것인가 말 것인가 하는 점이다. 잭의 말을 빌리자면 신뢰란 "자원에 대한 통제권을 다른 사람에게 넘기는 구체적이고 의도적인 행위"다.[21] 무제한 휴가 정책을 채택함으로써 경영자들은 직원들에게 자율권을 주는 만큼 자신들의 권한을 포기한 것이다. 리드 헤이스팅스, 리처드 브랜슨 경, 잭 카먼, 데이비드 머시즈 그리고 그 밖의 수많은 경영자가 그렇게 했다. 그리고 그러한 결정은 열매를 맺었다. 그들은 무제한 휴가 정책이 단순히 휴가의 문제가 아니라는 것을 깨달았다. 그것은 바로 신뢰의 문제다.

직원이 떠나게
돈을 지불하라

직원들이 회사를 그만두도록 퇴사 보너스를 지급한다면 대부분의 많은 사람들이 이상하다고 생각할 것이다. 그러나 많은 경영자는 퇴사 인센티브가 유용하다는 것을 알고 있다. 연구에 따르면 이것이 회사의 실적은 물론, 남아 있는 직원들에게도 좋은 영향을 끼친다고 한다.

자포스의 모든 직원은 입사 후 처음 몇 주 안에 회사에서 '제안'을 받게 된다. 온라인 상점을 운영하는 이 회사는 바로 이 제안 때문에도 유명해졌다. 여기서 말하는 제안은 직원들이 회사에서 일반적으로 받는 제안과 정반대다. 우리에게 익숙한 것은 회사가 채용하겠다는 내용인데, 자포스에 입사한 신입 직원들은 기본 교육 기간에 회사를 그만두는 게 어떠냐는 제안을 받는다. 즉시 그만두면 4,000달러를 주겠다는 내용으로, 회사가 돈을 주고 직원을 그만두게 하는 것이다.

1,500여 명의 자포스 직원은 물론 대부분의 직장인들에게 4,000달러는 적은 금액이 아니다. 어떤 사람에게는 4,000달러가 회사에 남아서 받는 월급보다 많은 액수다. 이 제안은 교육 기간 내내 유효하며 직원은 언제든지 이 제안을 받아들일 수 있다. 모든 신입 직원이 기초 교육과정을 거치기 때문에 반드시 이 제안을 받게 된다.

자포스에 새로 들어오는 직원들은 직책과 관계없이 똑같은 기본 교육을 받는다. 첫 교육 기간은 4주이며, 주 5일간 오전 7시에서 오후 4시까지 콜센터에서 대부분 시간을 보내게 된다.[1] 신입 직원이 나중에 어디로 배치되든 간에, 회사는 그들 모두에게 고객서비스가 회사의 최우선순위라는 것을 이해시키고자 한다. 그래서 모든 신입 직원은 전화로 고객을 응대하는 경험을 쌓고 콜센터 직원들과 어울려 일할 기회를 갖는다. 교육 내용은 회사의 독특한 기업문화와 핵심 가치에 초점이 맞춰져 있다. 그러다가 3주째로 접어들면 교육 담당자 중 한 사람이 "회사를 떠나는 사람에게는 4,000달러를 주겠습니다"라는 제안을 한다.

자포스의 CEO인 토니 셰이(Tony Hsieh)는 이 제안의 목적에 대해 이렇게 말했다. "이것은 사실상 직원들에게 대놓고 '돈이 좋으냐, 우리 문화 또는 회사가 더 좋으냐', 묻는 것입니다. 만약 어느 직원이 '눈먼 돈'을 선택한다면, 아마도 그는 우리 회사와 궁합이 맞지 않는 거겠지요."[2] 셰이는 그 제안이 매력적으로 보이도록 많은 공을 들였다. 제안을 처음 시도했을 때는 금액이 겨우 100달러였다. 하지만 100달러에 흥미를 느끼는 사람은 별로 없었다. 그래서 1,000달러로 늘렸다가 2,000달러, 3,000달러로 계속해서 올렸고, 최종적으로 신입 직원의 1개월 급여 정도인 지금의 금액이 됐다. 이처럼 금액을 단계적으로 올린 것은 각 금액별로 얼마나 많은 직원이 그 제안을 선택하는지를 보기 위한 실험이기도 했다. 그러나 4,000달러에 이르렀음에도 그 제안을 선택하는 사람은 여전히 극소수에 불과하다.

자포스는 1999년 설립됐고, 10억 달러 매출을 올리는 회사로 성장하는 데 10년도 안 걸렸다.[3] 이 회사는 토니 셰이가 아니라 닉 스윈먼(Nick Swinmurn)의 아이디어로 세워진 회사다. 스윈먼은 또 다른 온라인 회사의 스물여섯 살의 영업 관리자였는데, 원하는 신발을 찾는 데 심각한 불편을 느꼈다. 그래서 신발을 판매하는 온라인 사이트를 직접 개설했다. 원래 '슈사이트닷컴(ShoeSite.com)'이라는 이름으로 시작했지만 곧바로 다른 이름으로 바꿨다. 새 이름은 스페인어로 신발을 의미하는 '자파토스(zapatos)'의 파생어인 '자포스(Zappos)'로 정했다. 2000년 1월 즈음에는 다양한 스타일의 신발 브랜드 100여 개를 판매 중이었다. 회사를 더욱 빨리 확장하기 위해서 스윈먼은 토니 셰이와 그의 동업자인 알프레드 린(Alfred Lin)에게 110만 달러를 투자받았다. 처음에는 셰이와 스윈먼이 공동으로 CEO를 맡다가 2003년에 스윈먼이 회장이 되면서 셰이가 단독 CEO가 됐다. 린은 2010년까지 자포스의 최고재무책임자(CFO)로 일했다.

처음부터 셰이는 고객서비스가 기업문화의 핵심으로 자리 잡는 데 초점을 맞췄으며, 일 자체를 즐기는 직장으로 만드는 데에도 중점을 두었다. 그는 이전에 이러한 기업문화의 가치를 뼈저리게 느끼게 해준 몇 가지 경험을 한 적이 있다. 셰이와 린은 벤처캐피털회사인 벤처프로그(Venture Frogs)를 공동으로 설립했는데, 이전 회사인 링크익스체인지(LinkExchange)라는 인터넷 광고회사를 운영한 사업 경험을 바탕으로 했다. 셰이와 린은 링크익스체인지를 빠르게 성장시켰지만 그 과정에서 몇 가지 대가를 치러야만 했다. "직원이 25명이 넘는 회사로 성장하면서, 우리는 우리와 다른 목적으로 회사에 들어오는 사람들을 뽑는 실수를 저질렀습니다. 다행이었던 것은 우리가 채용한 직원들이 똑똑하고 의욕이 넘치는 사람들이었다는 것이었습니다. 하지만 그들 중 다수가 돈을 많이 벌거나 화려한 경력을 쌓는 것이 주목적이었다는 것이 문제였죠"라고 셰이는 회고했다.[4] 실제로 링크익스체인지는 많은 돈을 벌었다.

그 두 사람은 1998년 링크익스체인지를 마이크로소프트에 2억 6,500만 달러를 받고 팔았다. 그 거래에서 조건의 일부로 셰이는 1년 이상 대표직에 머물 경우 4,000만 달러를 받고, 그 전에 물러나면 그 돈의 80퍼센트만을 받게 되어 있었다.[5] 셰이는 마이크로소프트의 기업문화가 마음에 안 들었고 날마다 출근해서 얼굴을 비쳐야 한다는 점도 끔찍했다. 그래서 800만 달러를 포기하고 회사를 떠났다. 그는 회사를 그만둠으로써 벤처 프로그램을 설립할 수 있었고, 또 머지않아 자포스를 경영하면서 기업문화를 중시하게 됐다. 결과적으로, 링크익스체인지를 그만둔 것은 잘한 일이었다.

셰이는 자포스를 경영하면서 고객에 헌신하는 문화와 함께, 즐겁고 다소 특이한 기업문화를 구축하는 데 전념했다. 자포스의 매출 성장에는 이러한 기업문화가 바탕에 깔려 있다. 이 회사는 광고를 조금 하긴 하지만, 광고가 꼭 필요한 것은 아니다. 매출액의 75퍼센트가 단골들에게서 나오기 때문이다. 자포스는 신발을 가장 싸게 파는 곳도 아니지만, 대신 고객들에게 유쾌한 구매 경험을 제공한다. 예를 들어 자포스는 무료 배송 조건으로 대개 나흘이 걸린다고 약속하는데, 그렇게 해놓고는 바로 다음 날 보내주어 고객을 놀라게 하기도 한다. 고객서비스 통화를 가능한 한 빨리 끝내려고 애쓰는 경쟁사와 달리, 자포스 직원들은 필요한 만큼 얼마든지 길게 통화해도 된다고 고객들에게 이야기한다. 그리고 어떤 제품의 재고가 떨어졌을 경우 자포스 직원들은 고객에게 그 물건을 찾아주기 위해 경쟁사 사이트까지도 검색해준다. 직원들이 자포스라는 기업과 기업의 서비스 문화에 전적으로 동참하기 때문에 이 정도의 고객서비스가 가능한 것이다.

그 문화는 채용에서 시작된다. 자포스는 핵심 가치들에 대한 명확한 비전을 가지고 있다. 그 핵심 가치들이 기업문화를 이끌고, 그 문화에 맞춰 채용 프로세스가 만들어졌다. 고위 경영진이 일방적으로 생각해낸, 모호하고 뻔한 것들을 핵심 가치로 내세우는 대부분 회사와 달리 셰이는 전사적으로 공모해서 핵심 가치들을 만들었고 그것들은 자포스의 기업문화를 있는 그대로 반영한다.[6] 그는 전 직원을 대상으로 설문조사를 해서 37개의 핵심 가치 항목으로 이뤄진 초안을 만들었다. 이 항목들을 직원들에게 공개해 피드백을 받았고, 최종적으로 10개의 핵심 항목 리스트가 탄생했다. 이 핵심 가치들은 모호하지도 않았다. 예컨대 1번 항목은 "서비스를 통해 '와우(wow)'를 제공한다"이고, 3

번 항목은 "재미와 약간의 요상함을 자아낸다"다. 이러한 핵심 가치들은 모든 신입 직원이 치러야 하는 두 번의 면접 중 하나에서 주요 질문 사항이 된다. 기술과 업무 능력을 다루는 면접 이외에도, 모든 후보자는 자신들이 자포스의 핵심 가치와 얼마나 잘 들어맞는지 평가받기 위해 별도의 면접을 치르게 된다. "실제로 우리는 회사의 매출과 순이익에 당장 도움을 줄 수 있는 인재를 일부러 지나치기도 했습니다. 아무리 재능이 있더라도 우리 기업문화에 맞지 않는다면 그 사람을 채용하지 않을 것입니다"라고 셰이는 말했다.[7] 자포스의 채용 프로세스 자체가 기업문화에 적합한 사람을 찾는 과정이기 때문에 교육 기간에 제시된 현금 제안을 택하는 사람이 없는 것이다. 만약 이 프로세스가 잘 작동된다면, 회사와 자신의 궁합이 맞지 않는다는 결정을 내리는 이들은 극소수에 불과할 것이다.

적합한 사람을 찾고자 하는 자포스의 노력은 열매를 맺었다. 그러한 노력은 충성도 높은 고객뿐만 아니라 충성도 높은 직원도 만들어냈다. 자포스는 회사가 성장하면서 추가적인 투자도 받았다. 세쿼이아 캐피털(Sequoia Capital)에서 3,500만 달러를 투자받은 후, 자포스는 본사와 콜센터를 샌프란시스코에서 라스베이거스로 옮겼다.[8] 기업문화의 힘을 입증하듯이, 자포스가 이전할 때 직원들의 약 80퍼센트가 함께 이사했다.[9] 그들의 생활 터전이 캘리포니아였음에도 말이다. 〈포춘〉이 발표하는 '가장 일하기 좋은 기업' 리스트에 이 회사가 처음 이름을 올렸을 때는 25위였는데, 이후 6위까지 올라서기도 했다.

 승진에 따른 이직을 포함하여 콜센터 분야에서 이직률은 평균 150퍼센트에 이른다. 그런데 자포스 콜센터 직원들의 평균 이직률은 그 3분의 1에도 미치지 않는다. 신입 직원들에게 그만두라고 '뇌물'을 주는 회사치고는 놀랄 만한 수치다.[10] 또 한 가지 놀라운 것은 자포스의 성장 속도다. 그 회사는 설립된 지 10년 만에 아마존에 8억 달러에 인수됐다. 이 인수거래에서 중요한 요건 중 하나가 자포스의 독립적인 운영을 허용한다는 것이었다. 이는 자포스의 기업문화를 건드리지 않고 유지하기 위함이었다. 심지어 '퇴사 보너스 제안'까지도 계속 유지됐다. 사실 이는 당연하다고 할 수 있다. 왜냐하면 그 제안이야말로 회사를 성장시키는 데 핵심적 역할을 한 기업문화이기 때문이다.

퇴사 보너스의 두 가지 효과

직원들에게 퇴사하라고 돈을 주는 것은 두 가지 면에서 효과가 있다. 첫 번째는 어차피 그만두게 될 사람들을 걸러낸다는 점이다. 순전히 논리적으로만 보았을 때, 사람들은 자신이 회사를 잘못 선택했다는 생각이 들면 회사를 떠나는 게 옳다. 자포스든 다른 어떤 회사든 간에 마찬가지다. 하지만 인간은 완벽하게 논리적인 동물이 아니다. 그래서 일단 시작한 일은 쉽사리 그만두지 못하는 인지적 결함에 빠지기 쉽다. 경제학자들은 이를 '매몰비용 오류'라고 부르곤 한다.[11] 매몰비용이란 어떤 일을 해나가는 과정에서 이미 투자한 시간이나 돈, 노력을 의미한다. 매몰비용은 이미 투입된 것이기 때문에 가던 길을 계속 가든 벗어나 다른 길을 가든지 간에 어차피 되찾을 수 없다. 그러니 이성적인 관점에서는, 어떤 길이 잘못된 것이라고 깨닫는 순간 방향을 바꾸어야 한다. 하지만 대부분 사람은 그렇게 하지 않는다.

할 아키스(Hal Arkes)와 캐서린 블러머(Catherine Blumer)는 매몰비용에 관한 초기의 연구를 진행한 오하이오대학교 교수들이다. 이들은 학부 학생들에게 다음의 시나리오를 상상해보고 하나를 선택하라고 했다.

▬▬ 당신이 미시간으로 주말 스키 여행을 가는 티켓을 100달러에 구입했다고 가정해보자. 그리고 얼마 후 위스콘신으로 가는 주말 스키 여행 티켓을 50달러에 구입하는 행운을 얻었다. 당신은 미시간 여행보다 위스콘신 여행이 더 즐거울 거라고 생각한다. 방금 구입한 위스콘신행 티켓을 지갑에 넣다 보니 지난번 구입한 티켓이 눈에 띈다. 그런데 공교롭게도 2개가 하필 같은 날짜가 아닌가! 두 티켓 모두 다른 사람에게 팔기에는 너무 늦었고, 환불도 안 된다. 이제 어쩔 수 없이 티켓 하나는 사용하고 다른 하나는 버려야 한다. 당신은 둘 중 어느 것을 선택하겠는가?[12]

놀랍게도, 대다수 학생은 더 비싸게 주고 산 티켓을 골랐다. 위스콘신 여행이 더 재미있을 거라고 생각했음에도 미시간 여행을 선택한 것이다. 모두 150달러가 지출됐고, 둘 다 돌려받을 수 없는 상태다. 아키스와 블러머는 이렇게 가설을 세웠다. '학생들은 이미 쓴 돈에 영향을 받았기 때문에 덜 재미있는 여행을 골랐다.' 두 교수는 4개의 유사한 실험을 더 한 후, 1985년에 결과를 발표했다. 이후 다른 연구자들도 연달아 같은 연구 결과를 내놓았다. 즉 이미 상당한 노력이나 돈을 들였다면, 재미가 덜하거나 결과가 뻔히 안 좋아 보이는데도 사람들은 거기에 더 많은 돈과 노력을 투입하는 경향이 있다는 것이다.

일자리에 대해서도 마찬가지다. 어떤 일을 할지 정하고 구인 광고를 뒤지고 면접을 보러 가는 데는 노력이 들고 시간이 걸린다. 채용이 되고 나서도 힘든 훈련 기간을 거치게 된다. 그래서 훈련 기간에 그 일자리가 자신에게 맞지 않는다는 것을 알게 된다 해도 쉽사리 그만두지 못한다. 그때까지 들인 시간과 노력이라는 매몰비용, 이른바 본전 생각이 더 크게 작용하기 때문이다. 퇴사 보너스를 제안하는 것은 이들이 본전 생각을 하지 않게 해줄 수 있다.

일자리가 자신에게 맞지 않는다는 것을 깨달은 사람은 좋은 업무 성과를 내기도 힘들다. 그러므로 이는 기업에도 필요한 과정이다. 직원들과 마찬가지로 기업들도 신입 직원들을 선발하고 훈련하는 데 많은 돈을 투자한다. 4,000달러의 퇴사 보너스를 제안할 때까지, 자포스는 그 직원을 채용하고 훈련하느라 그보다 훨씬 많은 돈을 들였다고 봐도 좋다.

직원이든 고용주든 매몰비용을 생각하느라 잘못된 만남을 끝내기가 어려워진다. 이때 직원들에게 금전적 제안을 하여 그만두게 하면 잘못된 만남에 대한 부담을 조금은 덜 수 있다. 직원들에게 그만두도록 돈을 지급하는 회사들은 매몰비용을 무시하는 이성적 행동을 하는 것이다. 그 회사들은 자사에 적합하지 않은 사람에게 시간과 돈을 아무리 투자한다고 해도 미래에 다가올 문제를 피할 수는 없음을 알고 있다. 어떤 회사가 퇴사하는 직원에게 돈을 지급할 때, 회사로서는 여전히 남는 장사라고 볼 수 있다. 조직에 적응하지 못할 확률이 매우 높은 직원들에게 스스로 나가도록 옵션을 부여함으로써 장기적으로 많은 돈을 절약할 수 있기 때문이다. 갤럽(Gallup Organization)의 연구 결과에 따르면 의욕이 없는 직원들은 생산성이 떨어지며, 회사의 돈을 횡령할 가능성이 크고, 일에서 실수가 잦고, 고객과 동료 직원들에게 부정적인 영향을 끼친다고 한다.[13]

자포스에서는 퇴사 보너스 제안을 받은 직원 중 이에 응하는 이들은 2~3퍼센트 정도에 불과하다. 그렇다면 남기로 한 나머지 직원들은 어떻게 되는 걸까? 그 질문에 대한 답이 퇴사 보너스가 왜 효과가 있는지에 대한 두 번째 이유다. 신입 직원들이 금전 제안을 사양했을 때 회사는 그 돈을 아낄 뿐만 아니라, 그러한 제안을 하지 않았을 때보다 더욱 의욕적이고 생산성이 높은 직원들을 얻게 된다. 이런 경우 또 하나의 심리학적 현상이 작용하기 때문이다. 바로 '인지 부조화(cognitive dissonance)'다.

인지 부조화란 심리학자들이 사용하는 용어로, 사람들은 머릿속에서 두 가지 생각이 갈등을 일으킬 때 불편함을 느끼며 그 때문에 어떻게든 그 둘이 들어맞도록 노력하게 됨을 의미한다. 이 이론은 사회심리학자인 레온 페스팅거(Leon Festinger)가 처음 주장했다. MIT에서 스탠퍼드에 이르는 여러 대학교에서 재직한 그는 1956년에 《예언이 틀렸을 때(When Prophecy Fails)》라는 책을 썼다. 책에서 그는 어느 광신 교단의 사례를 들었는데, 그 교단에서는 교주의 예언이 명백하게 틀렸을 때조차 추종자들이 흔들림 없는 믿음을 보였다. 페스팅거는 이를 분석해보고자 했다.[14]

페스팅거가 예로 든 광신 종교에서 추종자들은 머지않아 지구에 종말이 닥치고, 그때 UFO가 나타나 자신들을 구해서 새로운 세상으로 싣고 갈 거라는 교주의 예언을 믿었다. 그들은 모든 재산을 남들에게 나누어준 다음 정해진 시간에 특정 장소에 모여 UFO의 착륙을 기다렸다. 하지만 정작 외계인들이 도착하지 않자 그들은 인지 부조화에 직면했다. 대다수 추종자는 외계인들이 지구에 한 번 더 기회를 준 것이라는 새로운 줄거리를 짬으로써 그 딜레마를 모면한다. 이렇게 해서 그 추종자들은 예언이 틀렸음에도 더욱 굳건한 믿음을 유지했다.

이 사례가 말도 안 되는 것처럼 들리겠지만, 이후의 연구들이 그 가설을 발전시켜 사람들이 가까운 현실에서 어떻게 인지 부조화를 경험하는지 보여주었다. 대표적인 예가 사회심리학자인 잭 브렘(Jack Brehm)의 연구다. 그는 '결정 후 인지 부조화(post-decision dissonance)'라 명명된 현상을 가지고 페스팅거의 이론을 발전시켰다. 브렘은 우리가 어떤 결정을 하고 난 후에는, 그 결정의 정당성을 강화하기 위해 기존의 생각을 바꾼다는 가설을 세웠다.

한 유명한 실험에서 브렘은 225명의 여학생에게 일반적인 가전제품을 평가하도록 했다.[15] 그러고 나서 그 학생들에게 자신이 평가한 2개의 물건 중에서 하나를 참가 선물로 가져가라고 했다. 브렘은 이어진 두 번째 실험에서 학생들에게 같은 가전제품을 한 번 더 평가하라고 말했다. 희한하게도, 그 학생들의 평가 점수는 이전과 바뀌었다. 대부분 참가자는 선물로 골랐던 물건에 첫 번째 실험에서보다 더 좋은 점수를 주었고, 자신이 가져가지 않았던 물건에 대해서는 더 낮은 점수를 주었다.

브렘은 그 학생들이 인지 부조화를 경험했다고 주장했다. 그들은 마음속에서 부조화를 해결하고자 선물로 고른 물건은 더욱 호감이 가게 하고 고르지 않은 물건은 덜 선호하는 것으로 자신의 생각을 조정했다. 이처럼 어떤 결정을 한 후 인지 부조화를 경험할 때, 우리는 그 결정을 정당화하기 위해 자신의 생각을 조정한다.

결정 후 인지 부조화 심리는 합격통지를 받아들일지, 아니면 거절할지를 결정하는 데에도 영향을 미칠 수 있다. 듀크대학교의 행동경제학자이자 《상식 밖의 경제학(Predictably Irrational)》의 저자인 댄 애리얼리(Dan Ariely)는 "만약 당신이 어떤 방식으로 행동했다면, 시간이 지나면서 자신의 행동을 지나치게 합리화하게 될 것입니다"라고 설명했다. "그 4,000달러를 거절한 다음 날 아침, 당신은 이렇게 생각할 것입니다. '와! 그 많은 돈을 거절하다니, 내가 정말 회사를 좋아하나 보다!'라고요."[16] 기본 교육이 끝난 후 그 제안을 함으로써, 자포스는 잠재적으로 열성이 부족한 직원들에게 회사에 피해를 끼치기 전에 떠날 기회를 주는 셈이 된다. 그뿐 아니라 잔류하는 직원들의 사기도 높여준다. 퇴사 보너스를 거절하는 것은 그 자신과 회사 모두에게 자기 일에 가치를 느끼고 열정적으로 일하겠다는 신호를 보내는 것이다.

또한 직원들이 그 제안을 사양하는 것은 자포스가 낮은 이직률을 유지하도록 하는 강력한 동인이 될 수 있다. '몇 달 전 4,000달러를 받고 그만둘 수 있었는데 내가 왜 공짜로 떠난단 말인가?'라고 생각하기 때문에 이후에는 이직률이 낮아질 수밖에 없다. 열정적인 직원들은 그렇지 않은 직원들이 할 수 없는 많은 것을 해낸다. 생산성이 더 높고 믿을 만하며, 회사의 생산성과 수익성에 기여하는 고객 및 동료들과 건설적인 관계를 맺을 가능성도 크다.[17] 자포스는 그 제안을 사양한 대부분 직원에게서 최대의 장점을 얻게 된다. 회사는 4,000달러를 절약할 뿐만 아니라 더 나은 직원도 얻게 되는 것이다.

진화하는 퇴사 보너스 제안

아마존이 자포스를 인수했을 때, '퇴사 보너스 제안'도 동시에 인수했다. 아마존 창립자 제프 베조스(Jeff Bezos)는 2014년 주주에게 보낸 연례 서한에서, 퇴사 보너스를 본떠 만든 프로그램을 새로이 추가한다고 적었다. 베조스와 아마존은 셰이의 것을 약간 변형한 후 '페이 투 큇(Pay to Quit)'이라는 이름을 붙였다.[18]

이 프로그램은 자포스와는 다르게 운영된다. 아마존의 물류창고 직원들은 초기 기본 교육 기간에만 그 제안을 받는 것이 아니고, 해마다 한 번씩 그 제안을 받는다. 그 액수도 매년 늘어났다. 제안 제시 기간이 연장되던 첫해에는 2,000달러였지만, 그 후로 매년 1,000달러씩 늘어나 5,000달러에 이르렀고 현재 그 수준을 유지하고 있다. 아마존은 이 프로그램에서 매몰비용 오류 개념을 더 잘 적용하기 위해 제안 금액을 자포스 수준 이상으로 끌어올렸다.

어떤 직원이 매년 제안을 받을 때마다 그 직원은 회사에 더 많은 것을 투자하게 된다. 따라서 자발적으로 나가기는 더욱 어려워질 것이다. 그래서 점점 늘어나는 매몰비용에 맞추기 위해 제안의 액수도 점점 커진다. 아마존의 이 제안은 물류창고 직원들에게만 매해 확대 적용된다. 그들은 물건을 집하하고 포장하며 적재하기 위해 넓은 창고를 돌아다니는 저임금 직원들이다. 이들이 그만둘 때 5,000달러나 되는 돈을 지급하는 것이 낭비라고 생각하는 주주들에게, 베조스는 이렇게 반박했다. "이 프로그램의 목적은 직원들이 잠깐 시간을 내서 자신이 진정으로 원하는 것이 무엇인가를 생각해보도록 권장하는 것입니다. 장기적으로 볼 때, 자신이 있고 싶지 않은 직장에 계속 다니는 것은 그 개인이나 회사에 도움이 되지 않습니다."[19]

토니 셰이와 마찬가지로 베조스는 열정이 없는 직원들이 조직에 금전적으로나 정서적으로 비용을 초래한다는 것을 알고 있으며, 그 직원들이 스스로 회사를 그만둘 수 있도록 5,000달러를 제의하는 것이 회사로서는 오히려 이득이라는 것도 잘 알고 있다. 아마존의 퇴사 보너스 제도가 자포스의 제도에 비해 더 나은 점은 직원이 한참 후의 재직 기간까지 확인해보도록 한다는 점, 그것도 여러 번 확인하게 한다는 점이다. 어떤 면에서 보면, 아마존은 직원들에게 해마다 회사에 대한 평가를 해달라고 요청하는 것과 같다.[20] 자포스에서와 마찬가지로 아마존에서도 단지 극소수의 직원만이 그 제안을 선택하는데, 이는 직원들이 회사에 후한 평가를 한다는 것을 의미한다.

그 이유 중 하나가 결정 후 인지 부조화 효과에 따른 것일 수도 있다. 자포스의 경우처럼 퇴사 제안을 거절하는 것은 아마존이 일하기 좋은 곳이라는 생각을 더 견고하게 해준다. 그렇지 않다면 왜 눈앞의 돈을 마다하겠는가? 반면 자포스와 다른 점은, 아마존의 직원들은 이러한 결정을 내리도록 매년 요청받는다는 것이다. 따라서 이들의 결정 후 인지 부조화 효과도 매년 갱신된다. 이를 통해 아마존은 가장 바람직한 결과를 얻게 된다. 즉, 직원들이 꾸준히 일에 전념하며 그 열정으로 인한 생산성의 효과가 더 오래간다.

셰이가 그랬듯이, 베조스도 직원들이 그만두기보다 남아서 더욱 열정적으로 일해주기를 원한다. 실제로, 직원들이 제안을 받을 때 읽게 되는 문서의 제목도 '이 제안은 거절하시오'다. 그럼에도 이러한 제안을 매년 시행함으로써 아마존과 베조스는 직원들의 더 높은 업무 집중도와 생산성을 얻는다. 사실상 5,000달러를 지불해야 하는 경우는 무척 드물고, 그것은 주주에게도 좋은 일이다. 심지어 이러한 제안 내용을 담은 주주 서한을 회의적으로 보았던 주주들에게조차 말이다. 갤럽이 2011~2012 회계연도에 진행한 연구 결과에 따르면, 소극적 직원(직장과 업무에 애착이 없는 직원) 1명당 9.3명 이상의 적극적 직원(열의를 가지고 일에 전념하는 직원)을 가진 상장기업은 경쟁사들보다 147퍼센트 더 높은 주당순이익을 내는 것으로 나타났다. 반면 직원들이 열정적이지 않은 회사는, 예컨대 소극적 직원 1명당 적극적 직원이 2.6명밖에 되지 않는 회사는 경쟁사들보다 2퍼센트 낮은 주당순이익을 기록했다.[21]

5,000달러만 해도 큰돈으로 보이는데, 어떤 회사는 판돈을 훨씬 더 키웠다. 캘리포니아 주 산타 모니카에 있는 라이엇게임즈(Riot Games)가 그 주인공이다. 인기 게임 '리그 오브 레전드(League of Legends)'의 제작사인 라이엇게임즈는 2014년, 신입 직

원들에게 최고 2만 5,000달러의 퇴사 보너스를 제공하겠다고 발표했다.[22] 구체적으로 보자면, 신입 직원들이 입사 당일은 물론 60일 이내에 그만둘 경우 연봉의 10퍼센트(최대 2만 5,000달러까지)에 이르는 금액을 지급한다는 내용이다. '큐 도지(Queue Dodge)'라 불리는 이 프로그램은 자포스에서 영향을 받았다.

다만, 라이엇 직원들은 시급을 받는 콜센터 직원들이 아니다. 이들은 대부분 연봉이 10만 달러를 훌쩍 넘는 소프트웨어 엔지니어들이다. 하지만 그 원칙은 똑같다. 라이엇 경영진은 회사 일에 전념하지 않고 머지않아 떠날 직원에게 10퍼센트를 지급해서 지금 떠나게 하는 것이, 부적임자를 계속해서 쓰는 것보다 훨씬 더 이익이라고 본다. 회사는 블로그에 새 프로그램을 발표하면서 이렇게 설명했다. "우리의 독특한 기업문화에 적응하지 못하는 직원들이 있고, 그들이 단지 월급을 받으려고 회사에 다닌다면 그들 자신과 회사에 손해를 끼칠 뿐입니다. 우리는 회사에 맞지 않는 직원을 그대로 두어 손해를 키우기보다는 이들을 빠르게 해결하고자 합니다. 이는 회사에도 좋고 그 개인에게도 좋은 일입니다."

다른 퇴사 보너스들처럼, '큐 도지'도 회사 입장에서는 거절당하기를 원하는 제안이다. "우리는 적극적으로 직원을 내보내려는 것도, 떠나도록 시험해보려는 것도 아닙니다. 다만 명확하고 안정적인 퇴사 출구를 제공하려는 것입니다." 또한 이 프로그램이 제안을 거절하고 회사에 남는 직원들에게 업무 집중도를 높이는 방편이 되기를 희망한다. "문화적 동질감을 가진 직원들과 팀은 더욱 좋은 성과를 냅니다. 그리고 회사의 사명과 가치에 대한 동질감은 고객들에게 더 나은 서비스를 제공할 수 있게 해주죠."

입사하자마자 4,000달러짜리 제안을 하든, 매년 5,000달러를 제안하든, 또는 처음 두 달간 2만 5,000달러를 제안하든 간에 모든 퇴사 보너스는 유용하다. 회사를 그만두도록 돈을 지급하는 것은 그 제안을 받아들인 이들이 자진 퇴사하여 회사에 더는 피해를 주지 않게 한다. 그뿐 아니라 남기로 한 직원들이 일에 가치를 느끼고 회사 일에 전념하도록 자극을 주는 효과도 가져다준다.

만약 사람을 그만두게 하는 데 돈을 내걸기 어렵다면 이 원리를 활용할 다른 방법을 찾아보자. 직원들이 무의미한 직장생활을 이어가지 않도록 매몰비용을 상쇄시키는 방법에는 돈 말고 다른 것들도 있다. 실제로 '명확하고 안정적인 퇴사 출구'를 제공한다면, 그것이 어떤 프로그램이든 모두 비슷한 효과를 가져다줄 것이다. 또한 직원들에게 당신 회사에서 일하는 이유를 생각해보거나 재검토할 기회를 주는 것은 그들로 하여금 초심을 되새기게 하여 회사 일에 전념하게 해줄 것이다. 퇴사 보너스를 제안하는 데에는 여러 가지 방법이 있으며, 이것은 분명히 남는 장사다.

급여를
공개하라

급여를 공개하는 것이 사생활 침해라는 우려를 낳기도 한다.
하지만 어떤 경영자들은 급여를 비밀에 부치는 것이 오히려
직원들에게 더 많은 피해를 준다는 사실을 발견했다. 여러
연구에서도 급여 비밀주의가 직원들의 성과를 떨어뜨리고,
더 많은 갈등과 문제를 불러일으킨다는 결과가 나왔다.

섬올의 CEO 데인 앳킨슨은 급여 정보를 공개하는 데 선구자적인 인물이다. 하지만 그가 처음부터 급여 공개에 대하여 지지 입장을 보인 것은 아니었다. 겨우 열일곱 살의 나이에 처음 회사를 설립했고, 이후에도 수차례 창업한 바 있는 그는 직원의 급여를 비밀에 부침으로써 이를 자신에게 유리하게 활용했었다. "사실, 비밀주의는 남용하기 좋은 것이잖아요? 저도 자주 그랬으니까요. 똑같은 자격을 가진 두 사람에게 전혀 다른 급여를 지불한 적이 많은데, 그 이유는 단지 한쪽이 협상을 잘했기 때문이었습니다"라고 앳킨슨은 자신의 경험을 들려주었다. 회사를 키우는 데 필요한 인재에게 될 수 있는 대로 적은 급여를 지불하고자 그 역시 과거에는 직원들의 급여를 비밀로 했다.[1]

"과거에는, 급여를 협상할 때 정보를 캐내려고 항상 찔러보곤 했습니다. 회사 입장에서는 상대가 원하는 것을 먼저 밝히게 하는 것이 유리하기 때문이죠. 상대가 어느 정도의 급여를 원하는지, 또는 이전에 다른 곳에서 어느 정도를 받았는지를 물어봅니다. 그러면 어떤 사람은 연봉으로 8만 달러를 받았다고 하고, 같은 조건의 어떤 사람은 5만 달러를 받았다고 말하죠"라고 앳킨슨은 말하고 계속 이어갔다. "그렇다고 해서 5만 달러 연봉자에게 '어이쿠, 그건 말도 안 되게 적군요. 여기서는 최소 7만 달러는 드릴게요'라고 말하는 일은 거의 없습니다. 그 사람에게 정말 마음에 든다고 말해주고, 연봉은 이전 수준에서 결정될 거라고 이야기하죠."

전 직장에서 8만 달러를 받았던 사람에게도 앳킨슨은 유사한 답변을 주곤 했다. 그 결과, 두 사람을 모두 채용했을 경우 회사는 16만 달러만큼의 인재를 13만 달러에 얻은 셈이 된다. 앳킨슨에게 이것은 회사가 성장하는 과정에서 인건비를 아끼기 위한 일상적인 노력의 일부였으며, 그리 어려운 일도 아니었다. 앳킨슨은 이렇게 정당화했다. "투자자들을 위해서였죠. 급여를 적게 주는 것이 주주 가치를 높이는 방법 중 하나니까요. 좋은 인재를 싸게 영입하면, 이사회는 환호합니다. 이게 바로 급여 비밀주의가 계속되는 이유입니다."[2]

직장인들의 세계에서 급여는 부담 없이 이야기를 나눌 수 있는 주제가 아니다. 누구든 자신이 얼마나 버는지를 이웃에게 자랑해서는 안 되며, 더욱이 회사에서 이를 자랑하는 것은 절대적으로 금기시된다. 대부분 사람에게 급여를 비밀에 부치는 것은 에티켓으로 여겨진다. 급여 비밀주의는 심지어 직원들의 사생활을 존중하고 그들의 미래 이익을 보호하기 위한 것으로까지 비치기도 한다.

2000년에 이뤄진 설문조사에 따르면, 응답한 미국 기업의 3분의 1 이상이 직원들 간에 급여에 대한 논의를 금지하는 규정을 시행하고 있었다.[3] 그 유명한 예로, 1992년 월간지 〈배너티 패어(Vanity Fair)〉의 경영진은 '직원들 간에 급여에 대한 논의를 금지함'이라는 제목의 글을 사내에 배부했다.[4] 그런데 모든 직원이 이 글을 가만히 받아들이지는 않았다. 유명한 작가인 도로시 파커(Dorothy Parker)와 로버트 벤칠리(Robert Benchley), 그리고 편집자인 로버트 셔우드(Robert Sherwood)는 다음 날 자신의 급여가 자랑스럽게 적힌 표시판을 목에 걸고 사무실에 나타났다.

그들의 대응 방법이 다소 과격했을지는 모르지만, 이 삼총사는 시대를 앞서갔다고 볼 수 있다. 오늘날 번성하는 기업들의 상당수가 회사의 규모와 상관없이 급여를 공개하고 있으니 말이다. 급여를 비밀로 하는 것은 직원들의 일에 대한 열정을 감퇴시킬뿐더러, 회사가 시장의 공정 급여보다 적게 지불함으로써 그들의 재정 상황을 악화시킨다는 연구 결과도 잇따르고 있다. 반대로, 급여를 공개하면 생산성도 높아진다고 한다.

정보 비대칭 시장의 약자

급여를 비밀로 하는 것이 많은 기업에서 흔한 일인 만큼 그로 인한 문제 역시 경제학에서 흔히 다뤄진다. 급여 비밀주의는 협상에서 한쪽이 다른 쪽보다 더 많은 정보 또는 더 정확한 정보를 가지는 상황을 초래한다. 경제학자들은 이를 '정보의 비대칭(information asymmetry)'이라고 부른다. 급여 협상에 참여하는 고용주와 채용 후보자 모두 채용 후보자의 과거 급여에 대해 중요한 정보를 가지고 있다. 그렇지만 고용주는 그 밖의 정보를 더 많이 알고 있다. 직원 전체의 급여, 채용이 예정된 직책의 예산 등이다. 그러므로 대부분 상황에서 고용주가 유리한 입장에 서기 마련이다. 정보 비대칭은 연봉 협상에서만이 아니라 보험이나 융자, 고용계약에 이르기까지 모든 곳에서 문제를 발생시킨다. 시장을 왜곡시키며 어떤 경우에는 완전한 시장 실패(market failure)를 야기할 수도 있다.

'정보 비대칭 상태의 시장 분석(analyses of markets with information asymmetry)'이라는 연구 결과를 내놓은 3명의 경제학자가 2001년 노벨 경제학상을 받기도 했다. 조지 에이컬로프(George Akerlof), 마이클 스펜스(Michael Spence), 조지프 E. 스티글리츠(Joseph E. Stiglitz)가 그 주인공들이다. 이들은 정보 비대칭에 의한 시장의 문제점들을 이해하고 대처할 수 있도록 해법을 제시했다.[5] 그들이 권고한 몇 가지 해법은 한 가지 공통점을 가지고 있는데, 정보를 더 많이 공유해야 한다는 것이었다. 정보가 더 공개되고 공유될수록 시장은 더 효율적으로 작동한다. 이것은 자동차를 구매하든 입사 면접을 보든, 모든 경우에 적용된다.

데인 앳킨슨의 경험과 해법이 이들 경제학자의 연구 결과와 일치한다. 앳킨슨에게 '시장의 실패'란 자신의 급여가 동료와 얼마나 차이 나는지 알게 된 직원이 화를 내며 미친 듯이 날뛰는 것을 의미했다. "과거의 경험을 돌이켜보면, 자신이 적절한 수준보다 적은 급여를 받아왔다는 걸 알게 된 직원들은 울부짖거나 고함을 지르곤 했습니다. 저는 직원들이 저나 동료에게 소리를 지르거나 고함칠 때 눈에서 눈물이 뚝뚝 떨어지는 것을 보았습니다. 이 문제는 많은 갈등을 초래했어요"라고 앳킨슨은 말했다.[6]

그 후 앳킨슨은 급여를 덜 줘가면서까지 정직하고 재능 있는 직원들에게 모욕감을 안기고 싶지 않았다. 그래서 맨해튼에 데이터 분석 회사인 섬올을 설립했을 때, 그와 파트너들은 이례적인 결정을 했다. 직원들이 서로의 급여를 모르게 하는 것이 아니라 오히려 모두의 급여를 완전히 공개하는 것이었다. 섬올을 설립함과 함께 이 회사 직원 10명의 급여 정보는 처음부터 전부 공개됐으며, 이러한 급여 공개는 오늘날까지 계속되고 있다. 직원들은 저마다 다른 직원이 정확히 얼마를 받는지를 안다. 급여는 직위에 따라 9개의 등급으로 고정되어 있으며, 새로 입사하는 직원은 그 직위에 맞는 급여를 받게 된다.[7] 연봉은 약 3만

5,000달러에서 시작해 최고 16만 달러에 이르는데, 연봉의 인상은 시장 상황 및 회사의 실적과 연계되어 있다. 모든 직원의 이름과 각자의 급여는 직원이면 누구나, 언제든지 볼 수 있도록 회사의 인트라넷에 공개된다.

섬올은 빠르게 성장했으며 이제 50명이 넘는 직원을 고용하고 있다. 물론 그들 중 상당수는 급여를 공개하는 문화에 적응하는 데 시간이 좀 걸렸다. 대부분이 급여를 비밀로 하는 전통적인 방식의 협상에 익숙했기 때문이다. 이에 비해 섬올에서는 관리자가 합격통지를 할 때 "이 직책에 대해 정해진 연봉은 ○○ 달러입니다"라는 정도만 말해준다. 후보자에게는 이를 받아들일지 말지 선택하는 것 이외에 별다른 협상의 여지가 주어지지 않는다. "제가 면접을 하고 합격통지를 한 사람들 중에는 종종 연봉 협상을 예상하고 오는 직원들이 있습니다. 그들 중 일부는 연봉 협상의 기회가 없다는 것을 알고는 약간 아쉬워하더군요"라고 앳킨슨은 말했다.[8]

하지만 일단 합격통지를 받아들여 출근을 시작하면, 급여 공개가 회사 내에서 모든 것을 공정하게 유지해주는 하나의 수단임을 인식하게 된다. 어떤 직원이 유사한 직책과 비교해 자신의 급여가 차이 나는 것을 알게 될 경우 그 직원은 상사에게 이 문제를 제기할 수 있다. 또한 새 직원이 자신들보다 더 높은 급여 구간에서 시작할 경우, 기존 직원들은 이에 대해 논의하고 공정한 해법을 찾을 수도 있다.

섬올에서 실제로 그런 일이 일어난 적이 있다. 어떤 엔지니어가 새 직원 후보자를 면접하는 위원회에 참여했는데, 자신보다 경력이 짧은 후보자가 더 많은 급여를 받게 될 거라는 사실을 알게 됐다. 그래서 그는 앳킨슨과 회사의 다른 사람들에게 그것이 공정하지 않다고 이야기했고, 회사는 그의 급여를 올려주는 것으로 응답했다. 이에 대해 앳킨슨은 다음과 같이 말했다. "하지만 만약 당신이 급여를 비밀로 하는 기존 체제에 있었다면, 해결 방법이 전혀 없습니다. 때때로 다른 사람이 정확히 얼마를 버는지 알게 되어 화가 날 수도 있을 겁니다. 하지만 그렇다고 해도 문제를 전혀 제기할 수가 없습니다. 원래 그런 정보를 알고 있으면 안 되니까요."[9]

섬올의 직원들에게는 다른 회사에서 일자리 제안이 많이 오는데도 그들은 흔들리지 않고 회사에 남는다. 그렇게 공개적인 대화를 할 수 있다는 것이 그들이 섬올을 떠나지 않는 중요한 이유 중 하나일 것이다. 앳킨슨은 직원들이 구글이나 페이스북 같은 회사들에서 수시로 스카우트 제안을 받지만, 섬올의 급여 공개 문화를 좋아하기 때문에 이를 거절한다고 말한다.

이제 앳킨슨은 전면적인 급여 공개에 관한 한 일종의 전도사가 됐다. "우리는 다만 널리 퍼져 있는 일반적 기업문화의 반대 사례가 되고자 하는 것뿐입니다. 우리는 성공하는 조직을 일구는 데는 다른 방법도 존재한다는 것을 보여주고 싶습니다"라고 그는 말했다. 대부분 기업에서는 여전히 기업문화에 역행하는 방법이지만, 급여 정보 공개는 시간이 갈수록 점점 더 확산되고 있다. 그 예로 소셜 미디어 매니지먼트 기업인 버퍼(Buffer)를 들 수 있다.

2013년, 버퍼는 회사 내부뿐만 아니라 전 세계에 걸쳐 직원들의 급여 정보를 공개한다고 발표했다. 버퍼의 창립자인 조얼 개스코인(Joel Gascoigne)은 다음과 같이 말했다. "우리에겐 모든 것을 공개하지 않을 이유가 전혀 없습니다."[10] 이 회사 웹사이트의 블로그에 올린 글에서 개스코인은 정보의 투명성이 버퍼가 가진 '아홉 가지 가치(nine values)' 중에서도 중요한 것이며, 따라서 정보 투명성을 향상시키기 위해 늘 노력한다고 설명했다.[11] 버퍼는 급여 정보를 공개하기 이전에도 이미 회사의 매출과 사용자 수를 공개했을 뿐만 아니라 월간 실적보고서도 공개했다. 이 회사에서 직원들은 각자의 자기계발 계획을 모두에게 공개할 뿐만 아니라 같은 팀의 두 사람 간에 주고받은 이메일조차 모든 직원이 볼 수 있도록 회사 내의 이메일 리스트에 저장한다. "기업문화에서 정보 투명성은 너무나도 중요한 가치입니다. 바로 신뢰와 직결되기 때문이죠. 정보의 투명성은 신뢰를 키우고, 신뢰는 효과적인 팀워크의 기반이 됩니다."[12]

버퍼에서는 직원들의 급여 정보에 투명성의 원칙을 적용했다.[13] 2013년 12월 19일, 개스코인은 회사 웹사이트에 새 정책을 공고하고 모든 직원의 급여 정보를 게시했다. 여기에는 15만 8,800달러인 자신의 급여는 물론, '신병 훈련소'에서 수습 중인 세 명의 급여도 포함됐다. 그 세 사람은 7만 달러부터 9만 4,000 달러까지 받게 될 터였다.[14] 버퍼는 한 발짝 더 나아가 각자의 급여가 산정된 공식도 게재했는데, 그 공식은 다음과 같다.

연봉 = 직종 × 근속기간 × 경력 + 근무 지역 + 자사주 또는 1만 달러

보다시피 다양한 카테고리가 있는데, 각각의 카테고리에는 몇 가지 변수가 있다. 먼저 직종은 6개로 나뉘고, 근속기간도 6개의 단계로 나뉘며, 경력은 4개 등급으로 나뉜다. 그리고 근무 지역은 4개로 나뉘는데 여기에는 생활비가 고려된다. 여기에 자사주 또는 1만 달러를 더하면 직원 각각의 연봉 액수가 산출된다. 이는 모든 직원에게 각자가 받는 급여를 논리적으로 명확하게 설명해줄 뿐만 아니라, 본인이 받는 보수가 공정하다고 느끼는지에 대해 논의할 기회 또한 제공한다. 개스코인은 모든 직원과 한 달에 한 번씩 만나며, 팀 리더들과는 2주에 한 번씩 일대일로 만난다. 그 자리에서는 업무의 성과, 직원의 역량 개발, 보수에 이르기까지 모든 논의가 가능하다.

버퍼가 앞으로 성장하면서 이 공식이 얼마나 유지될지는 알 수 없지만, 개스코인은 회사가 변화하는 상황과 직원들의 필요에 따라 언제든지 이를 고칠 의향이 있다고 말했다.[15] 급여가 공개되던 당시에 버퍼에서 일하는 직원은 15명이 전부였으니 회사가 성장하면 그에 따라 또 다른 상황이 펼쳐질 것이다. 다만

적어도 한 가지 확실한 것은, 앞으로 버퍼가 더 많은 직원을 필요로 할 때 인재를 찾기가 어렵진 않을 것이라는 점이다. 급여가 공개된 이후 몇 달 동안, 버퍼는 입사지원서를 평소보다 두 배 이상 받았다. 개스코인의 발표가 있기 전 30일 동안 1,263건에서 발표 후 30일 동안 2,886건으로 늘었다. 개스코인은 "과거에 우리는 대단한 인재들을 이렇게 빨리 찾을 수가 없었습니다"라고 말했다. 그러면서 그는 1년 정도가 지나면 버퍼가 약 50명 규모로 성장할 것으로 예상했다.[16]

급여 비밀주의의 파괴적 효과

급여 정보의 완전한 투명성이라는 개념은 사실 그렇게 새로운 것은 아니다. 이미 수십 년에 걸쳐 홀 푸즈 마켓의 직원들은 각 지점과 부서의 실적 데이터는 물론, 다른 모든 직원의 급여를 열람할 수 있었다.[17] 창립자인 존 매키(John Mackey)는 급여 정보를 비밀로 하는 것이 득보다 실이 더 많다는 것을 알고는, 1986년에 이 정책을 채택했다. 매키는 이렇게 말했다. "수많은 사람이 제가 돈을 너무 많이 버는 것 같다는 말을 했습니다. 그래서 어느 날 작정하고 공개했죠. '자, 보세요. 나는 이만큼 벌어요. 그리고 우리 직원들은 모두 이만큼 벌죠!' 라고요."[18]

공무원은 물론 대형 상장기업 직원들의 급여는 이미 공개되어 있다. 그리고 지금은 영리기업 중에서도 급여 정보의 공개를 실험해보는 곳이 점차 많아지고 있다. 섬올과 버퍼처럼 그들 중 상당수는 바로 그로 인해 번성하고 있다. 급여 공개에 대한 관심이 커지고 있는 곳은 영리 부문만이 아니다. 최근 조직 심리학자들과 경영학자들이 급여 비밀주의와 급여 공개가 미치는 영향을 조사했는데, 각각의 결과에서 급여 공개가 긍정적인 효과를 가져온 것으로 밝혀졌다. 넘쳐나는 입사지원서로 홍수를 겪었던 버퍼의 경우와 마찬가지로 말이다.

코넬대학교의 엘레나 벨로골로프스키(Elena Belogolovsky)와 텔아비브대학교의 피터 뱀버거(Peter Bamberger)는 급여를 비밀로 하는 것이 직원들의 실적 감소와 관련되어 있다는 것을 발견했다.[19] 이 연구자들은 이스라엘에서 280명의 학부 대학생을 대상으로 실험을 했다. 모든 학생은 세 판에 걸쳐 컴퓨터 짝 맞추기 게임을 했는데, 게임을 완료하면 기본급을 받고 게임 성적에 따라 보너스를 지급받았다. 실험 참가자는 모두 4명씩 그룹을 이루게 했으며, 게임은 각각 별도로 참여했다.

참가자들 절반에게는 자신의 성적과 자신이 받는 보너스 금액에 대한 정보만 주었다. 즉, 급여 비밀주의다. 나머지 절반에게는 자신의 성적과 보수는 물론, 같은 그룹에 속한 다른 세 사람에 대한 정보도 함께 주어졌다. 즉 급여 공개주의로, 이들은 서로가 얼마를 버는지 정확히 알게 됐다. 참가자들에게는 매 게임과 게임 사이에 그룹별로 서로 대화를 나눌 기회가 주어졌다. 다만, 급여 비밀주의에 속하는 그룹에게는 급여와 관련해서는 대화하지 못하도록 했고, 급여 공개주의 그룹은 급여 관련 대화를 자유롭게 나누도록 했다. 여기에 한 가지 조건이 추가되었다. 각각의 그룹에서 절반의 학생은 자신들의 급여가 자신의 성적(얼마나 맞췄는가)과 연결된 '절대 조건'에 배정됐고, 나머지는 급여가 자신이 속한 그룹의 성적(그 그룹에서 가장 많이 맞춘 성적)과 비교해 지급되는 '상대 조건'에 배정됐다.

급여 비밀주의 집단에 속한 학생들 중 상대 조건에 배정된 이들이 가장 저조했다. 이들은 급여가 (자신들이 보거나 알 수 없는) 다른 사람들의 성적과 비교해 지급될 것이라는 얘기를 듣자 성적이 더욱 형편없어졌다. 특히 고성과자들의 경우, 자신의 급여와 자신이 속한 그룹 전체의 성적 간에 명확한 상관관계를 알 수 없게 되자 더 많이 영향을 받았다. 이처럼 모든 데이터를 분석해본 결과, 투명성이 없다는 점이 성적 저하와 연결된다는 사실이 발견됐다.

급여를 비밀로 하는 것은 사기 저하 및 실적 저하와 분명히 연결되어 있다. 그렇다면 반대로, 급여를 공개하는 것이 정말 실적 향상으로 이어질까?

이것이 바로 미들버리 칼리지의 경제학과 조교수인 에밀리아노 휴엇-본(Emiliano Huet-Vaughn)이 버클리대학교에서의 박사과정 중 답하고자 했던 질문이다. 휴엇-본은 자신과 다른 사람들의 급여를 비교한 정보가 주어졌을 때, 더 노력을 기울이는지 아니면 그 반대인지를 측정하는 실험을 기획했다.[20] 이를 위해 그는 우선 2,000여 명의 참가자를 아마존의 메커니컬 터크 (Mechanical Turk) 플랫폼을 통해 뽑았다. 엠터크(MTurk)라고도 불리는 이 플랫폼은 소규모 작업을 수행할 인력을 구하는 데 사용된다. 연구 분야에서 대학교수들이 흔히 표본으로 사용하는 대학생들보다는 전체 집단을 더 정확히 대표한다.

실험 참가자들에게는 학술 논문의 참고문헌 데이터를 두 차례에 걸쳐 입력하는 작업이 주어졌으며, 이들은 각각의 입력 건에 대해 실적에 따라 보상받았다. 첫 번째 차례가 끝난 뒤 참가자 중 일부에게는 그들이 번 돈과 함께 다른 사람들이 같은 작업을 하여 번 돈을 보여주고, 나머지 참가자들에게는 자신이 번 돈만 보여주었다. 그 결과, 자신과 다른 사람들의 수입을 함께 본 참가자들이 두 번째 차례에서 더 열심히 노력했고 훨씬 더 향상된 실적을 보였다. 특히 이러한 실적 향상은 첫 번째 입력 때 고성과를 기록한 참가자들에게서 더욱 두드러졌다. 다시 말해, 고성과자들은 계속 고성과자가 되기 위해 더 노력했다는 것이다.

종합해보면 이들 두 연구는 급여 비밀주의가 개인의 실적에 걸림돌이 되며, 급여 정보를 공개하는 것이 업무실적을 향상시킬 수 있음을 보여준다. 이 연구들은 비교적 최근에 이뤄졌지만, 두 경우 모두 존 스테이시 애덤스(John Stacey Adams)의 연구를 이론적 토대로 한다. 애덤스는 1960년대에 제너럴 일렉트릭(General Electric, GE)에서 근무하던 직장 내 행동심리학자였다.

애덤스는 직원들이 업무에 들이는 입력(실적)과 조직에서 받는 출력(급여)에 대해, 다른 직원들의 입력 및 출력과 형평을 유지하고자 하는 강한 욕구를 가지고 있다고 주장했다.[21] 이를 위해 직원들은 자신의 실적과 급여에 대한 정보 이외에도 동료들의 실적과 급여 수준을 알고 싶어 한다는 것이다. 이것이 바로 직원들이 동료에게 급여와 실적에 대한 정보를 슬며시 캐내고자 애쓰는 이유다. 또한 어쩌다 누군가 자신의 급여를 떠벌리거나 실수로 급여명세서를 복사기 위에 남겨두었을 때 난리가 나는 이유이기도 하다.

애덤스는 이를 '형평 이론(equity theory)'이라고 이름 지었다. 그는 자신의 보수가 부족하거나 과하다고 느끼는 직원들은 고통을 겪게 되며, 이들은 자신이 생각하는 형평을 실현하기 위해 행동을 취할 것이라고 주장했다. 직원들이 자신의 동료들보다 보수를 덜 받는다고 느끼면 실망하게 되고, 이는 실적 저하로 이어진다. 왜냐하면 대부분의 경우 그들은 자신이 '느끼는' 보상에 맞춰 노력도 줄이기 때문이다. 나아가 이러한 실망은 조직과 동료들에 대한 적대감으로 이어질 수도 있다. 형평 이론은 데인 앳킨슨이 예전에 봤던 직원들의 스트레스, 고함, 눈물의 이유를 설명해준다. 그들은 동료의 급여에 대한 새로운 정보가 자신이 느끼는 조직 내의 형평성과 공정성을 깨뜨렸다고 생각하기에 그런 행동을 보인 것이다.

벨로골로프스키와 뱀버거가 행한 또 다른 실험에서 급여 비밀주의의 파괴적 효과는, 자신이 인지한 불평등에 대해 인내하는 힘이 부족한 사람들에게서 가장 높은 것으로 나타났다.[22] 그리고 공정성을 중시하는 사람들은 자신들이 느끼는 공정성이 훼손당했다고 느꼈을 때 가장 크게 실망했다.

형평 이론과 주관적으로 인지되는 공정성의 문제를 더욱 복잡하게 하는 것은, 급여 정보가 공개되지 않은 상태에서는 개인이 자신과 동료들의 급여를 제대로 비교하지 못한다는 것이다. 미국 서던캘리포니아대학교 마셜 경영대학원의 경영학 교수인 에드워드 롤러(Edward Lawler)는 50년 이상 급여 투명성을 연구해왔다. 그는 연구를 통해, 급여 투명성이 없는 상태에서 직원들은 종종 조직도상 자신보다 낮은 사람들의 급여를 과대평가하며 자신보다 높은 사람들의 급여는 과소평가한다는 것을 알게 됐다.[23]

다른 사람들의 급여에 대한 우리의 인식이 그 정도로 기울어져 있다면, 공정성을 추구하고자 하는 욕구가 충족될 확률은 얼마나 되겠는가. 우리에겐 급여를 정확히 평가할 능력이 부족하다는 사실과 더불어 공정성에 대한 우리의 욕구를 고려해보면, 모든 직원의 급여뿐만 아니라 어떻게 그런 급여가 산정되는지에 대한 공식까지 공개한 버퍼의 결정이 얼마나 탁월한 것이었는지 알 수 있다. 누군가 공식 자체가 불공정하다고 할 수는 있을지언정, 모두가 동일한 공식을 적용받는 한 적어도 개인 기여도와 급여 간의 상관관계는 조직 전체에 걸쳐 동일하게 유지될 것이기 때문이다.

급여 공개의 필요성을 뒷받침하는 심리적 요인들 외에도, 여러 가지 잠재적인 법적 요인 또한 존재한다. 미국에서는 릴리 레드베터가 최초의 사례다. 그녀는 자신이 19년간 일한 회사에서 불공정한 급여를 받았다는 익명의 메시지를 접한 뒤, 회사를 상대로 차별에 대한 소송을 제기했다.[24] 레드베터 소송은 사법 판단의 모든 절차를 거친 뒤 최종적으로 미국 대법원까지 올라갔다. 언론의 큰 관심을 받던 대법원은 결국 공소 시효가 지났다는 이유로 그녀의 소송을 기각했다. 하지만 이 판결은 버락 오바마(Barack Obama) 대통령이 취임 후 승인한 첫 번째 법안의 기초가 됐다. '2009년 릴리 레드베터 공정 급여법(the Lilly Ledbetter Fair Pay Act of 2009)'이라 불리는 이 법령은 직원들이 차별 소송을 제기할 수 있는 기간을 대폭 연장했다.

그러나 그와 같은 법이 성공을 거두기 위해서는 급여 투명성이 필요하다. 사우스웨스턴 로스쿨의 연구 부학장이자 법학 교수인 가우리 라마챈드란(Gowri Ramachandran)은 〈펜 스테이트 법률 리뷰(Penn State Law Review)〉에 게재한 논문에서, 직장에서의 차별 문제들을 해결하는 가장 좋은 해결책은 급여 투명성이라고 했다.[25] 라마챈드란은 급여를 공개하는 것이 온갖 급여 차별 문제에 대한 최적의 해법이라고 했다. 예를 들어 미국 여성 정책 연구소(Institute for Women's Policy Research)의 2011년 보고서를 보면 다음과 같이 되어 있다. "'연봉 중앙값(median annual earnings)을 기준으로 한 모든 정규 직원의 성별 급여 차이'는 23퍼센트에 달한다. 이에 비해 급여 정보가 투명하게 공개된 미국 연방 정부의 경우는 성별 급여 차이가 11퍼센트밖에 되지 않는다."[26] 라마챈드란은 여성과 소수민족이 버퍼나 섬올처럼 급여가 공개되는 회사로 몰려든다는 증거도 제시하고, 유사한 직업 간에 급여 체계가 더 평등하기 때문이라고 밝혔다.

그와 같은 확고한 증거가 있음에도, 라마챈드란은 자신의 주장이 직관에 역행할뿐더러 심지어 듣기 불편할 수도 있음을 알고 있다. "자신의 급여를 동료들에게 노출하는 것은 누구에게나 썩 내키지 않는 일일 것입니다. 하지만 직원들은 그러한 관계의 어색함이 대부분 더 많은 급여로 만회되리라는 점을 알아야 합니다. 연봉 협상에서 고용주가 급여 정보에 관한 한 우위의 상당 부분을 잃게 되기 때문입니다"라고 그녀는 적었다. 심리학적 측면에서 벨로골로프스키와 뱀버거, 휴엇-본에게 그러했듯이, 법률적인 측면에서 라마챈드란에게 핵심적인 문제는 형평 이론과 사람들이 주관적으로 느끼는 공정성이다. 공정성을 확보하는 가장 좋은 방법은 당연하고도 간단하다. 바로, 공개하는 것이다.

급여 공개 과정의 시행착오들

데인 앳킨슨과 조얼 개스코인이 사용한 방식대로 급여를 공개하는 것의 효과는 실제 경험으로 증명되었을 뿐만 아니라 이론적 · 법적 근거를 통해서도 뒷받침된다. 다만, 최근의 연구 결과는 당장 완전한 급여 공개를 시행할 경우 혼란을 일으킬 수 있다는 것도 보여준다.

2008년, 미국 캘리포니아 주에서 법원은 '알 권리(right to know)' 법안에 따라 주 정부 직원들의 급여를 공개하라고 판결했다. 그러자 〈새크라멘토 비(Sacramento Bee)〉 신문은 웹 사용자들이 모든 주 정부 공무원의 급여를 찾아볼 수 있는 웹사이트를 열었다. 버클리대학교의 데이비드 카드(David Card)가 이끄는 연구팀은 이렇게 갑작스럽고 전격적으로 시행한 급여 투명성 제고 법규에 대해 연구했다.[27] 카드와 그의 팀은 우선 세 곳의 캘리포니아 주립대학교 캠퍼스(캘리포니아 주립대학교는 23개의 캠퍼스로 구성되어 있다. 모두 주 정부의 재정 지원을 받으며, 직원들은 주 정부 산하 공무원이다-옮긴이)에서 무작위로 선정된 일부 직원에게 연락하여, 그들에게 주 정부 급여 정보 웹사이트에 대해 알려주었다. 며칠이 지난 뒤, 이번에는 동일한 세 캠퍼스의 모든 직원에게 설문조사를 하여 그들의 급여와 업무만족도, 이직 의향, 그리고 당연히 앞서 알려준 급여 정보 웹사이트의 사용 여부를 물어보았다. 답변 데이터를 분석한 결과, 상기 웹사이트의 사용 여부는 (따라서, 다른 동료들의 급여를 알고 있는지 어떤지는) 업무만족도와 이직 의향에 영향을 끼치는 것으로 나타났다. 다만, 그 효과는 모두에게 같지 않고 들쭉날쭉했다.

주 정부 급여 웹사이트를 사용해보고 자신의 급여가 유사한 직책의 중앙값보다 낮다는 걸 알게 된 직원들은 업무만족도가 더 낮았고 이직을 원할 확률이 더 높았다. 흥미로운 점은, 각자의 급여가 동료들 가운데 어떤 순위를 차지하는지가 단순한 급여 수준의 차이보다 더 큰 영향을 끼친다는 것이었다. 이러한 결과는 애덤스의 형평 이론에서 급여가 불공정한 것으로 인식될 때 일어날 것으로 예측했던 바와 일치한다. "웹사이트에 대해 얘기를 들은 사람들은 이를 사용할 확률이 매우 높았으며, 자신의 급여가 불공정하게 결정됐다고 생각할 확률도 더 높았고, 다른 직장을 알아보겠다고 말할 확률도 더 높았습니다"라고 카드는 연구 결과에 대해 말했다.[28] 카드 팀의 연구 결과와 형평 이론은 급여가 투명하게 공개되기 이전에 급여의 진정한 공정성이 확보되어야 한다는 점을 강조하고 있다.

그렇게 한 예로 버퍼를 들 수 있다. 버퍼에서는 급여 정보를 공개하기 전에 각 직원의 급여가 새로운 급여 산정 공식과 일치하도록 모두 조정해야 했다. 단기적으로 볼때 이것은 매우 값비싼 작업이었다. 한 사람을 제외하곤, 모든 직원의 급여가 인상되는 결과로 나타났기 때문이다.

섬올에서는 초기에 새 직원이 고용될 때마다 이름과 배경, 급여가 이메일을 통해 발표됐다. 처음에는 이 방법이 괜찮아 보였지만, 점차 논란이 빚어지기도 했다. 얼마 지나지 않아 직원들은 앳킨슨에게 새 직원에 대한 이메일을 중단해달라고 요청했다.

그는 다음과 같이 말했다. "직원들은 제게 새 직원과 그의 급여에 대한 이메일을 받을 때마다 회사가 잘한 것인지 생각해보는 데 너무 많은 시간을 쓰게 된다고 말하더군요. 직원들에게 방해만 된 것입니다."[29] 그래서 앳킨슨은 이메일을 통한 발표를 그만두고, 대신 새 직원 리스트를 만들어 거기에 올렸다. 약간의 시행착오와 세부 조정이 필요하긴 했지만, 섬올은 결국 투명성의 이점을 유지하면서도 단점을 최소화한 급여 공개 방법을 만들어냈다. "이제 직원들 대부분은 새 직원 리스트를 주기적으로 찾아보거나 하지 않습니다. 새 직원들 자신에게조차도 대수롭지 않은 일이 됐지요. 처음에는 다른 사람들은 어떤가 하고 모두 한 번씩 찾아보지만, 금세 별것 아닌 것이 되어버립니다."[30]

존 매키는 홀 푸즈에서 급여에 관한 논쟁이 계속되고는 있지만, 그러한 논쟁 또한 유용하다고 말했다. 만약 급여가 여전히 비밀이었다면 상상도 하지 못했을 심오한 대화를 촉진한다는 이유에서다.[31] 누군가가 특정 인물의 급여에 대해 자신과 비교하여 이의를 제기할 경우 그는 대부분 다음과 같이 대답한다. "회사에는 이 사람이 더 소중합니다. 당신이 이 사람이 성취해낸 것을 해낸다면, 당신에게도 그만큼 주겠습니다."

조얼 개스코인 역시 급여 산정 공식과 실제 급여 두 가지 모두에 대해 몇몇 세부 조정을 거쳐야 했다. 그렇지만 오히려 그는 그러한 작업을 다른 기업들에도 추천하곤 한다. "살살 하세요"라고 운을 뗀 뒤, 그는 다음과 같이 이어갔다. "급여 정보를 공개하는 실험은 소규모로 진행하십시오. 전 직원의 급여를 블로그에까지 올려놓을 필요는 없습니다."[32] 급여를 온 세상이 볼 수 있도록 올려놓기보다는 회사 내부에만 공개하라는 의미다. 섬올이 그랬던 것처럼 말이다. 또는 직원들에게 누가 보게 될지 선택할 자유를 주는 것도 하나의 방법이다. 각 기업은 실험을 통해 직원들이 무엇을 원하고 무엇을 싫어하는지 배워가고 있다. 이를 통해 직원들의 니즈와 욕구, 동기부여의 원천을 중심으로 설계된 투명한 급여 시스템을 만들어간다.

많은 회사가 각 개인의 급여를 어떻게 산정하는지에 대한 정보를 여전히 공개하지 않는다. 하지만 그러한 정보를 나누는 것만으로도 직원들의 마음속에 공정하다는 느낌과 형평에 맞는다는 인식을 심어줄 수 있다. 일테면 급여 산정 공식을 공개하는 것만으로도 사기 저하와 실적 저하라는 급여 비밀주의의 파괴적 효과를 어느 정도는 누그러뜨릴 수 있다.

또한 각 직원이 급여 구간 중 어디쯤 위치하는지, 또는 동료들의 정확한 급여를 공개하진 않더라도 동료들과 비교해 어느 정도인지를 알 수 있게 하는 것만으로도 급여 투명성의 장점들을 누릴 수 있다. 사람들은 자신의 위치가 어디쯤인지 알고 거기서 어떻게 올라갈 수 있는지를 알 경우, 더 의욕적으로 실적을 향상시키고 자신의 위치를 높이고자 한다.

당신 회사의 기업문화에서는 완전한 급여 정보 투명성을 실현하기 어려울 수도 있다. 하지만 아무리 규모가 작더라도 투명성을 향해 취하는 조치는 직원들이 느끼는 회사 내 공정성을 강화해주며, 이는 직원들이 열정을 발휘하게 함으로써 실적을 극적으로 끌어올린다. 많은 사례와 증거가 이를 분명히 보여준다.

경쟁금지 조항을
없애라

고용계약서에 경쟁금지 조항을 넣는 것은 오래된 관행이다. 하지만 그러한 조항이 회사를 떠나는 당사자뿐만 아니라, 나머지 직원들과 회사에 손해라는 것을 보여주는 증거가 있다. 이것이 바로 점점 많은 경영자가 경쟁금지 의무가 없는, 그래서 심지어 회사 외부와도 정보를 자유롭게 공유할 수 있는 환경을 만드는 이유다.

지난 수년간은 경쟁금지 조항을 다루는 변호사들에게 좋은 시절이었다. 그 조항에 따른 법적 다툼이 많아졌기 때문이다. 통상적으로 직원들이 경쟁금지 조항이 들어 있는 계약에 서명하는 때는 입사 시점이다. 회사를 떠날 경우 일정 기간은 경쟁 회사로 옮기거나 경쟁 업체를 만들지 않겠다고 동의하는 것이다.[1] 한때는 연구·개발(Research and Development, R&D)에 주로 의존하는 업종에서 엔지니어와 고위 경영자들에게만 한정됐던 이 관행은 이제 매우 다양한 분야의 광범위한 직종에서도 볼 수 있다. 그중에는 과거 같으면 경쟁금지 조항이라는 걸 상상조차 할 수 없었을 직종도 있다.

2014년, 서마론 부저(Cimarron Buser)는 매사추세츠의 주 의원들 앞에서 열아홉 살짜리 딸이 경쟁금지 계약과 관련하여 겪은 뜻밖의 경험에 대해 증언했다.[2] 그의 딸 콜렛(Colette)은 여름 동안 캠프에서 일할 계획이었는데, 캠프가 마지막 순간에 채용 의사를 철회하는 바람에 일자리를 잃게 됐다. 그 이유는 그녀가 지난해까지 3년간 링스(LINX)라는 다른 캠프에서 일했다는 것이었다. 그녀가 링스에서 서명한 계약서에는 이후 1년간 링스가 운영하는 30개 캠프장의 반경 약 16킬로미터 이내에 있는 경쟁 캠프에서 일할 수 없다는 조항이 숨어 있었다. 콜렛을 고용하려던 캠프는 링스에서 소송을 걸 것을 우려해 그녀에 대한 채용 의사를 철회한 것이다.

청문회에서 부저는 자신이나 딸은 그러한 경쟁금지 조항에 동의한 적이 있다는 사실을 전혀 몰랐다고 증언했다. 단순한 캠프가 과거 직원들에게 그렇게 엄격한 제한을 가하는 것이 얼마나 말도 안 되는지도 얘기했다. 하지만 링스의 창립자이자 소유주인 조 칸(Joe Kahn)은 〈뉴욕타임스(New York Times)〉와의 인터뷰에서 자사의 고용계약서에 포함된 경쟁금지 조항은 아주 합리적인 것이라고 항변했다. "우리가 캠프 지도자들을 교육하고 육성하는 방법은 우리의 지적 재산이며, 우리 캠프만의 독특한 경험을 가능케 해줍니다. 이는 마치 기술회사가 반도체를 설계한 엔지니어를 대하는 것과 같습니다. 회사는 그런 직원들이 나가는 것을 원치 않습니다"라고 칸은 말했다.

캠프 지도자의 역할을 컴퓨터 엔지니어의 그것과 비교한다는 것은 다소 억지스러워 보인다. 그런데 이보다 훨씬 더 억지스러운 곳도 많다. 젊은 영혼을 성장시키고 발달시키는 교육 방법이야 지적 재산이 될 수도 있다고 치자. 그렇다면 샌드위치를 만드는 방법은 어떨까?

2014년, 지미 존스 고메이 샌드위치(Jimmy John's Gourmet Sandwiches)의 직원들이 회사의 다양한 악행을 고발하는 집단 소송을 제기했다.[3] 이 소송은 처음에는 급료 없이 시간 외 근무를 강요했다는 임금착취 사건으로 제기됐다. 그러다가 지미 존스의 불합리할 정도로 광범위하고 억압적인 경쟁금지 조항에 대한 내용이 추가됐다. 그 조항에 동의함으로써 직원들은 지미 존스 가게에서 반경 약 5킬로미터 이내에 있는 경쟁 업체에서 일하거나 그곳에 출자하지 않겠다고 한 셈이 됐다.

지미 존스는 '경쟁자'를 매우 광범위하게 정의했다. 그 계약서는 경쟁자를 "서브마린(submarine), 히어로타입(hero-type), 델리스타일(deli-style), 피타(pita) 또는 랩이나 롤 샌드위치가 전체 매출의 10퍼센트 이상을 차지하는 모든 사업체"[4]라고 정의했다. 소규모의 샌드위치 판매수익을 거두는 회사까지 포함시키는 것은 상당히 넓은 범위의 경쟁자 꼬리표였다. 더욱이 지미 존스가 미국에만 2,000여 개의 점포를 가지고 있다는 사실까지 고려하면 그 범위는 더욱더 넓어진다. 이 조항에 의해 직원들이 적용받는 활동 금지구역은 44개 주와 약 1만 5,000제곱킬러미터의 면적에 해당한다. 그러나 이 계약서는 법원에서 합법적이라고 인정받았다. 한 가지, 형식적으로는 그것이 선택 사항이라는 점은 눈여겨볼 만하다. 다시 말해, 고용계약서에 경쟁금지 조항을 포함할지 말지는 개별 프랜차이즈 가맹점이 자율적으로 선택할 수 있다는 것이다.[5] 아무리 그렇다 해도, 직원들이 다른 샌드위치 가게(또는 샌드위치를 파는 어디든지)로 옮길 수 있다는 이유만으로 저임금 직원에 대항하여 지적 재산을 보호하겠다는 욕구는 다소 부적절해 보인다.

그런데 이보다 더 부적절해 보이는 사례도 있다. 특히 그것이 교회라면 어떻겠는가?

역시 2014년에, 시애틀 지역의 한 교회는 신도 일부와 직원들의 개혁 요구로 갈등에 휩싸였다가 얼마 못 가 분해되었다.[6] 마크 드리스컬(Mark Driscoll)이 이끄는 대형 교회 마스 힐(Mars Hill) 얘기인데, 이 교회는 원래 캠퍼스마다 담낭목사를 둔 교회 캠퍼스들의 연합체로 조직되어 있었다. 그 목사들은 심지어 보수 없이 봉사하기 위해 자원한 경우에도 계약서에 서명해야 했다. 계약서에 포함된 '선교의 일치단결(Unity of Mission)'이라는 항목은 이름과 달리 경쟁금지 조항과 매우 유사했다.

항목의 내용은 다음과 같다. "우리는 마스 힐 교회의 모든 캠퍼스에서 약 16킬로미터 이내는 다음 사목지로 하지 않을 것을 서약한다. 단, 가장 가까운 마스 힐 교회의 현지 담당목사, 다른 마스 힐 캠퍼스에서 파견됐을 경우 그 파견 교회의 목사, 그리고 마스 힐 교회의 원로회의가 명시적으로 동의한 경우는 예외로 한다." 이 항목은 고용계약서의 일부는 아니었지만 목사와 원로, 자원봉사자들이 매년 서명하는 동의 서류의 일부였다(급여를 받지 않던 목사에게도 급여를 받는 목사와 마찬가지로 적용했다). 자원해서 자신의 시간을 무료로 교회에 바쳤던 한 목사는 동의서에 서명을 거부했다는 이유로 직책을 잃기도 했다. 이러한 경쟁금지 조항과 그로 인해 직위 해제된 목사의 이야기는, 마스 힐이 교회답지 않게 너무나도 무자비하게 운영되어왔다는 점은 더 광범위하게 조사하던 중에 세상에 알려졌다.

그해가 끝나갈 즈음, 결국 마크 드리스컬은 사임하고 마스 힐을 떠났다. 그와 함께 교회 조직은 분해됐으며, 교회의 각 캠퍼스는 지역의 다른 교회와 합쳐지거나 독립적인 교회로 운영되도록 현지 담당목사에게 넘겨졌다.[7]

여름 캠프와 지미 존스가 경쟁금지 조항의 적용 범위를 시험했다면, 마스 힐은 그것을 한계점까지 몰고 간 것이다. 마스 힐의 지도자들은 멋대로 다른 교회를 경쟁자로 정의하고 새로운 교회의 설립까지도 방해했는데, 마스 힐의 교회 공동체는 그러한 개념 정의를 파기하고 오히려 그 교회들과 협조하는 것으로 대응했다.

마스 힐이 경쟁금지 조항을 거부한 첫 번째 사례는 아니다. 경쟁금지 조항의 정당성을 거부한 전례는 매우 많으며, 그것도 상당히 오래전까지 거슬러 올라간다. 경쟁금지가 언급된 것으로 알려진 첫 사례는 무려 600년도 더 전인 1414년에 일어났다.[8] 당시 영국의 한 세탁업자가 이전에 그곳에서 일했던 직원이 같은 동네에서 6개월 동안 경쟁하지 못하게 해달라며 그 직원을 법정에 세웠다. 그러나 판사는 터무니없는 소송을 제기했다며 세탁업자를 꾸짖고, 다른 시민의 일할 권리를 제한해달라는 세탁업자의 요구는 말도 안 되는 상행위 제한이라고 덧붙였다. 사건이 기각됐을 뿐만 아니라 그 세탁업자는 재판을 남용한 죄로 투옥될 수 있다는 경고도 받았다.

그러나 그로부터 몇백 년이 지난 오늘날에는 경쟁금지 조항에 대한 지배적인 시각이 현저히 바뀌었다. 미국에서 일하는 관리자들과 기술직 직원들의 약 90퍼센트가 경쟁금지 계약에 서명했다.[9] 그들 중 거의 70퍼센트는 합격통지를 받아들이고 난 뒤에 경쟁금지 계약에 서명할 것을 요구받았다고 한다. 대부분이 이때는 이미 다른 합격통지를 거절한 뒤여서 서명하는 것 말고는 선택의 여지가 없었을 것이다.[10]

따라서 경쟁금지 계약서에 서명하는 사람 중 대부분은 정말로 자원해서 서명하는 것이 아니다. 그러나 법원은 대개 경쟁금지 계약의 정당성을 인정하는 편이다. 단지 한 분야를 제외하고는 말이다. 아이러니하게도, 그 예외는 바로 법조계 자체다. 미국 변호사 협회(American Bar Association, ABA)는 법무법인 간의 경쟁금지 조항에 늘 반대해왔으며, ABA의 규약은 경쟁금지 조항을 전적으로 불허한다.[11] 그들의 논지는 법무법인을 떠난 변호사의 업무에 제한을 가하는 것은, 그것이 무엇이든 비윤리적이며 피해를 일으킨다는 것이다. 경쟁금지 조항이 변호사들의 직업적 자율성을 제한할 뿐만 아니라, 의뢰인들이 법률대리인을 선택할 자유를 침해하기 때문이라고 한다. 경쟁금지 계약서를 작성하고 이를 집행하는 변호사들이, 정작 자신들은 공공의 이익을 위해 그러한 금지 조항에서 예외가 되어야 한다고 주장하는 것이다.

경쟁금지 계약이 실적에 미치는 영향

경쟁금지 계약서의 존재 논거는 그것이 모두에게 이득이 된다는 것이다. 이 계약이 없다면 직원들이 회사를 떠나 경쟁 회사로 쉽게 옮길 수 있으므로 회사는 직원을 육성하거나 혁신적인 연구에 시간과 돈을 투자할 이유가 없다는 의미다. 이러한 투자가 보호되기 때문에 회사가 직원에게 투자할 확률이 높아지며, 따라서 직원들은 귀중한 지식과 교육 기회를 얻을 수 있다고 주장한다. 그래서 종국에는 경쟁금지 조항이 모두에게 득이 된다는 것이다.

하지만 시간이 갈수록 점점 더 많은 연구 결과가 이 논리의 문제점을 조목조목 반박하고 있다. 경제학과 심리학 분야의 연구들은 경쟁금지 계약이 보편화될수록 이해관계자들이 실제로는 손해를 본다는 것을 보여준다. 지역사회와 고용주, 직원 모두에게 경쟁금지 조항은 득보다 실이 많다는 얘기다.

경쟁금지 조항을 인정하는 주와 지역들이 경제 성장 역량을 잃어갈 뿐만 아니라 스스로 뛰어난 인재를 몰아내고 있다는 점을 많은 유력한 연구가 보여주고 있다. 경쟁금지 조항을 반대하는 가장 잘 알려진 연구는 실리콘밸리의 지속적인 성장과 보스턴 '루트128(Route 128)' 지역의 쇠락을 비교한 것이다.

컴퓨터 시대가 기술 혁신 속도를 극적으로 끌어올리기 시작했을 때, 이 두 지역은 모두 그러한 변화를 이용할 최적의 지리적 위치에 있었다.[12] 두 곳 모두 인재를 끌어들일 수 있는 대도시에 가까웠고, 새로운 아이디어와 신기술을 가져올 수 있는 훌륭한 대학들이 근처에 있었다. 초기에는 루트128이 실리콘밸리보다 세 배 이상의 일자리를 가지고 더 앞선 출발을 했다. 그러나 루트128은 얼마 가지 않아 경쟁에서 뒤지기 시작했으며, 실리콘밸리의 성장률이 금세 루트128의 세 배를 넘게 됐다.

그 이유를 찾던 경제학자들은 한 가지 중요한 차이점에 주목했다. 그것은 바로 실리콘밸리가 속해 있는 캘리포니아 주가 경쟁금지 조항을 법으로 금지하고 있었다는 것이다. 1872년 이래로 캘리포니아 주 법은 개인의 합법적인 상거래 참여를 제한하는 모든 형태의 계약을 불법으로 규정했다. 캘리포니아 주 사법부는 경쟁금지 계약이 개인의 직업 선택의 자유를 침해한다는 의견을 일관되게 고수해왔다.[13]

1994년에 경제지리학자인 애너리 색서니언(AnnaLee Saxenian)은 두 지역에 대한 철저한 연구를 마치고, 실리콘밸리가 어떻게 루트128을 앞지르게 됐는가에 대해 몇 가지 의견을 내놓았다.[14] 색서니언은 매사추세츠의 회사들이 더 형식에 얽매이고, 더 위계적이며, 수직결합(vertically integrated, 연관 산업 내에서 생산 단계가 서로 다른 기업이 결합하는 것으로, 무관한 업종 간 결합인 혼합결합에 대비되는 용어–옮긴이)의 예가 더 많다는 점을 지적했다. 또한 직원들은 회사 내에서 다른 직책으로 순환 이동하거나 다른 회사로 옮기는 일이 드물었다. 오로지 조직도를 타고 올라가는 것이 그들의 목표였다.

반면 실리콘밸리의 회사들은 더 개방적이었고, 형식에 덜 얽매였으며, 훨씬 더 수평적으로 운영됐다. 그리고 이곳의 직원들은 새로운 프로젝트는 물론 아예 완전히 새로운 회사로도 자유로이 옮겨 다녔다. 이러한 패턴은 뛰어난 인재들을 연결하는 방대한 네트워크가 형성되도록 했으며, 직원이 이동할 때마다 아이디어 역시 자유롭게 이동했다. 색서니언은 실리콘밸리 문화의 상당 부분이 캘리포니아의 이직 용이성과 관련이 있어 보인다고 적었다. 따라서 우리는 그것이 경쟁금지 계약을 금하는 것과 상관이 있다고 유추해볼 수 있다.

그렇다면 그 상관관계는 어떨까?

이 질문에 대한 해답은 또 다른 주를 연구한 경제학자들이 가지고 있다. 미시간 주는 1905년부터 경쟁금지 계약을 포함하여 개인의 취업을 제한하는 어떠한 계약도 금지했다.[15] 그러다가 1985년에 이르러, 그러한 금지 법규를 무효화하는 새로운 법을 통과시켰다. 바로 미시간 반독점개혁법(Michigan Antitrust Reform Act, MARA)인데, 이 법을 근거로 수십 개의 법이 폐지됐다. 그중에는 경쟁금지 조항을 금하는 법규도 포함되어 있었다. 고용주들은 MARA의 통과를 경쟁금지 조항을 재도입할 기회로 봤고, 3명의 교수는 이를 좋은 연구 기회로 봤다.

MIT의 맷 막스(Matt Marx), 인시아드(INSEAD)의 재싯 싱(Jasjit Singh) 그리고 하버드 경영대학원의 리 플레밍(Lee Fleming)으로 구성된 연구팀은 MARA의 영향을 알아보기로 했다. "이것은 법이 바뀌기 전 미시간의 발명가들을 표본으로 하여 변화에 노출해보는, 실제 상황을 이용한 이상적인 실험입니다"라고 플레밍은 설명했다.[16] 이들 연구진은 미국 특허 데이터베이스를 이용해서 미시간 주에서 빠져나간 발명가들을 추적했다. 그런 다음에는 미시간 주의 이주율과 경쟁금지 조항을 적용하지 않는 다른 주의 이주율을 서로 비교했다. 연구자들은 MARA가 통과된 후에 발명가들이 미시간을 빠져나간 비율은 늘어난 반면, 경쟁금지 조항이 없는 주의 이주율은 줄었다는 사실을 발견했다.[17] 다시 말해 발명가들은 미시간 주가 취업 이동에 제약을 가하기 시작하자 이전보다 더 빠르게 그 주를 떠나 경쟁금지 조항이 없는 다른 주로 이동했다는 것이다. 이러한 결과는 경쟁금지 조항이 재능 있는 지식 근로자들을 떠나게 했음을 보여주며, 그 주에서 실질적인 두뇌 유출을 유발한다는 것을 강하게 암시한다.

그렇다면, 경쟁금지 조항을 적용하는 기업은 어떨까? 지역사회에는 나쁘더라도 회사에는 좋을 수도 있지 않은가.

이에 대한 연구 결과 역시 예상과 다른 결론을 보여준다. 메릴랜드 주립대학교와 와튼스쿨의 연구진은 직원이 한 회사에서 다른 회사로 옮길 때 실제로 양 회사 모두 이득을 볼 수도 있다는 연구 결과를 얻었다.[18] 라파엘 코레도이라(Rafael Corredoira)와 로리 로젠코프(Lori Rosenkopf)는 1980년부터 1994년까지 15년 가까이 반도체회사들을 연구했고, 그 회사들이 미국 특허청(US Patent and Trademark Office, USPTO)에 등록한 특허도 조사했다. 총 154개 회사와 4만 2,000건의 특허였다.

그들은 특히 특허출원서에 발명가로 기재된 인재들이 직장을 옮길 때 생기는 회사 간의 연관관계에 관심을 가졌다. 각각의 특허출원에서 출원자는 새로운 발명과 관련이 있거나 그 바탕이 된 기존의 특허를 기재하게 되어 있다. 직원이 직장을 옮겼을 경우 새 특허출원서에 전 직장의 특허를 인용할 확률이 높으므로, 그 직원의 아이디어가 새 회사에 미치는 영향을 알 수 있을 거라고 연구진은 생각했다. 사실, 바로 이 점이 경쟁금지 조항을 주장하는 가장 큰 이유다. 즉, 이직하는 직원이 전 직장이 소유한 아이디어를 빼가지 못하도록 막는다는 것이다.

하지만 놀랍게도, 직원이 직장을 옮기게 되면 신·구 회사 모두 서로의 특허를 더 자주 인용하기 시작한다는 것을 연구자들은 발견했다. 이는 직원이 다른 회사로 떠난 뒤에도 이전 회사는 여전히 지식과 정보를 얻는다는 뜻이다. 연구자들은 이것이 떠나는 직원들의 인맥 네트워크로 유발됐을 것이라는 가설을 세웠다. 직원이 직장을 옮길 때는 자신의 아이디어뿐만 아니라 인맥도 함께 유지한 채 새 회사로 옮겨가며, 전 직장에 남아 있는 동료들은 이직한 직원이 옮겨간 새 회사와 새 아이디어에 대한 연결고리를 얻게 된다. 결과적으로, 이직하는 직원은 이전 직장과 새 직장 양쪽에 꽃가루를 옮겨주는 꿀벌 같은 역할을 하는 것이다.

놀랍게도, 이러한 효과는 두 회사가 서로 멀리 떨어져 있을 때 훨씬 더 컸다. 만약 이직하는 직원이 두 회사의 연결고리가 되지 않았다면 종전 회사는 새 회사의 아이디어들을 절대로 접할 수 없었을 것이다. 이러한 연구 결과는 경쟁금지 계약의 원래 논리에서 보면 비상식적으로 보이겠지만, 이를 보여주는 증거는 확고하다. 경쟁금지 조항을 엄격하게 적용하는 회사들은 직원들이 떠나지 않거나, 떠나는 직원이 전혀 다른 산업으로 이직하기 때문에 실제로는 손해를 보고 있을 수도 있다. 전자는 미지의 아이디어들에 다리를 놓아줄 기회가 없기 때문이며, 후자는 새로운 아이디어와 다리가 놓이더라도 종전의 회사엔 그다지 쓸모가 없기 때문이다. 한마디로, 직원들은 이직의 자유를 잃으면 지적 자본에 접근할 기회도 잃게 된다.

경쟁금지 조항이 없는 회사는 이직하는 직원을 통해 풍부한 새 아이디어를 얻는 긍정적인 효과를 거둘 수 있다. 빈면, 경쟁금지 조항이 있는 회사는 단지 남아 있기만 하는 직원들 때문에 오히려 기업의 가치가 저하될 수도 있다. 연구 결과에 따르면, 경쟁금지 상황에서 일해야 하는 직원들은 의욕과 생산성이 떨

어진다고 한다.[19]

샌디에이고대학교의 두 학자인 온 아미르(On Amir)와 올리 라블(Orly Lobel)은 경쟁금지 조항이 개인에 미치는 영향을 모의 시장 환경을 통해 연구했다. 두 사람은 1,028명의 참가자를 모았다. 이들에게는 온라인상으로 두 가지 과제 중 하나가 무작위로 주어졌다. 첫 번째 과제는 합이 정확하게 10이 되는 행렬(matrix)에서 2개의 숫자를 찾는 것이었다. 참가자들은 주어진 시간 안에 될 수 있는 대로 많은 행렬을 풀라고 지시받았다. 두 번째 과제는 주어진 단어 3개의 연관성을 부여해주는 단어 하나를 찾는 것이었다. 일반적으로 '원격 연상(remote associates)' 과제라 불리는 것으로, 예를 들어 영어단어 'peach', 'tar', 'arm'이라는 단어에 'pit'이라는 단어를 더하면 'peachpit', 'tarpit', 'armpit'이라는 단어로 연결될 수 있다(예를 들어, 한국어에서 '손', '발', '모래'에 '톱'이라는 단어를 더해 '손톱', '발톱', '모래톱'이라는 단어를 만드는 것과 같다–옮긴이).

참가자들은 일단 하나의 과제 그룹에 배정되고 나면, 자신의 과제 성과만큼 돈을 받게 된다. 즉, 문제를 많이 풀수록 더 많은 돈을 받는다. 또한 과제 전체를 빨리 끝내면 보너스를 받는데, 정답을 모두 맞히면 더 많은 보너스를 받지만 일부 틀리더라도 여전히 보너스를 받는다. 그리고 참가자들은 하나의 과제를 완수하고 나면 또 하나의 과제를 얻을 수 있었다. 첫 번째의 행렬 과제는 노력 위주의 과제이고, 두 번째의 원격 연상 과제는 창의력 위주의 과제다. 아미르와 라블은 창의력 테스트에 임하는 내적 동기가 더 강하다면 이 과제를 완수하고자 하는 데에도 영향을 미칠 것이라는 가설을 세웠다.

두 과제 그룹으로 나뉜 참가자들은 또다시 세 가지 조건으로 나뉘어 배정된다. 첫 번째 조건의 참가자들에게는 전면적인 경쟁금지 조건이 주어진다. 다시 말하면, 과제를 끝냈다 하더라도 돈을 더 받기 위해 유사한 과제를 푸는 것이 금지된다. 두 번째 조건의 참가자들에게는 부분적인 경쟁금지 조건이 가해진다. 즉 첫 번째 조건과 같은 경쟁금지 제약을 받지만, 그 제약을 돈을 내고 없앨 수 있는 선택권도 받게 된다. 그 옵션을 사용하기 위해서는 첫 번째 과제에서 벌어둔 돈을 써야 했다. 마지막으로 세 번째는 과제를 푸는 데 아무런 제약을 받지 않는 대조군(어떤 실험 결과가 제대로 도출됐는지 어떤지를 판단하기 위해 조작이나 조건을 가하지 않은 집단으로, 실험군의 반대어−옮긴이)이었다.

아미르와 라블은 참가자들의 단순한 성과뿐만 아니라 그 외 여러 가지도 측정했다. 그중에는 '과제를 포기하는 비율'도 있었다. "과제가 유발하는 의욕과 관련하여 경제학적으로 가장 의미 있는 행동은 차라리 돈을 받지 않고 과제를 포기하는 것입니다"라고 라블은 설명했다.[20] 포기하는 비율이 높다는 것은 이들 실험 조건 중 하나가 의욕 상실을 초래했다는 뜻이다. 따라서 포기 행위는 중요한 사항이다.

과제 수행 결과를 분석해보니, 아미르와 라블은 완전한 경쟁금지 조건의 경우 참가자의 61퍼센트가 결국 과제를 포기했다는 결과를 얻었다. 즉, 그들은 모든 보수를 포기한 것이다. 이에 비해 대조군에 속한 참가자들 중에서는 41퍼센트가 과제를 포기했다. 과제를 포기하지 않은 참가자들 중에서는 경쟁금지 조건에 놓인 참가자들이 오답을 할 확률이 두 배로 높았고, 건너뛴 문항도 더 많았으며, 과제 전반에 걸쳐 들인 시간은 더 짧았다.

이 모든 연구 결과는 경쟁금지 조건이 개인의 의욕을 현저히 떨어뜨린다는 것을 보여준다. 의욕이 낮은 직원은 생산성이 떨어질 뿐만 아니라 더 많은 실수를 범할 확률이 증가한다. 연구 결과가 의미하는 바는 놀라운데, 경쟁금지 계약이 고성과자들을 붙잡아둘 수는 있지만 그들이 계속해서 고성과자가 되는 것을 방해하기도 한다는 점을 보여준다.

아이디어가 자유로이 흐르는 환경

이직의 용이성이 직원들 개인의 동기부여와 생산성에 미치는 영향을 비롯하여 직원이 이직할 때 관련 회사들이 얻게 되는 지적 재산에 이르기까지, 우리가 살펴본 연구들은 더 많은 자유를 주는 회사와 경영자들에게 유리한 결과를 보여주고 있다. 그런데 이러한 증거가 나올 때까지 모든 기업이 마냥 기다리기만 한 것은 아니다. 이미 오래전에 경쟁금지에 역행하는 것이 조직에 엄청난 득이 된다는 사실을 깨달은 회사도 드물지 않다. 그들은 경쟁금지를 금하는 환경을 조성함으로써 혜택을 누려왔다. 그 환경이란 조직의 안팎을 막론하고 아이디어를 기꺼이 공유하는 문화를 말한다.

그 예로 광고회사인 위든＋케네디(Wieden＋Kennedy, W＋K)를 들 수 있다. 이 회사는 매디슨 가의 경쟁사들이 고수하는 관행을 따르지 않는 것으로 유명하다. W＋K는 댄 위든(Dan Wieden)과 데이비드 케네디(David Kennedy)의 파트너십 형태로 1982년 만우절에 설립됐다.[21] 이후 W＋K는 오리건 주 포틀랜드의 지하실을 벗어나 오늘날 세계 최대 규모의 독립 광고 에이전시 중 하나로 성장했다. 그러는 동안 이 회사는 코카콜라, P&G, 나이키 등의 광고 캠페인을 맡으면서 기존 질서를 무시하는 도전적 자세와 탁월한 실력에 대한 명성을 얻었다. 위든은 나이키의 유명한 슬로건인 '저스트 두 잇(Just Do It)'을 만든 사람으로 알려져 있다.

2004년부터 W＋K의 성공을 이끌어온 프로그램 중 하나는 'WK12'라는 교육 프로그램이다. WK12에서는 매년 W＋K 방식의 광고를 배우고 자신들의 포트폴리오를 만들고자 하는 10여 명의 새로운 참가자를 받는다. 지원자들은 경영대학원의 마케팅 과정 출신이 아니며, 대부분은 광고 경력도 거의 없는 이들이다. 정말 W＋K답게, 이 프로그램에 대한 지원서류는 5×8(인치)짜리 규격봉투와 '자신이 선발되는 데 도움이 된다고 생각하는 것은 무엇이든지 채워 넣으라'는 안내문이 적힌 종이뿐이다. 합격하고 나면 참가자들은 수업료를 내며, 공부하는 동안 각자 생활비를 부담한다. 공식적인 수업은 주로 낮에 이뤄지지만, 일반 학교와는 달리 사실상 정해진 시간표가 없다. 대신, 참가자들은 실제 광고주를 위한 진짜 프로젝트 작업에 차례대로 참여한다. 그리고 정규 과제물, 회사의 내부 업무, 스스로 구상한 프로젝트를 수행한다.

이 교육 프로그램은 인턴십이 아니다. W+K에서는 일자리가 보장되지 않을뿐더러 그럴 가능성도 작기 때문이다. 수년 동안 이 프로그램을 만들고 운영해온 젤리 헴(Jelly Helm)은 "우리는 참가자들에게 프로그램이 끝나면 채용될 거라는 기대를 하지 말라고 분명히 말해둡니다"라고 했다.[22] 사실 WK12 프로그램의 취지는 W+K에 새로운 아이디어와 참신한 시각을 끊임없이 공급하는 것이다. 그리고 이는 채용이 아니므로 사실상 경쟁금지 의무를 적용할 수도 없다. W+K는 어차피 그럴 생각도 없어 보이지만 말이다. 오히려 W+K는 이 프로그램을 아이디어를 가진 외부 두뇌와 회사 간의 협력 작업으로 본다. 참가자들은 경험을 쌓고 포트폴리오를 만들 수 있는 독특한 기회를 얻고, W+K는 이 과정 없이는 생각해낼 수 없었던 좋은 아이디어와 문제에 대한 해법들을 얻는다. 과정이 끝난 뒤에는(실제로 과정 이수자들 상당수가 경쟁사들에 채용되는데), 이러한 상호 교환을 통해 모두가 더 좋은 상황을 맞이한다. 하나의 실험으로 보더라도, 경쟁금지 의무가 없는 WK12는 놀랄 만한 아이디어를 배양하는 환경을 만들었다. WK12는 현재 휴지 상태이지만, 앞으로도 계속 진화·발전할 것이고 놀라운 아이디어들을 끌어낼 것이다.

경쟁금지가 없는 환경을 통해 실제 회사 프로젝트를 수행하면서 사람들이 배우고 발전할 수 있도록 한다는 것이 새로운 아이디어는 아니다. 과학과 엔지니어링 분야에서는 이미 오래전부터 이어져 온 관행이다. 1980년대에 IBM은 캘리포니아 주 산호세에 있는 알마든 연구소(Almaden Lab)에 '박사후 연구과정(postdoctoral program)'을 새로 만들었다.[23] 연구소는 일반 대학이 운영하는 박사후 연구과정처럼 신규 박사학위 취득자들을 채용했다(대부분이 길 건너에 있는 스탠퍼드대학교 출신이었다). 신입 연구생들은 1~2년 동안 IBM을 위해 일하고 IBM의 프로젝트들을 도우며, 그러는 동안 자신의 분야에 대해 더 많은 것을 배우게 된다. 연구과정이 끝나면 그들은 대학에 교수로 가거나 다른 기업에 취업한다.

이러한 상황에서 경쟁금지 의무가 없는 환경이 생겨났다. 경쟁금지 조항이 금지된 캘리포니아 주였기에 더욱 그러했다. IBM의 경영진은 회사가 인재를 잃을 수도 있다는 것을 알고 있었다. 하지만 그 인재들이 새로운 아이디어를 내놓게 하고 미래에 다른 기관들과 접촉하도록 허용함으로써 결국 회사가 이득을 보게 된다고 믿었다. 그리고 이러한 인맥은 코레도이라와 로

젠코프가 반도체 산업에 관한 연구에서 보여주었듯이 새로운 아이디어의 원천이 됐다.

리 플레밍과 코언 프렝켄(Koen Frenken)은 실리콘밸리 발명자 간의 인맥 네트워크에 대한 연구에서 알마든 연구소가 실리콘밸리 기업 간 인맥 네트워크의 주요 허브(hub)임을 확인했다.[24] 이러한 인맥 네트워크는 업계에서 IBM의 평판과 이미지를 강화해주었고, IBM이 새로운 인재를 더 많이 채용할 수 있게 해주었다. 알마든 연구소를 통해 얻어진 명성과 인맥은 IBM이 사업 모델을 전환하고, 그때까지 주요 품목이었던 메인프레임 시장이 축소되는 상황을 견디도록 도와주었다.

1990년대 인터넷 버블이 꺼지면서 IBM의 박사후 연구과정은 휴면 상태에 들어갔다. 그러나 최근 재개됐고, 지금은 실리콘밸리 지역에 있는 다른 주요 회사들도 이를 모방하고 있다.[25] 구글(Google), 마이크로소프트, 야후(Yahoo!), 인텔(Intel), 휴렛-팩커드(Hewlett-Packard) 등이 대표적인데, 모두 수준 높은 자사 연구소에 박사후 연구생들을 배치했다. 그러나 이들 중에서 자신들을 채용해준 회사가 영구적인 직장이 될 거라고 기대하는 사람은 거의 없다.

P&G가 만든 한 가지 새로운 프로그램은 경쟁금지 의무가 없는 환경을 또 다른 차원의 약속으로 끌어올렸다. 수십 년에 걸쳐 P&G는 비밀주의 문화로 주목받아왔다. 예컨대 근무지를 벗어나면 회사 제품과 프로그램들에 대해 얘기하는 것을 금하고

경쟁사 직원들과 얘기해서는 안 된다는 규정조차 있었다.[26] 당연히, 그처럼 과도한 비밀주의는 P&G 제품들의 성장을 정체시키고 혁신을 가로막았다.

2000년에 이르러서는 이러한 쇠퇴가 회사의 재무실적에도 부정적 영향을 끼쳤으며, 주가는 절반 아래로 떨어졌다. 바로 그해에 오랜 기간 P&G의 중역이었던 래플리(A.G. Lafley)가 회사 경영의 중책을 맡았다. 회사를 회생시키고자 하는 그의 계획에는 비밀주의 문화를 바꾸는 것도 포함됐다. 래플리는 회사가 경쟁력을 유지하기 위해서는 반드시 경쟁자가 있어야 한다고 믿었다. 그는 P&G의 7,500명에 달하는 연구·개발 조직 외에도, 회사가 반드시 활용해야 할 지식을 가진 사람들이 잠재적으로 100만 명 이상이 있다고 봤다. 그래서 '연구·개발'을 '연결·개발(Connect+Develop, C&D)'로 바꾸었다.

'연결·개발(C&D)'의 목적은 P&G의 신제품 중 50퍼센트 이상을 회사 밖에서 만들어지거나 개발된 아이디어에 의존하는 것이었다.[27] 이 목적을 달성하기 위해 P&G는 조직 간 벽을 허물고 네트워크화할 필요가 있었다. 이 회사는 학문적 연구자, 공급자, 심지어는 아이디어의 상호 교류에 적극적인 경쟁사들과도 소통할 수 있는 채널들을 만들었다. 회사 밖이든 안이든 간에 고객의 니즈를 충족시킬 수 있는 아이디어를 발굴하고, 그 아이디어들을 P&G의 기존 브랜드와 연계하여 인접 비즈니스를 개발하는 것이 목적이었다. 예를 들면, P&G는 페브리즈(Febreze)라는 이름의 브랜드를 론칭하기 위해 이탈리아 화학회사인 조벨레(Zobele)와 제휴했다.[28] 이러한 제휴 덕에 페브리즈는 10억 달러짜리 브랜드가 됐고, P&G는 과거의 시각에서는 경쟁자였을 한 이탈리아 화학회사를 파트너로 두게 되었다.

연결·개발의 성공에 힘입어 P&G는 자체 온라인 포털을 새로 만들고 누구나 아이디어를 제출할 수 있게 했다. 경쟁사와 대화조차 금지하던 회사가 이제는 연구소에서 학계, 나아가 크고 작은 경쟁자에 이르기까지 누구와도 적극적으로 제휴하고 있다. 이러한 사고방식의 전환은 재무실적의 개선도 가져다주었다. 연결·개발에 착수한 이후 P&G의 기업 가치는 과거 하락했던 것 이상으로 회복됐고, 그 가치 상승의 대부분은 래플리가 제시한 목표를 달성한 결과였다. P&G가 내놓는 신제품의 50퍼센트 이상을 외부와의 협력에 의존한다는 목표 말이다.[29]

이 장에서 논의한 회사 중 일부는 특정 직원들에 한해 여전히 경쟁금지 조항을 적용하고 있다. 하지만 대부분 직원은 자유롭게 아이디어를 공유할 수 있도록 함으로써 그들이 회사를 떠난 뒤에도 이득을 얻고 있다. 교회에서 샌드위치 가게에 이르기까지 경쟁금지 조항이 여전히 존재한다는 것은 분명한 사실이다. 하지만 경제학과 심리학 분야의 연구 결과는 그 조항에 서명하는 개인과 이를 조장하는 회사에 득보다 실이 많다는 것을 입증하고 있다. 인재와 정보가 자유롭게 흐를 수 있게 하고, 경쟁금지 의무가 없는 환경을 만듦으로써 더 큰 이득을 얻게 된다.

CHAPTER

7

—

실적 평가를
폐기하라

오래전부터 업무실적 평가는 관리자의 업무에서 대단히 중
요한 것으로 여겨져 왔다. 그러나 많은 기업은 업무실적에
대한 경직된 관리 체계가 실적을 향상시키는 데 오히려 방해
가 된다는 것을 알게 됐다. 유능한 경영자들은 업무 능력의
향상을 가져올 새로운 방법으로 기존 평가 체계를 대체하기
시작했다.

2012년까지 어도비 시스템즈의 업무실적 관리 프로세스는 다른 대형 기업과 별반 다를 것이 없었다. 1년에 한 번씩 1만 1,000여 명의 직원과 관리자를 만나 평가를 진행하는 것이 이 프로세스의 주요 축이었다. 그러나 이 모든 것이 2012년 초에 바뀌었다. 그 변화는 오랜 비행기 여행에 시달렸던 한 고위 임원에 의해 예기치 않게 시작되어, 결국 어도비가 연례 평가 체계를 버리는 데까지 이르렀다.[1]

2012년 3월, 당시 어도비의 인사 부문 선임 부사장이던 도나 모리스는 현지 지사를 돌아보기 위해 인도로 갔다. 도착하자마자 그녀는 인도 〈이코노믹타임스(Economic Times)〉 기자의 인터뷰 요청에 응하게 됐다. 인터뷰 도중 기자가 인사 부문을 혁신하기 위해 무엇을 할 것이냐고 물었다. 장시간 비행으로 잠을 못 잔 모리스는 무심코 즉각적인 대답을 했다. "우리는 연례 업무실적 평가를 없앨 계획입니다."[2] 사실 그녀가 그 아이디어를 생각해본 적은 있지만, 그리고 그에 대해 논의할 소규모 팀을 만들기도 했지만, CEO와는 아직 아무런 얘기도 나누지 않은 상태였다. 회사는 평가 체계를 변경할 아무런 공식적인 계획도 갖고 있지 않았다.

그 기자는 모리스의 말을 그대로 받아 적었고, 모리스의 인터뷰 내용은 다음 날 1면에 다음과 같은 헤드라인과 함께 실렸다. '어도비 시스템즈, 연례 평가를 폐기하고 정기적 피드백에 따라 직원을 보상할 계획을 세우다.' 그것으로 모리스의 말은 예기치 않게 공식적인 기록이 되고 말았다. 기사가 퍼져나가는 것을 따라잡기 위해 모리스는 홍보팀과 접촉했고, 본사로 돌아온 며칠 뒤 회사 인트라넷에 글을 올렸다. 그녀는 전 직원에게 당시 어도비가 사용하고 있던 업무실적 평가 방법에 대해 의견을 달라고 요청했다. 이 글은 금세 인트라넷의 최다 조회 수를 기록했으며, 엄청난 양의 토론이 일어남과 함께 업무실적 평가의 진정한 변화를 이끌 추진력으로 이어졌다.

모리스의 운명적인 인도 방문 전까지 어도비의 연례 업무실적 평가 시스템은 대체로 통상적인 시스템 그대로였다. 1년에 한 번씩 관리자들은 그해의 업무실적 자료를 집계하고, 각 직원에 대해 360도 평가를 진행하며, 각 직원의 실적에 대한 보고서를 작성했다. 관리자는 각 직원에게 종합적인 평가등급으로 다음 네 가지 중 하나를 부여했다. 즉 최고성과자(high performer), 고성과자(strong performer), 준성과자(solid performer), 저성과자(low performer)다.

이러한 평가 기준은 스택 랭킹(stack ranking) 시스템(성과를 기준으로 순위를 매기는 제도-옮긴이)을 따랐다. 이 시스템에서 직원들의 평가등급은 미리 정해진 비율로 배정되었다. 예를 들어, '최고 성과자'는 한 관리자의 팀에서 상위 15퍼센트까지만 부여할 수 있었다. 이러한 순위를 제대로 매긴다는 것은 여러모로 값비싼 과정이었다. 어도비는 이러한 평가를 모두 진행하기 위해 관리 자들이 매년 총 8만 시간을 들여야 한다고 추산했다. 이는 거의 40명의 정규직 직원이 1년 내내 일하는 시간과 맞먹는다. 더욱 이 매년 업무실적 평가 뒤 몇 개월간은 자발적 퇴직이 급격히 늘어나곤 했다. 이 현상에 대한 가장 설득력 있는 설명은 기대 에 못 미치는 평점을 받고 실망한 직원들이 회사를 떠나기 때문 이라는 것이었다.

이와 같은 이유들은 모리스가 인트라넷에서 제의한 토론에 동력을 제공해주었다. 모리스는 자신의 생각을 다음과 같이 적 었다. "궁극적으로 우리는 다음의 세 가지를 이뤄내야 합니다. 기여도를 평가하고, 업적을 보상하며, 피드백을 주고받는 것입 니다. 그런데 이것들을 하나의 거추장스러운 프로세스로 묶어 야 하는 걸까요? 저는 그렇지 않다고 봅니다. 이제는 전혀 다르 게 생각해볼 때입니다."[3]

모리스는 어도비의 모든 직원에게 새롭고 더 나은 방안을 만 들 수 있도록 도와달라며 이렇게 호소했다. "우리가 만약 지금 의 연례 평가를 없앤다면, 그 자리를 무엇으로 채우길 원하나요? 어떻게 하면 영감을 불러일으키고, 의욕을 북돋우며, 기여도를 더욱 효과적으로 측정할 수 있을까요?"

업무실적 평가 모델을 바꾸자고 모리스가 제안하던 시점에 때마침 회사는 사업 모델의 전반적 변경을 추진하고 있었다.[4] 당시 어도비는 설립 30년을 맞이했으며 창조 산업 전문가들(creative industry professionals)을 위한 최고의 소프트웨어 공급자로서 굳건한 지위를 차지하고 있었다. 유사한 시기에 설립된 대부분 소프트웨어회사가 그러했듯이, 어도비의 사업 모델은 설치용 디스크와 라이선스 코드를 담은 제품을 소매점을 통해 판매하는 것이었다. 1년에 한 번 (또는 필요할 때마다) 어도비는 유통채널을 통해 기능이 향상되고 기술적 문제점이 개선된 업데이트 버전의 소프트웨어를 출시해왔다. 이러한 업데이트 버전들은 회사에 새 라이선스 매출을 가져다주었다. 그렇게 30년이 흘러 이제는 전적으로 인터넷을 통해 소프트웨어를 유통할 수 있는 기술이 개발됐다. 2011년에 어도비는 기존 사업 모델을 클라우드 기반의 구독 모델(subscription model)로 바꾸기 시작했다. 즉 사용자들이 디스크를 구입하는 대신 인터넷에서 어도비 소프트웨어를 다운로드하고, 사용자 계정을 만들어 월간 구독료를 지불한 후 소프트웨어를 사용하는 방식이다.

이처럼 회사는 30년 묵은 사업 모델에서 탈피하고 있었지만, 역시 그만큼이나 오래된 업무실적 관리 시스템은 그대로 유지하고 있었다. 어도비의 고객들이 더 많은 실시간 대응을 원한다면, 왜 어도비의 직원들은 빠른 피드백의 혜택을 받지 못하겠는가? 모리스가 직원들을 만나 평가 프로세스에 관한 피드백을 수집하는 동안 한 가지가 명백해졌다. 기존의 평가 체계가 낙제점을 받고 있다는 것이었다. 그리하여 결국 어도비는 연례 업무실적 평가를 없애고, 〈이코노믹타임스〉에서 발표한 약속을 지키게 됐다.

2012년 가을에 어도비는 기존의 업무실적 관리 시스템을 완전히 뜯어고쳤다. 연례 평가 일정을 없애고, 형식에 덜 구애받는 '체크인(Check-in) 프로세스'로 대체했다. 체크인 프로세스는 실시간 솔루션(real-time solution)으로 그간 모리스와 어도비 직원들이 찾던 방식이었다. 관리자와 직원은 분기마다 한 번 이상만나 체크인 미팅을 진행한다. 때로는 매달 진행하거나 프로젝트 완료 뒤에 일정을 잡기도 한다. 이러한 미팅은 형식에 구애받지 않으며, 별다른 양식도 작성하지 않는다. 다만, 각 체크인미팅은 세 가지 핵심 주제를 중심으로 진행된다. 기대목표, 피드백, 성장과 개발이 그것이다.

기대목표에 관한 대화는 각 개인의 직무와 현재 프로젝트에대해 정확한 목표들을 설정하고, 진척 상황을 추적하며, 이를재확인하는 것을 포함한다. 이 대화를 통해 개인의 역할과 책임은 물론, 성공을 어떻게 평가할 것인지도 분명하게 소통된다. 기대목표는 회사의 연간 목표들에 대한 고위 경영진의 프레젠테이션에 바탕을 두지만, 그 목표들을 실현하기 위해 각 직원과 프로젝트가 어떻게 기여할 것인지는 관리자와 직원이 함께 논의한다. 이러한 기대목표들은 나중의 체크인 미팅에서 참조할 수 있도록 모두 기록한다.

모리스는 직원들이 자신들의 프로젝트에 대해 더 자주, 그리고 더욱 시기적절한 피드백을 원한다는 것을 알게 됐다. 직원들은 최근 업무실적에 관해 기대목표와 비교할 때 자신이 어디쯤 위치하는지, 그리고 기대목표를 높여야 할지 낮춰야 할지 관리자에게 지도받기를 원했다. 이제 피드백이 정규 체크인 과정에 포함됐으므로, 자신들의 니즈를 관리자들이 얼마나 채워주고 있는지에 대해 피드백할 기회도 갖게 됐다.

체크인 미팅에서 직원들의 성장과 개발을 다루는 것은 관리자들과 직원들이 새로운 기회에 대해 논의할 수 있게 해준다. 직원들은 자신의 현재 역할과 소망하는 진로를 관리자와 함께 논의하고, 자신이 향상시켜야 할 지식이나 기술 또는 역량에 대한 조언을 얻는다. 대부분 연례 업무실적 평가는 자동차 백미러로 뒤를 보듯 과거 지향적인 시각을 제공한다. 이에 비해 체크인은 관리자와 직원이 함께 개인의 성장과 개발을 논의함으로써 직원의 목표들이 어도비의 전략과 어떻게 들어맞는지 따져보게 해준다. 체크인 미팅에서 특히 이 부분은 직원들이 자신의 진로와 자기계발 계획에 대한 책임감을 갖게 해주고, 성장할 수 있다는 자신감을 북돋워 준다.

기대목표, 피드백, 성장과 개발이라는 세 가지 요소는 직원과 관리자들 간에 자주 논의되지만, 어떤 것들은 여전히 연간 일정에 따라 진행되어야 했다. 예를 들어, 기대목표들은 회사의 계획 주기에 맞춰 보통 연 단위로 설정됐다. 물론 필요할 경우 체크인 미팅에서 변경될 수 있다. 또한 보상(compensation)에 대한 결정은 여전히 1년에 한 번씩만 이뤄졌다. 기존의 평가등급 체계가 사라지고 업무실적 향상을 측정할 방법이 없어졌으므로, 어도비는 급여 결정 권한을 각 관리자에게 넘겼다. 이에 따라 관리자들은 직원들이 기대목표를 얼마나 달성했느냐를 기준으로 연간 급여 예산을 배분했다.

과거의 시스템을 더욱 빈번하고 격식 없는 평가 프로세스로 바꾸는 것은 커다란 변화였다. 따라서 모든 직원에게 어떤 것들이 바뀌며 왜 바뀌는가를 인지시켜줄 필요가 있었다. 어도비는 변화에 대한 직원들과 관리자들의 이해를 돕기 위해 이벤트 기간을 두었다. 체크인 미팅을 어떻게 이끌어야 하는지 관리자들을 지도하기 위해 교육과정도 만들었다. 놀랍게도, 어도비 관리자의 90퍼센트가 그 교육에 참가했다. 회사는 추가로 직원 전담 안내센터도 개설했다. 업무실적 관리, 경력 개발 지원, 그리고 어떻게 하면 체크인을 최대한 유용하게 쓸 수 있는지 등의 질문들에 답해주도록 하기 위해서다.

기존의 연례 평가제도가 폐기되고 2년이 지난 지금, 어도비의 체크인 프로세스는 대단히 성공적으로 작동하고 있다. 모리스가 발견한 것은 직원들과 관리자들의 사기가 눈에 띄게 높아졌다는 것이다. 그 상당 부분이 더 잦아진 피드백 덕분이었다. "사람들에게 자신의 업무실적을 향상시키고 미래 진로를 바꾸는 데 필요한 것들을 제공해준다는 점에서 체크인 방식은 180도 전환을 의미합니다. 이것은 자기 일과 기회에 대한 직원들의 생각을 완전히 바꾸어줍니다. 이제는 직원들이 피드백을 반가운 선물로 생각합니다"라고 모리스는 말했다.

사기 진작 효과는 구체적인 수치의 향상으로도 연결됐다. 어도비에서는 자진해서 그만두는 직원들이 예전에 비해 30퍼센트 줄었다. 대신 회사가 내보낸 직원의 숫자는 50퍼센트 늘어났다. 이는 기대목표를 달성하지 못한 사람들이 다음 업무실적 평가 때까지 숨겨 놔두기보다 더욱 직접적이고 신속하게 처리한다는 것을 의미했다. 가장 중요한 점은, 관리자들이 매년 연례 평가에 들였던 8만 시간 대부분을 회사가 돌려받았다는 것이다. 이러한 업무실적 관리 체계의 성공적인 전환은 사업 모델의 성공적인 전환과도 궤를 같이한다. 2014년에 어도비가 구독 서비스를 통해 얻은 매출은 기존의 실물 제품 매출을 넘어섰으며, 계속해서 증가하고 있다.

낙제점을 받는 연례 실적 평가

경영 도구로서 업무실적 관리의 역사는 1930년대까지 거슬러 올라간다.[5] 업무실적을 '측정'하기 시작한 것은 프레더릭 윈즐로 테일러 때부터라 할 수 있지만, 업무실적을 '관리' 하는 일에 불을 지핌으로써 테일러의 아이디어와 경쟁한 인물은 바로 엘턴 메이오(Elton Mayo)였다. 그는 웨스턴 일렉트릭 컴퍼니(Western Electric Company)의 호손공장(Hawthorne Works) 직원들을 상대로 '호손 연구'를 진행한 것으로도 유명하다. 그 연구에서 메이오는 직원들이 갖는 회사 내 인간관계에 대한 생각, 그리고 상사가 자신들의 이익과 성공에 관심 있다고 느끼는지 아닌지가 생산성과 사기에 직접 연관되어 있다는 것을 발견했다.[6]

메이오의 발견은 인간관계 운동(human relations movement)을 태동시켰으며, 관리자의 역할을 직무 기준을 측정하고 시행하는 것에서 그러한 기준을 더 잘 따를 수 있도록 사람들을 지도하는 것으로 바꾸었다. 얼마 지나지 않아 이러한 비공식적 지도 활동은 공식적 미팅으로 발전했다. 메이오의 통찰력 빛나는 연구가 있은 지 20년 후인 1950년, 미국에서는 업무실적 평가 법(Performance Rating Act of 1950)이 통과됐다. 이와 함께 업무실적 평가 미팅이 직장생활의 일부로 완전히 자리 잡았다. 이 법률에 따라 모든 연방 정부 직원은 연례 업무실적 평가를 받아야 했고, '뛰어남(outstanding)', '양호함(satisfactory)', '부족함(unsatisfactory)' 이라는 세 가지 평가등급 중 하나를 부여받았다.[7] 그리고 얼마 지나지 않아 이러한 평가는 보너스, 급여 인상, 승진 기회와 결부되었다.

업무실적 평가는 1980년대에 중요한 전환점을 맞이했다. 잭 웰치(Jack Welch)가 직원들의 분포에 따라 평가등급 체계를 고정시켜야 한다는 개념을 일반화한 것이다. 다시 말해, 직원들을 '커브(curve)', 즉 통계적 분포곡선에 따라 평가해야 한다는 것이다. GE의 CEO로서 웰치는 모든 임원을 3개의 카테고리에 걸친 '벨 커브(bell curve)'(뒤집은 'U' 자 형태의 종 모양—옮긴이)에 분포시켰다.[8] 거기에서 'A 등급(상위 20퍼센트)'은 후한 보상을 받고, 'B 등급(중간의 70퍼센트)'은 최소한의 보상만을 받으며, 'C 등급(하위 10퍼센트)'은 주어진 기간 안에 실적을 개선하지 못하면 쫓겨나게된다.

웰치가 이처럼 혹독한 랭크-앤-양크(rank-and-yank, 등급을 매긴 후 퇴출시킨다는 의미—옮긴이) 시스템을 도입하자 다른 기업에서도 이를 따라 했다. 이는 특히 웰치의 23년 재임 기간에 GE의 이익이 거의 28배 늘었다는 점에서 당연한 것이기도 했다.[9] 얼마 지나지 않아 '강제적 순위 평가'에 대한 기업 경영자들의 수요에 부응하고자 수십억 달러 규모의 산업이 새로이 생겨났다. 바로 업무실적 평가 시스템을 만들어내는 산업이다. 2012년에는 〈포춘〉 500대 기업 대부분이 웰치의 커브 분포곡선과 유사한 업무실적 평가 시스템을 사용한다고 응답했다.[10]

이 방법은 주류로 자리 잡는 동안 높은 인기를 누린 한편, 실망 또한 만만찮게 늘어났다. 2013년에 실시된 한 설문조사에 따르면 관리자의 95퍼센트가 자신들의 업무실적 평가 프로세스에 불만을 가졌고, 인사 부서에서 일하는 직원의 90퍼센트는 업무

실적 평가가 생산성 향상에 효과적이기는커녕 정확하지도 않다고 생각하는 것으로 드러났다.

스탠퍼드대학교의 조직심리학자인 밥 서튼(Bob Sutton)은 업무실적 평가를 처방약에 비유함으로써 그 유효성과 직원들이 느끼게 되는 불만을 정확히 꼬집었다. 〈뉴욕타임스〉와의 인터뷰에서 그는 "만약 실적 평가가 약이었다면, 그 약은 식품의약국(FDA)의 승인을 받지 못했을 것입니다"라고 말했다. "부작용은 대단히 많으면서도 효과를 내지 못하는 경우가 많기 때문"이라는 것이다.[11] 연례 업무실적 평가가 실적 향상에 효과가 없는 이유에 관해서는 아주 다양한 견해가 존재하고, 이는 실적 평가에 대한 취지 때문에 더욱 복잡해진다. 그 취지란 바로 실적을 향상시키고자 피드백을 제공한다는 것이다. 이론적으로는 실적 평가를 거치고 나면 직원들이 성장 기회를 더욱 잘 붙들고 자신들의 실적을 향상시킬 수 있어야 한다. 그러나 이러한 이론은 최근의 연구 결과들에 도전받고 있다.

우선 각 개인은 실적에 대해서 그리고 스스로를 향상시킬 수 있다는 자신감에 대해서도 저마다 다른 생각을 가지고 있다. 사람들은 스스로를 향상시키고 목표를 추구하는 능력에 따라 일반적으로 세 가지 목표성향(goal orientation)으로 나뉜다. '학습(learning) 목표성향'을 가진 사람들은 자신의 실적이 고정된 것이 아니며 유연하게 바뀔 수 있다고 생각하고, 따라서 시간과 노력을 들이면 향상될 수 있다고 본다. 이에 대비되는 성향이 '평가(performance) 목표성향'인데, 이는 다시 평가입증(performance-prove)과 평가회피(performance-avoidance)로 나뉜다. '평가입증 목표성향'을 가진 사람들은 자신의 능력을 보여주는 데 관심을 두지만, 그렇다고 해서 딱히 자신을 향상시킬 수 있다고 생각하지는 않는다. '평가회피 목표성향'을 가진 사람들 역시 자신의 능력이 고정되어 있다고 믿으며, 이들은 자신의 실적에 대한 판단을 불러올 상황을 회피하고자 한다.[12]

스탠퍼드대학교의 심리학자인 캐롤 드웩(Carol Dweck)은 나중에 이러한 세 가지 목표성향을 성상 또는 성취에 관한 두 가지 '사고방식(mind-set)'으로 재정립하여 보급했다. 바로 '성장형 (growth) 사고방식'과 '고정형(fixed) 사고방식'이다. 앞서의 학습목표성향은 성장형 사고방식에 속하고, 평가입증 및 평가회피목표성향은 고정형 사고방식에 속한다.[13] 드웩은 초등학교 학습에서부터 직장에서의 업무에 이르는 다양한 연구를 통해 이 두 가지 사고방식 간의 극명한 차이를 발견했다. 그러나 그는 사고방식은 바꿀 수 있으며, 심지어 교육될 수도 있다고 주장했다. 다시 말해, 기업과 조직들은 구성원들이 성장형 사고방식을 갖고 일을 더 잘할 수 있도록 도와줄 수 있다는 것이다.

업무실적 평가는 개인마다 다른 사고방식을 가졌기에 저마다 다르게 받아들여지지만, 업무실적 평가가 개인의 사고방식에 영향을 미칠 수도 있다는 생각은 합리적인 것으로 보인다. 학습목표성향을 가진 사람들에게는 평가가 자신을 향상시키는 데 필요한 피드백을 받을 기회로 여겨져 환영받을 것이다. 이에 비해 고정형 사고방식인 평가입증 및 평가회피 목표성향의 사람들에게는 평가가 자신의 실적에 대한 인식을 확인시켜주는 것에 불과할 수 있다. 아니면 거기에 의문을 제기할 수도 있을 것이다. 그러한 맥락에서 보면, 업무실적 평가가 학습 목표성향 또는 성장형 사고방식을 얻을 기회가 될 수도 있다. 사실, 보편적 원칙에서 보면 평가의 대상은 업무실적이지 사람이 아니다. 따라서 업무실적 평가의 일면은 개인이 더 나은 실적을 낼 수 있도록 돕는 것이다.

그러나 이와 같은 논리는 실험 결과 틀린 것으로 보였다. 캔자스 주립대학교의 경영학 조교수인 새토리스 컬벗슨(Satoris Culbertson) 연구팀은 목표성향이 업무실적 평가에 대한 개인의 반응과 피드백 수용 자세에 어떻게 영향을 미치는지 연구했다. 쉽게 말해, 업무실적 평가가 이들의 실적 향상에 도움을 주는가 아닌가를 알아보고자 한 것이다.[14] 컬벗슨과 그녀의 동료들은 미국 남서부에 있는 익명의 대학교 소속 234명의 평직원을 대상으로 설문조사를 했다. 이들은 설문이 있기 3개월 전에 실적 평가를 받았으며, 그 실적 평가에는 '1(기대목표에 미흡함)'부터 '4(업무실적이 뛰어남)'까지의 총 평점도 포함되어 있었다. 연구자들은 이들에게 각각의 총 평점을 물어보면서, 자신들이 받은 실적 평가와 피드백에 대한 만족도를 평가해달라고 요청했다. 또한 이들의 목표성향(학습 또는 평가)을 판단하기 위해 몇 가지 질문도 했다. 연구팀은 평가 목표성향을 가진 사람들은 실적 평가에 대해 만족도가 낮을 것이며, 학습 목표성향을 가진 사람들은 평가에 만족하고 평가 시의 피드백 역시 받아들였으리라 예상했다. 하지만 그들이 얻은 결과는 그것이 아니었다.

그들은 설문 결과를 분석한 뒤, 자신의 총 평점을 부정적으로 본 사람들은 목표성향이나 사고방식이 어떠한가와 상관없이 평가 과정에 대해 실망했다는 것을 알게 됐다. 평가 목표성향 직원들의 만족도도 낮았지만, 학습 목표성향을 가진 사람들조차 자신들의 향상과 발전을 돕고자 했던 평가 과정에 대해 불만을 느꼈다. 이러한 결과는 연구자들을 놀라게 했고, 업무실적 평가의 존재 논리에 의문을 제기하게 했다. "우리는 당연히 학습 목표성향의 사람들이 조언을 받아들이고 활용할 수 있을 거라고 생각했습니다. 하지만 사람들은 부정적인 피드백을 그냥 싫어하더군요"라고 컬벗슨은 설명했다.[15]

여기서 눈여겨보아야 할 점은, 연구팀이 실제 업무실적 평가 자료를 보지 못했다는 것이다. 대신 직원들이 이를 스스로 밝히도록 했으며, 그렇게 함으로써 관리자의 의도와 상관없이 직원들 입장에서 그 평점이 긍정적이었는지 부정적이었는지를 알아보았다. 여기에는 중요한 차이가 있다. 조직 또는 기업이 긍정적으로 보는 평가가 직원에게는 전혀 다르게 보일 수 있다는 점을 드러내기 때문이다. 달리 말해 어떤 관리자는 평점 3점을 긍정적인 평가로 생각할 수도 있겠지만, 당사자가 4점을 기대했다면 그렇게 생각하지 않을 것이다.

연구자들이 얻은 결과는 심지어 학습 목표성향을 가진, 따라서 개선할 가능성이 가장 컸어야 할 직원들조차도 자신이 기대했던 평점보다 낮은 평가를 받았을 때 실망한다는 것을 보여준다. 이러한 실망은 회사가 평점을 강제적인 순위나 벨 커브에 맞추고자 고집할 때 더욱 커진다. 시스템이 최고 평점을 받는 직원의 숫자를 강제로 제한하며, 따라서 잠재적으로 불만을 품을 직원들이 늘어나기 때문이다. 이 연구 결과는 거의 모든 사람이, 진심으로 자신을 향상시키고자 하는 사람들조차 평가 프로세스에 낮은 점수를 주는 이유를 보여준다.

실적 평가 없이 실적 향상을 이끄는 기업들

연례 업무실적 평가에 대한 점수가 계속해서 낙제 수준에 머무르자, 점점 더 많은 회사가 평가 프로세스를 정비하기 시작했다. 어떤 회사들은 도나 모리스가 어도비에서 한 것처럼 연례 평가를 아예 없앴다. 그리고 어떤 회사들은 시스템을 변경해 평점과 평가 미팅을 지양하고 실제로 실적을 향상시키고자 하는 토론에 집중했다.

2013년, 소프트웨어 업계의 거인 마이크로소프트는 여러 가지 문제 요소를 제거하기 위해 자사의 실적 관리 프로세스를 개편한다고 발표했다. 마이크로소프트의 인사 부문 최고책임자인

리사 브러멀(Lisa Brummel)은 모든 직원에게 보낸 메시지에서 어떤 것들이 없어지는지 명확히 밝혔다. 그녀는 앞으로 "어떤 '커브'도 없을 것"이고, "어떤 평점도 없을 것"이라고 말했다.[16]

이러한 변화가 있기 전까지 마이크로소프트는 시장 트렌드에 빠르게 대응하지 못하고 혁신이 부족했으며, 시간이 지날수록 가치가 하락하는 회사로 유명했다. 2000년에 마이크로소프트의 시가총액은 5,100억 달러로 정점을 찍으며 세계 최대 기업으로 등극했지만, 2012년에는 그 반으로 줄었다.[17]

대중문화 · 패션 전문 잡지인 〈배니티 패어(Vanity Fair)〉의 기사에 따르면, 마이크로소프트의 임직원들은 그 원인을 만장일치로 지목했다. 바로 '스택 랭킹', 즉 상대 순위 평가였다. 스택 랭킹은 혁신적인 아이디어들을 사장시키는 기업문화를 만들었다. 그리고 현 상태에 문제를 제기할 만한 모든 것들이(직원들의 평가 결과를 포함하여) 공개되지 않았다. 마이크로소프트의 업무실적 평가 시스템은 잭 웰치가 처음 주도했던 것의 판박이였다. 팀은 10명으로 구성되어 있으나, 결국 2명만이 뛰어난 실적 평가를 받게 될 것이며 최악의 1명은 내보내질 수도 있다는 점을 연초부터 알고 시작했다.

결과적으로, 팀원들은 협력하기보다 서로 경쟁했다. 마이크로소프트의 임원들은 최고성과자들이 서로 간에 거리를 두려고 한다는 것을 알게 됐다. 한 팀에 2명이 넘는 '슈퍼스타'가 모일 경우, 결국 몇몇은 자신이 빛날 기회를 얻지 못할 것이기 때문이다. 스택 랭킹은 최고의 인재들이 서로 협력하지 못하게 해 회사의 혁신을 방해했다. 그뿐 아니라 다수의 최고성과자들을 다른 회사로 내모는 결과도 가져왔다. 이들에게는 자기 일자리 가 안전한지보다는 업무에 전념할 수 있는지가 중요했다. 따라서 그런 직장을 찾아 떠난 것이다.

이제 마이크로소프트의 새로운 업무실적 관리 시스템은 '커 넥트(Connect)'라 불리는 더욱 빈번한 미팅으로 대체됐다. 이를 통해 관리자들과 직원들 간에 피드백을 주고받으며, 팀워크와 협동에 대한 메시지가 강화된다. 미팅에서 관리자와 직원은 직원의 성장과 발전 계획도 함께 논의한다. "이것은 우리가 정말 중요한 것에 집중하게 해줄 것입니다"라고 브러멀은 메시지에 적고는 다음과 같이 덧붙였다. "우리가 만든 결과와 우리가 성장하고 개선할 기회에 대해 더 깊이 이해할 수 있게 해주니까요."[18]

2010년, 자동차부품회사이며 〈포춘〉 500대 기업인 리어 코퍼 레이션(Lear Corporation)은 연례 업무실적 평가를 분기마다 진행하는 관리자와 직원들 간의 '분기별 피드백 미팅'으로 대체하기로 했다.[19] 이 회사의 종전 시스템은 매년 36개국에 있는 11만 5,000명의 직원을 평가하고 그 결과에 따라 보너스와 급여 인상을 결정하는 것이었다. 하지만 회사는 그러한 시스템이 실적 향상에 도움이 되지 않는다고 판단했다. 리어의 인사 부문 최고책임자인 톰 디도나토(Tom DiDonato)와 그의 팀은 업무실적 평가 중에 너무나 많은 사람이 자신의 평점과 급여 인상에만 관심을 둘 뿐 솔직한 피드백 논의는 소홀히 한다는 것을 발견했다. 분기별 시스템으로 진행되는 새로운 미팅은 급여 결정과 별개였다. 그 점을 강조하기 위해 회사는 매년 개인별로 정하던 급여 인상을 그만두고, 회사의 실적에 따라 연례 보너스를 지급하는 방식으로 바꾸었다. 디도나토는 〈하버드 비즈니스 리뷰(Harvard Business Review)〉 기고문에 이렇게 썼다. "높은 실적을 이끌려면 직원들과 관리자들 간에 진정으로 경청하는 솔직한 피드백이 이뤄져야 합니다. 우리는 새로운 시스템이 그러한 피드백 프로세스를 극적으로 향상시킨다는 것을 확인했습니다."

2012년, 모토롤라는 휴대전화 사업부문을 분리하고 나서 얼마 후 직원 평가 시스템과도 작별했다. 이제 모토롤라는 관리자들과 직원들 간에 꾸준한 피드백 시간을 갖도록 장려하며, 이는 실적에 대한 격식 없는 대화 형태로 진행된다. 이 회사는 여전히 연례 업무실적 평가를 시행하고 있다. 하지만 이는 단지 그해에 이뤄진 미팅들을 종합하기 위한 것으로, 연례 업무실적 평가에서는 놀랄 만한 새로운 내용이 아무것도 없어야 한다고 본다.

가장 극적인 것은 모토롤라가 과거 호칭 기반(label-based)의 평가 시스템과 강제적 순위 평가를 버렸다는 것이다. 변화가 있기 전 모토롤라에서는 직원들이 강제적 순위 평가와 더불어 '뛰어난 성과자(outstanding performer)' 또는 '높은 성과자(valued performer)' 같은 호칭으로 평가됐다. 그리고 이 등급들은 보너스 수령 자격과도 결부되어 있었다. 정책을 변경한 직후 이뤄진 인터뷰에서 CEO 그레그 브라운(Greg Brown)은 이렇게 밝혔다. "사람들은 믿지 못할 정도로 자신의 평가등급에 집착했습니다. 그래서 우리는 그런 평가 시스템을 버리고 그냥 급여를 실적에 더 직접 연결하기로 했습니다. 직원들의 사기를 떨어뜨리고 내부적 갈등을 불러일으켰던 강제적 '벨 커브'는 이제 없어졌습니다."[20] '벨 커브'의 자리를 대신해서 회사의 재무실적에 따라 표준 금액을 지급하는 보너스 체계를 만들었다. 또한 모토롤라는 더욱 빈번한 대화가 업무실적 평가에 드는 시간을 50~70퍼센트까지 줄여주었다고 추정한다. 이렇게 절약한 시간을 회사는 최적의 인재를 찾고 키우는 데 사용한다.

여행 업계의 강자인 익스피디아 인코퍼레이티드(Expedia, Inc.)는 2010년에 종전의 상대평가 시스템을 폐기했다. 호텔즈닷컴(hotels.com), 핫와이어닷컴(hotwire.com), 익스피디아닷컴(expedia.com)의 모기업인 이 회사는 연례 평가가 관리자들과 직원들 간의 관계를 비인간적으로 만든다는 것을 알게 됐다. 익스피디아의 인사 부문 선임 부사장인 코니 사임즈(Connie Symes)는 회사의 생각을 다음과 같이 설명했다. "우리가 쓰던 평가 시스템은 시간이 지나면서 정말이지 엄청난 장애물이 됐습니다. 평가는 의미 있는 피드백을 제공하는 기회가 아니었어요. 직원들은 우선 자신의 평가등급만 보고 나서 '왜 이런 거지?', '왜 난 저 등급이 안 되는 거야?' 같은 얘기만 주고받았으니까요."[21]

익스피디아의 고위 임원진은 평가 시스템을 변화시켜야 한다는 필요성을 회사 전체에 걸친 '타운홀 미팅'(본·지점 단위로 모든 소속 직원이 참여하는 격의 없는 분위기의 회의—옮긴이)을 통해 설명했다. 그런 후 관리자들과 직원들이 이제는 연례 평가 대신 피드백과 실적 향상, 경력 계획에 초점을 맞춘 격의 없는 일대일 미팅을 하게 된다고 발표했다. 나아가 직원들은 관리자들에게 미팅의 빈도와 거기서 논의된 대화 내용에 대해 피드백을 제공하게 된다. 사임즈는 대부분 직원이 미팅 방식을 과거의 '평가 및 순위 선정' 방식보다 선호한다는 것을 확인했다. 그리고 그에 따른 사기 진작이 익스피디아가 사업을 확장하는 데 도움이 됐다고 봤다.

대다수 기업이 현재의 실적 평가 시스템에 불만을 느끼는 것으로 보인다. 그럼에도 어도비와 리어처럼, 실적 향상에 초점을 맞춘 방법을 선호하여 기존의 평가 체계를 통째로 버린 기업은 소수에 불과하다. 많은 경영자에게 연례 평가와 업무실적 관리는 대단히 친숙한 개념이기 때문이다. 그러나 마이크로소프트, 모토롤라, 익스피디아가 보여주었듯이 번거로운 평가나 순위 매김 없이도 실적에 집중할 수 있다. 종합해볼 때, 이 모든 회사의 경험 사례들은 실적 향상을 위한 최선의 길이 각 조직과 직원의 독특한 니즈를 충족시키는 시스템을 만드는 것임을 보여준다. 이는 대부분 기업에서 평가 시스템 자체를 평가하는 데서 시작한다. 직원들과 관리자들이 유용하다고 평가하는 부분은 남겨두어야 하겠지만, 합격 점수를 받지 못하는 부분은 이제 내버릴 때가 된 것이다.

직원 채용은
팀에 맡겨라

대부분 관리자는 이력서와 몇 차례의 면접을 거쳐 채용을 결정한다. 그러나 관리자 중 다수는 새로 채용한 직원 상당수가 기대 만큼 일을 잘하지 못한다는 걸 알게 된다. 관리자들이 더 현명한 결정을 내릴 수 있도록 최고의 경영자들은 이제 팀 전체를 채용 면접 과정에 참여시킨다.

홀 푸즈 마켓에서 직원들은 서로를 '팀원'이라고 부르는데, 이것은 기업 차원의 미화된 호칭이나 무의미한 상투적 표현이 아니다. 홀 푸즈 운영의 한가운데에는 특정 직급이나 지점 또는 지역이 아니라 여러 팀과 팀원들이 있으며, 이들이 조직의 기본 구성단위로서 뼈와 살을 이룬다는 점을 드러내는 것이다.

홀 푸즈 마켓의 각 지점은 청과물, 정육, 조리식품, 계산대 등 8~10개 팀을 중심으로 구성되어 있다. 이 팀들은 놀라울 정도의 자율성을 가지고 무엇을 주문할지, 가격을 어떻게 책정할지, 프로모션을 어떻게 할지 등을 결정한다. 팀 중심의 운영 방식은 각 지점뿐만 아니라 지휘체계의 맨 꼭대기까지 이어지며, 심지어는 지역 단위 사장들도 특정 팀에 포함된다. 창립자 존 매키 역시 팀에 속해 있다. 팀의 일원으로서 그는 공동 CEO 직함을 함께 가지고 있으며, 제3의 인물이 이사회 의장직을 수행하고 있다(홀 푸즈는 상장기업이다).

이 회사는 심지어 자신들의 사명 선언문(mission statement)을

'상호 의존 선언문(Declaration of Interdependence)'이라 부른다. 홀 푸즈가 무엇보다 다른 사람들을 위한 가치를 창조하기 위해 함께 일하는 공동체임을 천명한 것이다.[1] 홀 푸즈는 팀 중심의 운영철학을 대단히 중요하게 여기기 때문에 누구를 팀의 새 일원으로 뽑을 것인가도 각 팀에서 결정할 수 있게 해준다.

홀 푸즈는 1980년에 하나의 단독 점포로 시작했다. 이 점포는 원래 더 작은 웰빙 유기농 식료품점 2개가 합쳐져서 생겨났다.[2] 존 매키가 2년 먼저 세이퍼웨이(Saferway)라는 작은 웰빙 유기농 식료품점을 열었고, 다른 가게와 합쳐 새 점포를 차린 것이다. 이렇게 만들어진 홀 푸즈는 약 1,000제곱미터의 공간에 19명의 직원을 둔, 슈퍼마켓처럼 보이는 식료품점이었다. 그러면서도 자연주의 식료품을 파는 토착 점포, 이른바 '동네 가게'의 문화를 잃지 않고 있었다. 홀 푸즈가 기대한 것은 이 점포의 규모와 상품들을 활용하여 모든 식료품을 아우르는 풀 서비스 유기농 식료품점으로서, 전통적인 식료품 구매자들에게 대안으로 자리매김하는 것이었다.

지난 35년간, 이 대안은 식료품 구매자들에게 큰 인기를 얻었다. 오늘날 홀 푸즈는 3개국에 걸쳐 400여 개의 지점을 두고 있으며, 6만여 명의 직원을 고용하고 있다. 이 회사는 1992년에 상장했고, 이후 주가가 30배 이상 올랐다. 회사가 이렇게 성장하는 동안 이들에게 가장 중요한 관심사는 고유의 기업문화를 유지하는 것이었다. 왜냐하면 성장의 상당 부분이 인수합병을 통해 이뤄졌기 때문이다. 그래서 홀 푸즈는 기업문화를 적용하는 수단 중 하나로 준자율적인 팀을 중심으로 조직을 설계했다. 또 다른 수단은 팀 차원에서 새 직원을 뽑는 것이었는데, 이는 홀 푸즈 문화의 DNA가 계속해서 복제되도록 하는 데 더욱 효과적인 방법이었다. 그 결과, 극적인 성장과 함께 홀 푸즈는 미국 〈포춘〉에서 '최고의 직장 100대 기업' 리스트가 생긴 이래 해마다 이름을 올리고 있다.[3]

홀 푸즈의 채용 프로세스는 슈퍼마켓으로서는 특이하다고 할 만하다. 이 회사의 조직구조가 그러하듯이 채용 프로세스 역시 팀의 의견에 따라 진행되기 때문이다. 신입 직원은 다양한 면접을 포함하여 60일간의 채용 과정을 거친다. 거기에는 전화 면접부터 지점장과의 일대일 면접을 비롯하여 인사 부서 직원, 관리자, 특별히 선정된 직원들로 구성된 팀과의 패널(위원회 방식) 면접이 포함된다. 신입 직원이 선발되면 지점 관리자가 그 직원을 팀에 배정하는데, 이는 단지 수습 기간의 조건부 배치일 뿐이다. 수습 기간이 끝나고 나면, 팀의 정규 구성원들이 그 신입 직원을 정식으로 팀의 일원으로 뽑을지에 대해 투표를 한다. 정규 직원이 되기 위해서는 팀의 3분의 2 이상에게 찬성표를 얻어야 한다. 투표는 필수적이지만 투표 방식은 팀마다 자율적으로 결정한다. 3분의 2 이상의 찬성표를 얻지 못한 신입 직원은 그 팀을 떠나 새로운 길을 찾아야 한다. 즉, 수습 기간을 다시 시작하든가 그대로 회사를 떠나든가 중에서 선택해야 한다.[4] 이러한 팀 선택 과정은 모든 신입 직원이 거치며, 계산대 팀의 계산원이든 본사의 재무분석원이든 모두 마찬가지다.

이처럼 팀 중심의 채용 프로세스를 사용하는 이유는 새 사람을 회사로 들이는 것은 중요한 결정이고, 그 결과에 가장 많은 영향을 받는 사람들이 내려야 하는 결정이기 때문이다. 팀에 누구를 참여시킬지에 대한 결정은 팀 자신이 가장 잘 내릴 수 있다. 나아가, 새로운 팀원을 받을지 말지 결정할 권리를 팀에 주는 것은 팀원 모두가 자신들의 업무 성과에 대한 책임감을 갖도록 한다. 지금까지 대부분 조직에서 신입 직원들은 그대로 받아들여지는 게 보통이었으므로, 신입 직원을 거부하는 일은 그 팀에게 중요한 순간이 된다. "이 사람은 우리 팀에 맞지 않아요. 다른 직원으로 다시 시험해보죠"라고 상사에게 맞서본 후에야 그 팀은 진정으로 '상호 의존' 하게 된다. "어떤 팀이든, 팀원을 투표로 거부해보기 전까지는 온전히 하나로 뭉치지 못합니다"라고 존 매키는 말했다.[5]

또한 실적 평가의 기본 단위가 팀이기 때문에 신입 직원이 각각의 팀에 적합한지 아닌지는 아주 중요하다.[6] 홀 푸즈는 모든 지점의 모든 팀에 대한 실적 자료를 회사 전체에 공개한다. 그리고 각 팀은 4주마다 근무시간당 수익 및 과거 실적, 같은 지점 내 다른 팀의 실적, 다른 지점 유사한 팀의 실적 등 세 종류의 자료를 받는다. 이처럼 모든 팀은 다른 유사한 팀은 물론, 자기 자신과도 실적 향상을 위해 끊임없이 경쟁한다.

이 회사가 직원들과 너무나 많은 실적 정보를 공유하기 때문에 미국 증권거래위원회는 이 회사의 모든 직원을 주식거래와 관련해서 '내부자(insider)'로 지정하기도 했다. 이 회사에서는 스톡옵션이 광범위하게 제공되는데 그 때문에 번거로움이 빚어지기도 한다. 〈포춘〉 500대 기업 대부분이 스톡옵션의 75퍼센트 이상을 6명 미만의 임원에게만 제공하는 데 비해, 홀 푸즈는 스톡옵션의 90퍼센트 이상을 임원이 아닌 직원들에게 주고 있다.

보너스 역시 팀의 실적에 따라 지급된다. 이 회사는 이것을 '성과 배분제(gain sharing)'라고 부르는데, 팀의 성과가 클수록 팀원들의 보너스도 늘기 때문이다. 따라서 팀원들은 각자가 팀 전체의 성공에 어떠한 영향을 끼치는지를 아는 것이 중요하다. 특히 자신이 대단한 사람인 것처럼 채용 담당자를 오인시킨 저성과자들이 팀에 어떤 영향을 끼칠지를 아는 것은 더욱 중요하다. "팀 리더를 속이기는 쉽지만, 팀 전체를 속이기는 아주 어렵습니다"라며 매키는 설명을 이어갔다. "팀은 사람을 꿰뚫어볼 수 있으니까요."

팀 차원의 채용이라는 홀 푸즈 방식의 목표는 두 가지다. 첫째는 팀의 중요성을 강조하는 것이고, 둘째는 겉으로는 대단한 인재로 보이지만 실상은 그렇지 않은 사람들을 채용하는 실수를 피하는 것이다. 이러한 방법은 고성과자를 길러내는 데 팀이 중요하다는 사실을 보여주는 최근의 연구 결과를 볼 때, 특히 더 놀랍다.

채용이 왜 팀의 업무인가

전통적으로 우리는 업무 성과라는 것이 각 직원 개인의 능력과 의지로 결정되는, 오로지 개인적인 문제라고 생각해왔다. 많은 조직과 리더들은 마치 개인의 재능과 능력이 하나의 조직에서 다른 조직으로 온전히 이동할 수 있는 것인 양 행동해왔다. 또한 우리는 순전히 개인 차원의 성과를 중심으로 교육하고, 독려하고, 보상한다는 전제하에 경영 시스템을 구축해왔다. 이 오래된 생각은 산업 시대의 업무가 오늘날의 지식 업무로 전환되면서 오히려 더욱 공고해졌다. 경영학의 전설적인 대가 피터 드러커(Peter Drucker)조차 이러한 시각을 지지하면서 이렇게 주장했다. "지식 노동자는, 생산 산업의 육체 노동자와는 달리, 자체적인 생산 수단을 소유하고 있다. 다시 말해 그들은 생산 수단인 지식을 머릿속에 보유하고 있으므로 어디든 가지고 다닐 수 있다."[7]

그러나 업무 능력 및 성과의 원동력과 그 이동성에 관한 연구는 이와 다른 방향으로 기울고 있다. 최근 몇몇 연구에 따르면, 개인 성과의 대부분 또는 적어도 상당 부분은 개인 자신보다는 그가 속한 팀이나 조직에 의해 결정되는 것으로 나타난다. 결과적으로 개인의 업무 능력이나 성과를 팀의 업무 능력이나 성과와 구별하기가 쉽지 않다는 뜻이다. 거기에 더해, 팀에 임용되기도 전에 후보자 개인의 잠재적 성과를 미리 예측하기는 더더욱 어렵다는 것도 알게 됐다.

　무엇이 탁월한 성과를 만들어내는가에 관한 이 새로운 시각은 홀 푸즈의 식료품점 매장이 아닌 월 스트리트의 트레이딩 플로어(trading floors)에서 찾을 수 있다. 월 스트리트의 산업 논리는 대부분이 순전히 개인의 성과를 보상하는 것이다. 월급과 보너스에서부터 채용 방식에 이르기까지, 업무실적이 거의 전적으로 개인에 기반을 둔다. 이러한 월 스트리트의 시각은 하버드 경영대학원 교수들이 내놓은 한 연구 결과를 더욱 흥미롭게 해준다. 만약 지식 근로자들이 정말로 자신들의 생산 도구를 머릿속에 온전히 소유하는 것이라면, 지식 근로자들이 직장을 옮길 때 그들의 업무 능력과 성과치도 함께 따라갈 수 있는 걸까? 간단히 말해, 개인의 업무 능력이나 성과는 이동이 가능한 걸까?

　보리스 그로이스버그(Boris Groysberg)가 이끄는 연구자들은 바로 이 질문에 대한 답을 찾고자 했다.[8] 그로이스버그와 그의 팀은 9년에 걸쳐 월 스트리트 애널리스트들의 실적 데이터를 수집했다. 애널리스트는 투자자와 뮤추얼펀드 투자 자문, 그리고 그 외 사람들이 투자 결정을 하는 데 이용할 수 있도록 다양한 기업과 산업을 분석하여 보고서를 작성하는 사람이다. 증권 자료를 분석하고 보고서를 작성하는 것은 대체로 혼자서 하는 작업으로 보일 뿐만 아니라, 순전히 자기 자신의 재능에만 의존하는 작업으로 보인다. 그로이스버그의 연구팀은 〈인스티튜셔널 인베스터(Institutional Investor)〉라는 잡지가 선정한 애널리스트의 평가 순위를 데이터베이스로 만들어 스타 애널리스트들의 실적 정보를 수집했다. 그 잡지는 매년 자금 운용자들에게 설문조사를 하여 어떤 애널리스트의 보고서가 가장 유용했는지를 묻고, 그에 따라 애널리스트들의 등수를 매겨왔다. 연구팀은 1988년부터 1996년까지의 순위 정보를 수집하여, 그 9년간의 순위에 포함된 1,052명의 애널리스트를 데이터베이스화했다. 그러고 나서 그 애널리스트들이 회사를 옮긴 적이 있는지에 대한 정보를 추가했다. 데이터의 정확도를 높이기 위해 24개 투자은행의 애널리스트들과 167시간에 걸친 인터뷰도 진행했다.

이러한 데이터를 통해 연구팀은 스타 애널리스트가 회사를 옮겼을 때 어떤 일이 생기는지를 분석할 수 있었다. 분석 결과, 그들은 세 가지를 발견했다. 첫 번째는 이직하는 스타 애널리스트의 실적이 떨어지더라는 것이다. 이들의 순위 역시 대개 하락했다. 이직한 애널리스트들은 평균적으로 첫해에 20퍼센트의 실적 하락을 경험했으며, 5년이 지난 뒤에도 과거의 실적 수준을 회복하지 못했다. 두 번째는 이들이 이직한 새 직장의 팀 역시 실적이 떨어졌다는 것이다. 이것은 스타 애널리스트가 새로 가는 팀의 소통을 방해하고, 가끔은 개인적 불화를 초래하기도 했기 때문이다. 세 번째는 이직한 새 회사의 전반적 기업 가치가 하락했다는 점이다. 유명한 스타를 직원으로 채용했음에도 시장에서는 이를 부정적으로 받아들였다는 의미다.

다만 흥미롭게도, 한 가지의 인사 영입 방식에서는 방금 이야기한 것과 같은 실적 하락이 나타나지 않았다. 바로 '리프트-아웃(lift-out)'이라 불리는 방식인데, 이는 한 개인을 중심으로 팀 전체를 영입하는 것을 말한다. 회사를 옮기더라도 자신의 팀과 함께 이직한 애널리스트들은 혼자서 회사를 옮긴 경우보다 훨씬 나은 실적을 냈다. 실제로 팀 전체가 함께 이직했을 경우, 이들은 실적 저하를 거의 경험하지 않았다. 이러한 차이를 설명하기 위해 연구팀은 개인이 독자적으로 이직하는 것은 과거 자신의 성공에 도움을 주었던 많은 도구나 자원을 잃었기 때문이 아니겠느냐는 가설을 세웠다. 팀 전체가 함께 옮길 때는 이전 회사가 제공하던 자원은 잃겠지만, 적어도 일부 인적 네트워크는 가지고 갈 수 있다. 결과적으로, 인적 자원을 가져가는 것은 회사가 제공하던 자원을 잃는 점을 상당 부분 상쇄해준다.

이 연구의 결과는 팀의 업무 능력은 단순히 각 개인의 업무 능력의 합이 아니라는 것을 보여준다. 그렇다면, 도대체 업무 능력의 얼마나 많은 부분이 팀에 의해 설명될 수 있을까? 만약 리프트-아웃이 실적 저하를 막아준다고 한다면 팀이 개인의 업무 능력과 실적에 미치는 영향은 무엇일까?

이에 대한 해답을 찾기 위해 그로이스버그는 또다시 애널리스트 데이터베이스와 순위 정보에 눈을 돌렸다.[9] 이번에는 애널리스트들을 그들이 속한 회사와 팀을 기준으로 분류하여 비교해보았다. 연구팀의 목적은 얼마나 많은 회사와 팀이 스타 애널리스트 집단을 포함하고 있는지 살펴보고, 이들을 동료로 갖는 것이 개인의 실적에 영향을 끼치는지를 알아내는 것이었다. 이를 두 가지 면에서 측정했다. 우선 각 애널리스트가 특정 연도에 어떤 순위였는가를 본 다음, 이듬해에 그 순위 이상으로 올라가는가를 봤다.

연구팀이 이 새로운 데이터를 살펴보자, 함께 일하는 동료가 개인의 업무실적에 대단히 중요한 요인인 것으로 나타났다. 물론 스타 애널리스트의 과거 순위가 미래의 순위를 예측하는 데 유용한 지표이긴 했지만, 각각의 애널리스트 개인들은 자신과 같은 팀 또는 회사에 스타 에널리스트가 있을 경우 계속해서 〈인스티튜셔널 인베스터〉의 순위에 오르거나 자신의 순위를 상승시킬 확률이 높았다.

이는 달리 말해, 팀의 업무 역량이 높을수록 각 개인의 실적도 좋다는 것이다. 그로이스버그와 그의 팀은 동료들의 수준이 다음 네 가지 면에서 각 개인의 업무 능력에 영향을 끼친다고 생각한다. 즉, 동료들은 유용한 정보 제공처가 되기도 하고, 식견 있는 피드백을 제공하며, 애널리스트와 회사의 고객 간에 중요한 연결고리가 되어줄 뿐 아니라 애널리스트의 평판에도 도움을 준다는 것이다.[10] 이 연구 결과의 의미는 아주 단순하다. 각 개인에게 최대의 업무 능력을 끌어내고자 한다면, 그들을 각자 독자적 개인이 아닌 팀의 구성원으로서 대하라는 것이다.

월 스트리트의 트레이딩 플로어와 홀 푸즈의 식료품 매장은 너무나 동떨어져 보인다. 그리고 사실 이 연구 결과를 지나치게 일반화하는 것도 타당하지는 않을 것이다. 그러나 적어도, 직장 동료들에 대한 연구나 리프트-아웃의 영향은 팀 차원의 채용이 가진 장점을 이해하는 데 도움을 준다. 모든 조직이 여러 명으로 이뤄진 팀 전체를 한꺼번에 영입할 수는 없을 것이다. 그럼에도 이 연구는 각 개인 후보와 그 후보들이 일하게 될 팀에 대해 신중한 고려가 필요하다는 점을 말해준다. 만약 후보와 그가 일할 팀이 서로 잘 맞는다면, 팀의 응집력이 팀에 속한 모든 이들의 업무 능력과 성과를 향상시켜줄 것이다. 그러나 그렇지 않을 때는, 채용 후보가 자기 재능을 과장하는 것이든 실제로 잘나가는 스타 후보이든 상관할 필요가 없어진다. 어차피 그 후보는 더는 잘나가지 않을 것이기 때문이다.

유기농 식료품점에서부터 화이트칼라 회사에 이르기까지, 전통적인 기업들에서 직원 채용은 홀로 처리하는 업무이기도 하다. 각각의 후보는 각각의 관리자에게 따로 면접을 받게 되며, 그래서 때로는 몇 번에 걸친 일대일 면접이 진행되기도 한다. 가끔은 여러 명이 패널 또는 위원회를 구성하여 면접을 하기도 하지만, 대부분의 경우 채용될 때까지 후보가 만나는 사람은 몇몇에 불과하다. 사실, 누가 직원 채용과 같이 '필수적이지도 않은' 업무에 많은 시간을 들이고 싶겠는가.

새로 채용된 직원은 팀에 합류할 때까지 만나본 사람이 팀 리더나 팀의 관리자가 전부일 수도 있다. 그런 경우라면 팀과 새 직원 개인 간의 상호 적합성에 대해서 충분한 검토가 이뤄지지 않았을 가능성이 크다. 하지만 반대로, 팀 차원에서 채용을 진행하는 기업들은 신입 직원과 팀이 얼마나 잘 조화를 이룰지 더 정확히 파악할 수 있다. 따라서 개인을 채용하고도 팀을 영입한 것과 같은 효과를 거둘 수 있다. 홀 푸즈의 팀이 새 직원을 영구적인 팀원으로 받아들일지에 대해 투표하는 것은 곧 그 직원이 팀의 업무 역량을 향상시킬 수 있는지, 그리고 팀이 그 직원 개인의 실적 역시 향상시켜줄 수 있는지에 대해 투표하는 것이기도 하다.

팀이 다르면 채용 방법도 달라야 한다

홀 푸즈는 팀이 점포 매장이라는 공간에서 서로 긴밀하게 일하기 때문에 팀 차원의 채용을 하기 시작했다. 그러나 놀랍게도, 거의 전 세계에 팀이 분산된 기업들 역시 팀 차원의 채용 프로세스로 혜택을 볼 수 있다. 팀 차원의 채용 프로세스는 후보들이 잠재적인 미래 동료들과 함께 일해보는 기회를 갖는 채용 절차다. 웹개발회사인 오토매틱(Automattic)은 '실무 실험(trials)' 이라 부르는 채용 프로세스를 통해 새로운 후보자를 대상으로 오디션을 진행한다.

맷 멀렌웨그(Matt Mullenweg)가 설립한 오토매틱은 인터넷에서 가장 많이 쓰이는 블로깅 플랫폼인 워드프레스(WordPress) 소프트웨어를 만든 회사다. 450명 규모의 이 회사는 전 세계 37개국에 걸쳐 직원을 두고 있다. 다만, 협업 공간처럼 운영되는 사무실을 샌프란시스코에 두고 있기는 하다.[11] 초기에는 멀렌웨그도 이력서를 훑어보고 면접을 하는 전통적인 방법을 통해 직원을 채용했다. 가끔은 직원 몇 명과 함께 패널 면접을 하기도 했지만, 적임자로 보였던 직원이 결국 그렇지 않다고 판명될 때마다 멀렌웨그는 실망을 거듭했다. 어떤 경우에는 새로 고용된 직원의 3분의 1 가까이가 실망스런 적도 있었다.

멀렌웨그에게는 더 나은 채용 방법이 필요했다. 그는 전통적인 채용 프로세스가 후보의 실제 업무 능력이나 실적과는 무관한 요소에 너무 많은 영향을 받는다고 결론지었다. 그가 중요하게 여긴 것은 후보 개인이 얼마나 일을 잘할지가 아니고 자신의 팀과 함께 얼마나 일을 잘할지였다. 이를 알아보는 가장 좋은 방법은 후보들에게 직접 일을 시켜보는 것이었다. 그래서 멀렌웨그는 오토매틱의 직원 채용 프로세스를 뜯어고쳤고, 새로운 프로세스의 핵심으로 '실무 실험'을 만들었다.

"실무 실험이라는 직원 채용 방법은 사실 시행착오에서 나왔습니다"라고 그는 설명했다. "우리 직원 중 가장 뛰어난 사람들 상당수가 '오픈소스'(open source, 누구나 이용할 수 있도록 소프트웨어의 소스 코드를 공개하는 것을 말하며 컴퓨터 프로그래머들이 시작한 정보의 투명성 및 공유 운동을 가리키기도 한다—옮긴이) 분야 출신이라는 것은 창업 초기부터 알고 있었습니다. 워드프레스와 연동하는 프로그램을 만들던 사람들인데, 실제 채용해보니 정말 일을 잘했습니다."¹² 물론 멀렌웨그는 지금도 여전히 오토매틱에 지원하는 후보들의 이력서를 살펴보며, 꽤 전통적인 최초 면접을 실시한다. 그러나 그다음 단계는 전통적인 채용 방식에서 한참 벗어난다. 팀에 잘 들어맞을 것으로 보이는 후보는 자신이 지원한 직책을 실제로 실행해볼 기회를 얻는다.

오토매틱은 후보들을 실제 프로젝트를 진행하는 팀에 배치하고, 심지어는 이미 채용된 직원들처럼 일할 수 있도록 필요한 모든 보안 및 접근 권한도 부여한다. 고객지원 부서에 지원한 후보는 실제 고객을 상대하고, 프로그래머 후보는 실제 프로그램을 만들며, 디자인 부서의 후보는 실제 디자인을 하게 된다. 실무 실험 기간에 후보는 직원 한 사람의 감독하에 있긴 하지만, 과정이 진행될수록 회사의 더 많은 사람을 접하게 된다. 오토매틱은 지리적으로 분산된 기업이고 각 팀도 원격으로 근무하므로, 후보 역시 장소와 시간에 상관없이 언제 어디서든 일할 수 있다. 대부분이 실무 실험 기간에 주당 10~20시간 정도 일하며, 후보 중 상당수는 근무시간 전이나 후에 일하기도 한다. 이에 대해 오토매틱은 모든 후보자에게 고용시장의 업계 표준 시급을 지급한다.

이러한 실무 실험은 그 후보와 프로젝트에 따라 최소 3주에서 길게는 8주까지 지속된다. 그러나 그것이 딱히 후보가 어떤 프로젝트 하나를 완료하게 하기 위한 것은 아니다. 그보다는 그 후보와 함께 일한다는 것이 어떤 것인지를 팀이 정확히 평가할 때까지 실험을 진행하기 때문이다. 다른 한편으로는 그 후보가 오토매틱에 대해 충분히 '감'을 얻게 하기 위해서이기도 하다. "(후보가 실무 실험 기간에 작업하는 것들이) 그가 채용됐을 때 실제 담당하게 될 업무는 아닐 수도 있지만, 우리는 실무 실험 기간에 단순히 일하는 것 이외에도 많은 것을 살펴봅니다"라고 멀렌웨그는 설명했다. "특히 소통 능력은 대단히 중요합니다. 우리는 후보들이 얼마나 잘 소통하는지, 그리고 주어지는 피드백을 어떻게 받아들이는지를 시험해봅니다. 우리가 알게 된 고성과자의 공통점은 피드백에 대해 열린 자세를 가졌다는 것입니다."

멀렌웨그는 이러한 과정 탓에 어떤 사람들은 지원 자체가 불가능하기도 하다는 점을 알고 있다. 하지만 그 점 역시 적극적이지 않은 후보들을 걸러내는 데 유용하다고 생각한다. "우리는 실무 실험이 단순히 사람들을 솎아내는 장애물이 되는 건 바라지 않습니다"라며 그는 말을 이어갔다. "그러나 장애물이 유용할 때도 있습니다. 특히 이 회사가 많은 사람이 일하고 싶어 하는 곳이고 사람들이 성공하는 데 필요한 모든 노력을 기울이는 곳이어서, 실험 과정에 적극적으로 참여할 만큼 열정적인 사람을 찾고자 한다면 말입니다."[13]

후보와 함께 일한 팀이 새 직원으로 적합하다고 결정해서 그 후보가 실무 실험을 통과하고 나면, 마지막 단계는 멀렌웨그와의 직접 면접이다. 이때 직원의 업무 능력과 아무런 관련이 없으면서 선입견을 일으키거나 영향을 끼칠 수 있는 모든 요소를 배제하기 위해서, 멀렌웨그는 전 과정을 오로지 문자 채팅으로 진행한다. 그는 실무 실험을 통과한 95퍼센트의 후보가 최종 합격통지를 받는다고 추산한다. 최종 면접을 진행하는 그의 목표는 단지 그 후보가 가진 열정, 그리고 실무 실험 기간에 팀이 느꼈던 만큼 기업문화에 잘 맞는 사람인가를 직접 확인하는 것이다.

일단 후보가 합격통지에 동의하고 나면, 이제는 오토매틱에서 가장 중요한 팀과 잘 융합하는지를 볼 차례다. 여기서 '가장 중요한 팀'은 바로 오토매틱의 고객을 뜻한다. 이제 새 직원은 어떤 직책에 지원했는가와 상관없이 고객서비스팀과 일하면서 첫 3주를 보내게 된다.

실무 실험과 팀 차원의 평가 프로세스는 효과가 있는 것으로 보인다. 오토매틱은 이 프로세스를 도입한 이후로 눈에 띄게 성장했으며, 그 성장은 팀 플레이어로서 성과를 내는 새로운 직원들이 이끌어왔다. 〈하버드 비즈니스 리뷰〉와의 인터뷰에서 멀렌웨그는 이렇게 말했다. "우리가 누군가를 오토매틱 직원으로 뽑을 때는, 그 관계가 몇십 년간 지속되기를 희망합니다."[14] 오토매틱이 그 희망을 이룰 가능성은 커 보인다. 실무 실험 프로세스를 거치는 지원자 중 대략 40퍼센트가 채용되는데, 이들은 꾸준히 회사에 남았다. 그 예로 2013년에 오토매틱은 101명을 새로이 채용했는데, 그중 회사를 떠난 사람은 단 2명뿐이었다.

멀렌웨그의 말에 따르면, 2014년까지 이 회사의 역사상 총

370명의 직원이 채용됐고 그중 60명만이 회사를 떠났다.[15] 오토매틱은 또한 창립 이래 상당히 높은 성장률을 구가해왔다. 몇몇 자료에 따르면, 워드프레스는 인터넷 전체에서 22퍼센트의 웹사이트를 담당한다.[16] 2014년 3월에 오토매틱은 투자자들에게 1억 6,000만 달러를 투자받았으며, 이에 따라 기업 가치가 11억 6,000만 달러에 달하게 됐다.

멀렌웨그는 후보들을 오디션을 통해 선정하고 그들이 실제 프로젝트를 다루게 해보는 것이 오토매틱의 성공에 커다란 역할을 했다고 생각한다. 물론 실무 실험이 많은 투자를 요하는 것은 사실이다. 그러나 이러한 노력은 가치 있는 투자로 받아들여진다. "직원들은 인사 채용 그룹에 포함되는 것을 명예로운 일로 여깁니다"라고 멀렌웨그는 말했다. "각 팀에 누구를 뽑을 것인지가 가장 중요한 결정 중 하나라는 것을 잘 알고 있기 때문입니다."[17]

구글의 채용 방식

미래의 팀과 함께 일해보는 실험 기간을 둔다면 후보자가 실제로 그런 능력을 가지고 있는지에 대해 실감 나는 '미리 보기'를 얻을 수 있다. 하지만 모든 회사가 이를 시도해볼 수는 없을 것이다. 일반적인 채용 프로세스를 개선하기 위해 취할 수 있는 또 다른 방법이 필요하다.

구글은 아마도 모든 기술 기업 중에서도 가장 유명한 기업일 것이다. 이 기업은 후보자들이 자신과 일하게 될 팀뿐만이 아니라 먼 미래 언젠가 같은 팀이 될 수도 있는 다양한 이들과도 반드시 면접을 진행하게 한다. 그래서 구글은 제품뿐만 아니라 기업문화로도 유명하며, 그 독특한 문화는 직원 채용에서부터 시작된다.

구글은 창업 초기부터 각 팀이 새 직원에 대한 채용 결정을 내리도록 해왔다. 이는 구글의 첫 회의용 탁자였던 탁구대에서 후보자 면접을 하던 시절까지 거슬러 올라간다. "래리 페이지 (Larry Page)와 세르게이 브린(Sergey Brin)은 채용에 관한 결정은 관리자 한 사람이 아니라 그룹으로서 함께 내려야 한다고 늘 강조했습니다"라고 구글의 인사 부문 선임 부사장 라즐로 복 (Laszlo Bock)은 말한다.[18] 채용에 그렇게 많은 사람을 참여시키고자 하는 구글의 의지는 높이 살 만하다. 왜냐하면 매년 200만 건이 넘는 지원서가 쏟아져 들어오는 기업이기 때문이다. 그중에서 단지 몇천 명만을 뽑는데 합격률을 계산해보면 예일이나 프린스턴, 하버드보다 더 들어가기 힘들다는 것을 알 수 있다.

구글의 채용 프로세스에는 몇 가지 단계가 있다. 첫 단계에서 이력서 확인과 인사 부서 직원과의 원격 면접을 거친다. 그런 후 채용 담당자와의 면접을 비롯하여 동료들, 다른 부서의 관리자들, 심지어는 미래의 부하 직원들과도 면접을 한다.[19] 부하 직원이 될 사람들과 면접을 하는 것은 상당히 이례적이지만, 앞서 소개한 그로이스버그의 연구 결과와도 정확히 일치한다. "어떤 면에서는, 그들의 평가가 다른 누구의 평가보다 더 중요합니다. 바로 이 사람들이야말로 새로운 상사를 직접 모시고 살아야 하니까요."

그다음 단계에서는 진행된 모든 면접의 피드백을 취합하여 2개의 위원회로 번갈아가며 보낸다. 이 위원회에는 각각의 후보자를 훑어보고 합격 여부를 결정할 책임이 주어진다. 보통 후보자가 배속될 팀에 속하는 사람은 포함되지 않지만, 누구든 미래에 같은 팀의 동료가 될 수 있다. 이 위원회는 면접을 진행하는 팀들이 균일한 평가 기준을 적용할 수 있도록 도와주고, 때로는 면접 진행자들에 대한 피드백을 제공하기도 한다. 최종적으로 위원회가 투표를 통해 합격을 승인하기로 결정하면, 지원서와 위원회의 모든 문서가 CEO인 래리 페이지에게 보내진다. 그러면 그가 최종 결정을 내린다.

구글은 채용 방식을 향상시키기 위한 실험을 하고 데이터를 활용하는 데 적극적이다. 팀 차원에서 면접을 진행하면서, 어떤 때는 한 사람의 후보가 각기 다른 사람과 최대 25번의 면접을 보기도 했다. 최근 신입 직원들에 대한 연구를 하고 나서 구글은 단지 4회의 면접을 통해서도 86퍼센트의 신뢰도를 가지고 채용 결정을 할 수 있다는 것을 알게 됐다. 이후 추가되는 면접은 매번 겨우 1퍼센트의 신뢰도 향상만을 가져왔다. 그들은 또한 누구도 한 사람이 채용 결정을 위해 필요한 모든 정보를 충분히 모을 수 없다는 것도 알게 됐다.

대부분 기업은 이런 식으로 채용 결정을 내릴 시간적 여유가 없을 것이다. 하지만 그렇다고 해서 팀 전체를 활용하는 채용 프로세스의 혜택을 받을 수 없는 것은 아니다. 워싱턴 주 칼라마에 있는 스틸스케이프(Steelscape)라는 회사는 채용 프로세스의 거의 전반을 새 직원들이 일하게 될 팀들이 운영하도록 이양했다.[20] 건설 산업용 금속 코일을 생산하는 스틸스케이프의 공장들은 겉으로는 20세기 초반의 공장처럼 보이지만, 한 가지 중요한 차이점이 있다. 바로 스스로 감독하는 팀들에 의해 운영된다는 사실이다. 심지어 야간 근무조에는 관리나 감독조차 나오지 않는다. 기업의 성패가 전적으로 각 팀의 운영에 달려 있기 때문에 스틸스케이프는 직원 채용 프로세스를 그 팀들에게 넘겨주었다.

이 채용 프로세스의 첫 단계는 채용 전 선별 평가로, 후보자들의 기술을 중심으로 본다. 이 평가를 통과한 후보자들은 모두 사전 오리엔테이션 모임에 초대되어 스틸스케이프에 대한 정보와 이 회사가 어떻게 운영되는지를 교육받는다. 이때 후보자들은 한차례의 면접도 거친다. 이 면접은 보통 최대 6명의 (잠재적 팀 동료들로서) 생산 직원들로 구성된 패널위원회가 담당하며, 여기에 포함되는 직원들은 면접 전에 미리 어떤 질문과 대답이 바람직한지를 교육받는다.

면접에는 인사 부서 직원이 항상 동석하지만, 그들의 역할은 단순히 관찰하는 것뿐이다. 모든 주도권은 팀에게 있다. 모든 후보자를 면접하고 나면, 패널로 참여한 직원들은 서로 의견을 교환하면서 어떤 후보자들이 가장 잘 맞는지를 평가한다. 이후 가장 좋은 평가를 받은 4명의 후보자를 다시 불러 또 다른 직원들로 구성된 팀과 2차 면접을 진행한다. 여기서 최종적으로 1명의 후보자를 결정하면, 합격통지를 한다.

홀 푸즈나 오토매틱과는 달리 스틸스케이프는 얼핏 보기에 더 전통적인 채용 방식을 사용하는 것으로 여겨진다. 하지만 일대일 방식이었던 면접을 팀이 진행하도록 이양했다는 데 큰 차이가 있다. 이러한 방식을 사용함으로써 그들은 더 빠르게 채용 프로세스를 진행할 수 있다. 신입 직원이 지원해서 합격통지까지 걸리는 평균 기간이 2주밖에 안 된다. 그렇다고 해서 급하게 채용을 진행할 필요가 있어서인 건 아니다. 스틸스케이프의 이직률은 놀라울 정도로 낮은 1.6퍼센트밖에 되지 않으며, 높은 생산성을 유지하고 있다. 이 채용 프로세스는 심지어 '기업 효율을 위한 미국 정신과 협회'가 수여하는 모범 사례 표창을 회사에 안겨주기도 했다.

홀 푸즈와 오토매틱, 구글, 스틸스케이프가 가진 채용 프로세스는 모두 상당히 다르게 보인다. 하지만 그 핵심 철학은 같다. 새로 채용되는 직원과 일하게 될 사람들이야말로 후보자의 합격 여부를 결정하는 사람들이어야 한다는 것이다. 이 단순한 철학의 이면에는 개인의 업무 능력이나 성과는 온전히 개인의 것이 아니라는 확정적 증거가 놓여 있다. 새 직원의 성과 잠재력을 측정하는 것은 어려운 일이며, 그 직원이 자신의 잠재력을 최대치까지 발휘하여 일할지를 예측하기는 더더욱 어렵다. 특히 이러한 평가의 책임이 일을 혼자서 처리해야 하는 한 사람의 관리자에게 주어질 때는 더욱 그렇다. 이 장에서 소개한 다양한 사례와 실증적 연구들은 모두 같은 방향을 가리키고 있다. 업무 성과의 잠재력을 가장 정확히 판단하려면, 그러한 성과에 상당 부분 영향을 끼치게 될 동료들이 판단하도록 맡기라는 것이다.

조직도는
연필로 그려라

경직된 조직계층 속에 직원들을 집어넣는 것은 오래된 산업에서 통하던 방법이다. 오늘날의 업무 환경에서는 변화를 수용할 수 있는 조직도가 필요하다. 유능한 경영자들은 조직도를 연필로 그린다. 연필로 그린 조직도는 해결해야 할 문제와 제품을 중심으로 최적의 팀을 구성할 수 있게 해준다.

이든 맥칼럼(Eden McCallum)은 컨설턴트도 없고 특별한 방법론이나 컨설팅 도구도 없는, 좀 특이한 컨설팅회사다. 이 회사는 2000년 당시 닷컴 버블이 막 붕괴할 즈음에 설립됐으며, '빅 3'로 불리는 주요 컨설팅회사들과는 전혀 다른 사업 모델을 통해 운영되고 있다. 여기서 '빅 3'는 맥킨지앤드컴퍼니(McKinsey & Company), 보스턴컨설팅그룹(Boston Consulting Group), 베인앤드컴퍼니(Bain & Company)를 가리킨다.

전통적으로 컨설팅회사들은 전 세계의 일류 대학에서 갓 MBA 학위를 딴 졸업생을 채용해왔다. 이 초급 컨설턴트들은 채용된 뒤 사무실에 배정되어 선임 컨설턴트들이 가져온 고객 프로젝트를 맡아 일하게 된다. 프로젝트를 따온 선임들 자신은 정작 그 프로젝트를 진행하는 데에는 열성적이지 않은 경우가 많다. 초급 컨설턴트들은 몇 년간 엄청난 고생을 하고 나서야 새로운 이직 기회를 갖거나, 운이 좋으면 파트너(일반 기업의 체계로는 임원급을 말함—옮긴이)로 승진한다. 선임들이 그러했듯이, 이들은 조직도의 위로 올라갈수록 프로젝트에서 일하는 시간은 줄이고, 새 고객을 얻는 데 점차 더 많은 시간을 들이게 된다. 그런데 이든 맥칼럼의 조직구성에서는 이런 특징들이 거의 나타나지 않는다. 바로 그 점이 그들의 가장 큰 경쟁우위 요인이다.

이든 맥칼럼은 리앤 이든(Liann Eden)과 디나 맥칼럼(Dena McCallum)이라는 두 파트너가 설립했으며, 둘 다 맥킨지의 컨설턴트 출신이다.[1] 이들이 처음 만난 것은 1991년으로, 당시 이들은 인시아드에서 함께 MBA 과정을 밟았다. 이들은 졸업과 동시에 각자의 길을 걸었다. 이든은 유니레버(Unilever)에 입사하면서 런던으로 이사했고, 맥칼럼은 고향인 토론토에서 맥킨지의 컨설턴트로 일자리를 얻었다. 그리고 4년 뒤 둘 다 컨설턴트가 되어 맥킨지 런던 지사에서 재회했지만, 맥칼럼이 세계적인 미디어 그룹 컨디나스(Condé Nast)의 전략기획 임원으로 이직하면서 또다시 헤어졌다. 그 후 얼마 안 되어 이든 역시 맥킨지를 떠났는데, 첫아이의 출산과 더불어 맥칼럼과 함께 회사를 차리기 위해서였다.

닷컴의 버블이 정점에 달했을 즈음, 이든과 맥칼럼은 컨설턴트들 사이에서 새롭게 자라나는 트렌드를 눈여겨보기 시작했다. 임원직을 얻어 컨설팅 세계를 떠난 사람들 상당수가 컨설팅 시절의 문화를 그리워했지만, 또 한편으로는 컨설팅회사에서 일하면서 받았던 엄청난 압박감은 전혀 그리워하지 않았다. 일부는 기업가정신으로 무장하고 버블의 물결을 헤쳐나가고자 했지만, 경기가 가라앉으면서 속절없이 밀려나고 말았다.[2] 더욱이 전직 컨설턴트들이 과거에 고객이었던 회사에서 고위직을 차지하게 되면서, 이러한 기업들은 일류 컨설팅회사에 비용을 들일 필요가 없어졌다. 물론 기업들은 여전히 어떤 프로젝트들에서는 컨설턴트들이 필요했지만, 전만큼 빈번하거나 많은 수의 인원을 필요로 하지 않았다.

이든은 다음과 같이 설명했다. "고객들이 우리에게 한목소리로 한 말이 있는데, 그게 실마리였어요. 그들은 이렇게 말했죠. '정말이지 일하는 방식이나 전략 문제의 접근방법에서 좀 다른 게 있으면 좋겠습니다' 라고요. 현직과 전직 컨설턴트들은 또 이렇게 말하더군요. '정말이지 일을 하는 데 다른 방법이 있으면 좋겠어요. 기존의 컨설팅회사에서는 더는 일하고 싶지 않아요' 라고 말이에요."[3] 이든과 맥칼럼은 일반적인 컨설팅을 대신할 새로운 대안의 가능성을 직감했다.

그 대안은 새로운 종류의 조직도라는 형태로 나타났다. 이것은 조직을 구성하는 선이나 상자 모양 또는 어떠한 지휘체계도 없이 만들어진 조직도였다. 대신 이것은 네트워크라는 개념을 중심으로 만들어졌으며, 일반적인 컨설팅 파트너의 역할을 '고객 영입' 과 '프로젝트 업무' 의 둘로 나누었다. 컨설팅회사로서 이든 맥칼럼은 파트너라 불리는 전통적인 직원들이 중앙의 핵으로 가도록 디자인됐다. 이 파트너들은 프로젝트 업무를 맡도록 요구받지 않았다. 이들의 책임은 고객과 만나 프로젝트를 따오고, 그 프로젝트의 구체적 범위를 협의하는 것이었다. 그러고 나서는 독립적인 계약직 컨설턴트 네트워크에서 팀을 구성하여 고객과 짝을 지어주면 되었다. 이 계약직 컨설턴트들의 네트워크가 바로 이든 맥칼럼의 인재 풀이다.

새 고객이 계약서에 서명하면, 이든 맥칼럼은 자체 인재 풀을 훑어서 그 프로젝트에 적절한 팀을 뽑아낸다. 처음에는 이든 맥칼럼이 해당 프로젝트에 추천하는 사람들의 리스트를 고객에게 가져가고, 그러면 고객이 팀의 규모와 구성원들을 고르는 식이었다.[4] 하지만 회사가 성장하면서 대부분 고객은 이든 맥칼럼이 인력 관련 결정을 하고 팀을 짜주는 것을 선호한다는 것을 알게 됐다. 이든 맥칼럼의 인재 풀을 가장 잘 아는 사람은 바로 그들 자신이었으니 말이다. 이든은 다음과 같이 회고했다. "처음 우리는 고객이 직접 컨설턴트를 고르는 게 좋겠다고 생각했습니다. 그런데 그렇게 몇 년을 지내면서 우리 회사가 커지고 나니, 고객들이 먼저 말을 꺼내더군요. '아시는지 모르겠지만, 우리는 당신 회사를 충분히 신뢰합니다. 일을 누구에게 맡겨야 할지, 팀을 어떻게 짜야 할지에 대해 그냥 당신 회사 의견을 듣고 싶어요.'라고요."[5]

이든 맥칼럼이 가지고 있는 인재 풀은 그 자체로도 대단하다. 팀원 선발 과정도 엄격해서, 10명의 지원자당 겨우 1명을 선발한다.[6] 이든 맥칼럼은 현재 500여 명의 핵심 컨설턴트를 추가로 보유하고 있으며, 거기에 네트워크상으로 1,000명의 컨설턴트를 보유하고 있다. 이들 대다수는 일류 컨설팅회사 출신으로 자신들이 맡는 업무에 대해 더 넓은 선택의 기회와 통제권을 원하면서도, 또 동시에 지적으로 흥미로운 일을 맡고 싶어 조직을 떠나온 사람들이다. 이들 인재 풀의 절반 정도는 이든 맥칼럼을 자신들의 주 수입원으로 활용하며, 나머지 절반은 1년에 하나 정도의 프로젝트를 맡는 것만으로도 만족해한다. 이들은 개인 별로 각각의 근무 조건을 회사와 협의하여 징해놓았는데 업무의 분야, 언제 근무할지, 심지어는 출장갈 의향이 있는지 없는지까지도 포함되어 있다. 모든 컨설턴트의 전문지식과 경험, 선호 사항들은 데이터베이스에 입력되어 팀을 만들고자 할 때 검색 조건으로 활용할 수 있다.

독립적인 계약직 컨설턴트의 삶은 가끔 외로울 수도 있다. 그래서 이든 맥칼럼은 자신들의 인재 풀이 하나의 팀이라는 소속감을 갖게 하는 데에도 노력을 기울인다. 우선 다양한 지식공유 및 정보 이벤트를 개최하여 컨설턴트들이 서로 만나 경험을 공유하고, 업계나 업체 소식을 얻게 한다. 이때 진행되는 교육 중 상당수는 컨설턴트들 스스로가 진행하며, 이는 본사 운영의 비용절감 수단인 동시에 컨설턴트 간의 지식교환을 장려하는 방법이기도 하다. 교육 이벤트들은 연대감을 고취해줄 뿐만 아니라 이든 맥칼럼이 정규직 직장은 아닐지라도 회사가 장기적인 안목에서 투자한다는 의지를 다시금 확인하게 해준다. "우리는 종종 지식공유 이벤트를 개최합니다. 가끔은 특정 주제에 대해 산업계 인사를 초빙해 강연을 듣기도 하고, 단순한 친목 회합 이벤트도 가집니다"라며, 리앤 이든은 설명을 이어갔다. "그것은 단순한 거래가 아니라 인간관계에서 중요한 부분입니다. 업무적인 면에서 컨설턴트들을 정말 제대로 아는 것이 중요하며, 아마도 그런 중요성은 전통적인 컨설팅회사에서 더할 것입니다. 그들이 경력에서 어떤 것을 얻고자 하는지, 그리고 어떤 프로젝트나 고객에게 흥미를 느끼는지 등의 면에서 말입니다."[7]

흥미로운 프로젝트들과 유능한 인재 풀을 연결해주는 방식은 이든 맥칼럼이 높은 실직을 거두게 해주었다. 이 회사는 영국 런던에서 설립됐으며 첫 번째 외국 지사를 2008년 네덜란드 암스테르담에 연 이후, 2015년에는 스위스 취리히에 지사를 냈다. 그리고 지금은 미국 뉴욕에 지사를 계획 중이다. 초기에는 대규모 컨설팅 업체들이 통상 목표로 삼지 않는 소규모 고객들과 계약을 맺는 것으로 시작했다. 그런데 오늘날에는 셸(Shell), 인터콘티넨탈 호텔 그룹(InterContinental Hotels Group), 아스다 월마트(Asda Walmart) 같은 큰 기업들을 고객으로 두고 있다.[8]

이든 맥칼럼은 컨설턴트가 없는 컨설팅회사지만, 바로 그 점을 자신들의 경쟁력으로 삼는다. 하지만 이 회사의 성공은 우리가 조직설계에 관해 이미 알고 있다고 생각하는 것들과 상당 부분 배치되기 때문에 이상하게 보이는 것도 사실이다. 특히 우리가 '조직도'라는 것에 대해 가지고 있는 고정관념 측면에서 그렇다.

조직도의 기원

조직도는 현대의 기업에는 당연한 기본 도구 중 하나다. 모든 직원이 사장에게 직접 보고하는 작은 회사에서조차 직원들은 직관적으로 조직도를 그린다. 단지 머릿속에서라도 말이다. 조직도(구체적으로 말해 누가 누구에게 보고하는지를 보여주는 일련의 선과 상자 모양 그림)는 너무나도 흔해서 이것이 사실은 비교적 최근에 발명된 것이라고 생각하기는 쉽지 않다. 하지만 이것은 두 가지 면에서 아주 정확한 묘사다. 첫째로 조직도는 '발명품'이며, 둘째로 '비교적 최근'의 발명품이다.

최초의 조직도는 대략 1855년으로 거슬러 올라간다.[9] 당시 뉴욕앤이리 철도회사(New York and Erie Railroad)의 총감독이던 대니얼 맥칼럼(이든 맥칼럼과 무관함)은 자신의 감독하에 일하던 약 5,000명의 직원을 효율적으로 관리하고 이들과 연락할 방법을 실험하기 시작했다. 맥칼럼 총감독은 빠르게 정보를 주고받는 방법으로 전신을 이용했듯이, 누가 누구에게 보고하는지를 빠르게 보여주는 수단으로 조지도를 사용했다.

맥칼럼 총감독의 조직도는 건축공학자인 조지 홀트 헨쇼(George Holt Henshaw)가 그렸다. 오늘날의 통상적 조직도와는 시각적으로 많이 다르고, 철도 노선도와 상당히 유사했다. 도면 아래쪽에 고위 관리자들이 수레바퀴 모양의 축으로 나타내져 있고, 거기서 10여 개의 선이 뻗어 나온다. 지휘체계의 흐름이

위에서 아래로 내려오지 않고 아래에서 위로, 그리고 사방 바깥쪽으로 움직인다. 이러한 선들은 세분화 정도에 따라 굵은 가지와 잔가지로 나뉜다. 그 철도회사의 관리·책임에 관한 모든 범위를 포함할 뿐만 아니라 각 부서에 속하는 직원들의 수와 직급까지도 기술했다. 이 도면은 통신 기술의 혁신과 맞물려서 뉴욕 앤이리 내부에서 정보가 이동할 수 있는 효과적 수단을 제공했다. 그리고 오늘날에도 경영의 역사에서 이정표가 되는 혁신으로 인정받고 있다.

그러나 이러한 혁신은, 철도 산업을 제외하면 초기에는 그다지 널리 퍼지지 않았다. 1920년대에 이뤄진 한 설문조사는 조직도가 당시의 보통 기업들에서는 잘 쓰이지 않았음을 보여준다.[10] 발명된 후로 50년이 넘도록, 이 도구는 여전히 자라나지 못했던 것이다. 하지만 탄생 100주년에 이르렀을 때쯤에는 미국의 거의 모든 기업에서 보게 됐다.

조직도는 그 이름이 나타내는 그대로의 기능을 했다. 다시 말해 여러 그룹의 사람들을 명료하고 간단한 보고 관계로 조직하여 정리해주었다. 업무의 속성이 변하지 않는다는 전제 그리고 직원들이 매일 똑같은 작업을 처리한다는 전제하에, 조직도는 매일 업무를 처리하기 위해 몇 명의 인원이 필요한지와 얼마나 많은 감독이 필요한지를 예측할 수 있게 해주었다. 인사를 담당하는 감독자는 각 부서에서 필요로 하는 업무(work)를 확인해서, 직무 내용(job description)으로 정리해 적어낸 다음, 거기에 따른 특정 작업들을 처리할 후보자를 찾아낼 수 있었다.

붙박이가 아니라 흘러다니는 조직도

조직도는 거기에 담긴 모든 업무가 비용보다 더 높은 가치를 창출하는 한, 회사가 그 사업을 계속 영위할 수 있다는 것을 외부 사람들에게 보여주었다. 업무의 속성이 변하지 않는다면 조직도 역시 바꿀 필요가 없었다. 심지어는 오랜 기간 같은 회사에 다니면서 조직도를 타고 올라갈 때도 그것이 바뀌는 것을 한 번도 보지 못할 수도 있다. 설령 변화가 있다 해도 기껏해야 약간의 변경이 있을 뿐이었다.

그러나 얼마 지나지 않아 상황이 바뀌었다. 업무 자체의 본질이 변한 것이다. 단순한 육체적 노동에서 지식 노동으로의 전환이 일어났기 때문이다. 지식 노동은 육체적 노동에 비해 작업 내용과 필요한 기술이나 노력이 훨씬 더 자주 바뀌었다. 따라서 미리 예측하거나 거기에 맞춰 조직을 짜기도 훨씬 더 힘들어졌다.

토론토에 있는 라트만 경영대학원의 학장이었던 로저 마틴(Roger Martin)이 〈하버드 비즈니스 리뷰〉에서 지적한 것처럼, 그러한 예측의 어려움은 조직도의 효용성을 떨어뜨린다.[11] 노동의 기본 단위가 단순 노동, 즉 반복 가능한 작업들의 집합인 경우에는 적절한 인원 수와 그들을 조직도의 어디에 배치할지를 계획하는 것은 쉬운 일이다. 작업이 단순하여 진행이 막힘 없이 수월하고, 같은 작업이 매일 반복되기 때문이다. 그러나 노동의 기본 단위가 지식 노동(예를 들면 연구, 협의 등)인 경우, 작업의 진행이 그렇게 간단하지 않으므로 적절한 인원을 계획하기가 훨씬 더 어렵다. 그래서 마틴은 이렇게 일관되지 않고 작업 부하가 무작위적으로 닥치는 경우에는 노동력 잉여를 초래한다고 주장했다. 또한 경기불황과 회복을 좇느라 정리해고와 성급한 채용이 반복된다고 했다.

하지만 노동의 기본 단위가 단순 노동이 아닌 프로젝트이고, 필요에 따라 사람들을 다른 역할과 프로젝트에 재배정하는 경우라면 노동력 잉여가 줄어들고 간접비와 고정비용이 낮아진다. 심지어는 정리해고를 막을 수도 있을 것이다. "지식 노동에서 노동력의 폭식과 거식 사이클, 다시 말해 폭발적 고용과 대량 해고의 사이클을 푸는 열쇠는 기업의 바탕을 단순 노동이 아니라 프로젝트에 두는 것입니다"라고 마틴은 썼다. 그리고 "프로젝트 기반의 모델에서는 직원들이 어느 특정 부서에 묶여 있는 것으로 보기보다는, 그들의 역량이 필요한 곳으로 흘러다니는 것으로 볼 수 있습니다"라고 덧붙였다.[12]

대부분 컨설팅회사가 제조 분야 기업들보다는 프로젝트 위주로 일한다는 점은 사실이다. 하지만 그들 역시 노동력 잉여 문제와 적정 인원을 적절한 업무에 배치하는 일로 골치를 앓고 있다. 컨설팅회사들조차도 조직도를 급히 새로 작성하느라 애를 쓰고 있다. 반면, 이든 맥칼럼은 조직도를 연필로 그렸다가 지우고 또 빠르게 다시 그린다. 그럼으로써 마틴의 지혜를 발휘할 수 있으며, 직원들의 노동력을 100퍼센트 활용하고 있는지에 대해 걱정할 필요가 없다. 바로 이러한 노동력 잉여에서의 차이가 이 회사가 똑같은 서비스를 더 낮은 비용에 제공하는 비결이다. 로저 마틴은 이렇게 말한다. "(기업들이 프로젝트 중심의 조직구조를 채택할 경우) 이미 보유한 직원들을 여기저기로 움직일 수 있으므로, 정규 직원으로 채용하는 지식 노동자의 수를 줄일 수 있습니다. 결과적으로 일이 없어 노는 직원이 줄어드는 동시에, 불필요한 일도 줄일 수 있죠."[13]

'파괴적 혁신(disruptive innovation)'이라는 개념의 창시자인 클레이 크리스텐슨(Clay Christensen)조차 이든 맥칼럼이 경영 컨설팅을 파괴적으로 혁신하는 회사 중 하나라고 이야기했다.[14] 이 회사가 혁신적 파괴자가 된 것은 바로 그들이 가진 유연한 조직구조 덕분이다. 조직도의 사다리를 타고 올라가는 정규 직원들 대신 독립적 컨설턴트들로 이뤄진 네트워크를 통해, 이 회사는 낮은 간접비와 비교적 적은 고정비용을 유지한다. 초기에는 그러한 저비용 구조 덕에 소규모의 예산을 가진 소규모 기업들을 상대할 수 있었다.[15] 그래서 당시에는 프로젝트가 평균적으로 7만 5,000달러 정도의 매출을 낳았다. 그렇지만 회사의 이름이 알려지면서 그들과 일하기를 원하는 고객들의 규모도 커졌다. 오늘날 이든 맥칼럼의 통상적 프로젝트 예산은 25만 달러에서

40만 달러에 이르며, 150만 달러를 넘는 대규모 프로젝트도 상당수 있다.

이 회사는 '작은 시작'을 함으로써 중·소규모의 기업들에 '빅 3'급 컨설턴트들을 훨씬 더 낮은 가격에 제공하는 것으로 유명해졌다. 이 회사가 네덜란드 시장에 진출하고 얼마 뒤, 현지 경제신문 〈피낸시엘 다그블라드(Financieele Dagblad)〉는 다음과 같은 제목으로 기사를 실었다. '이든 맥칼럼, 반값에 맥킨지와 보스턴 컨설팅 출신들을 보내주다.' [16]

이 신문이 묘사한 이든 맥칼럼의 '가치 제안'(value proposition, 고객 입장에서 비교우위를 갖는 가치 또는 장점을 제안하는 것-옮긴이)은 사실 이든 맥칼럼 파트너들이 생각하는 지점과 달랐다. 그들이 보기에, 그리고 이든 맥칼럼의 오래된 고객들이 보기에, 유연한 조직구조가 단지 효율적인 운영과 저비용이라는 장점만 제공하는 것은 아니었기 때문이다. 새 프로젝트가 들어올 때마다 조직도를 연필로 그리고, 또 지우고 다시 그리면서 이든 맥칼럼은 고객들에게 더 나은 컨설팅 경험을 제공할 방법 또한 찾아냈다. 그리고 이 방법을 통해 최고의 인재들로부터 '빅 3'에서 일했을 때보다 더 높은 수준의 결과물을 끌어냈다. "각 프로젝트팀의 팀원은 그 프로젝트의 성공에 가장 필요한 것이 무엇이냐를 기준으로 구성됩니다. 각각의 컨설턴트 역시 자신이 맡을 프로젝트를 매번 스스로 선택합니다. 따라서 그들은 맡은 프로젝트에 100퍼센트 전념하게 되죠"라고 리앤 이든은 말했다. [17]

브로드웨이 성공 공식 'Q지수 2.6'

조직도를 새로 작성하는 방식의 진가를 제대로 이해하기 위해서는 컨설팅회사의 임원실을 떠나 브로드웨이의 세계를 살펴봐야 한다. 특히, 브로드웨이 뮤지컬을 단순한 아이디어에서 현실로 구현하는 '팀들'을 눈여겨볼 필요가 있다.

모든 브로드웨이 작품은 동등한 지위의 고위 리더들로 이뤄진 팀에 의해 제작되고 운영된다. 이 리더들이 어떤 사람들이며, 그들이 어떻게 그 자리에 이르게 됐는가 하는 점은 조직을 설계하고 프로젝트에 인력을 충원하는 방법을 찾는 데 큰 도움을 준다. 브로드웨이에서 각각의 리더 팀은 대략 여섯 가지의 역할을 가진다. 즉 프로듀서, 감독, 작곡가, 작사가, 극작가, 안무가다. 브로드웨이는 직업적으로 바닥이 대단히 좁고, 인간관계가 놀라울 정도로 촘촘하고 복잡하게 얽혀 있는 네트워크다. 따라서 작품이 새로 올라갈 때마다 사람들이 번갈아가며 역할을 맡는 일도 빈번하다. 새로 팀이 꾸려질 때 가끔은 전혀 모르는 사람들과 일하기도 하고, 또 가끔은 몇몇 익숙한 얼굴을 마주치기도 한다. 이렇게 꾸준히 뒤섞이는 인간관계가 노스웨스턴대학교의 브라이언 우지(Brian Uzzi)와 인시아드의 재럿 스파이로(Jarrett Spiro)라는 두 학자의 이목을 끌었다.[18]

두 사람은 팀 구성에서 최적 인간관계의 조합을 찾는 데 관심이 있었다. 이들은 브로드웨이 전반에 걸쳐 최적 수준의 연결

정도를 찾고자 했다. "이 분야의 사람들은 장기간에 걸쳐 서로 간에 파트너적 관계를 맺습니다. 이러한 파트너십이 여러 개의 뮤지컬에서 반복된다는 것은 잘 알려져 있습니다"라고 우지는 설명했다. "우리가 찾고자 하는 것은, 이러한 파트너십이 특정 팀을 넘어서는 더 크고 복잡한 인간관계 속에서 어떻게 자리하는가입니다. 또한 그러한 팀이 다른 팀들과 어떻게 연결되는가도 알아보고 싶었습니다."[19]

이에 대한 해답을 찾기 위해 우지와 스파이로는 1945년부터 1989년까지 모든 브로드웨이 작품의 6인 팀에 대한 보고서들을 모았다.[20] 제작 중 취소된 작품들도 포함했다. 그래서 최종적으로는 474개의 뮤지컬과 2,000여 명의 개인에 대한 데이터베이스를 만들었다. 여기에는 무명의 안무가에서부터 전설적 작곡가인 콜 포터(Cole Porter)나 앤드루 로이드 웨버(Andrew Lloyd Webber) 같은 이들도 포함됐다.

이 데이터베이스를 이용하여 연구자들은 40년에 걸친 브로드웨이 산업계의 인적 네트워크를 재현했으며, 각 연도의 인간관계 연결 정도도 계산해냈다. 그런 후 '좁은 세상 Q지수(Small world Q)' 또는 간단히 'Q지수'라 명명된 측정 방법을 이용하여 연도별로 인적 네트워크의 밀도를 분석했다. Q지수는 1부터 5까지의 숫자로 네트워크의 상호 연결 정도를 나타낸다. 사전에 존재하는 인간관계가 거의 없고 네트워크 구성원 간에 익숙함을 찾기 힘든 느슨한 네트워크는 Q지수 1의 값을 가지며, 모두가 서로 알고 또 과거에 함께 일한 적이 있는 이론상 가장 조밀한 네트워크는 Q지수 5의 값을 가진다.

Q지수를 이용하여 연구팀은 연도별로 뮤지컬의 성공 및 실패를 분석했다. 이에 대해서는 비평가들의 호평과 재정적 성공을 기준으로 했다. 그런 다음 네트워크가 성공에 영향을 끼친 정도를 측정했다. 그 결과는 놀라웠다. Q지수, 즉 인적 네트워크의 밀접도가 작품의 성공에 어마어마한 영향을 끼친 것으로 드러났다. 정말 놀라운 것은 그 영향이 정비례가 아니었다는 것이다. 특정 제작연도의 Q지수가 오를수록 그해의 성공률도 함께 올랐는데, 다만 어느 수준에 달하면 성공률이 다시 떨어지기 시작했다. 그래서 정비례하는 직선 대신 뒤집힌 U 자 형태의 그래프가 만들어졌다. 성공률의 정점은 1부터 5까지의 Q지수 구간 중 2.6 근처였다.

이 분석 결과의 의미는 이것이다. 전혀 모르는 사람들로 이뤄진 팀은 대체로 성공적이지 않지만, 서로 너무나 잘 아는 사람들로 이뤄진 팀 또한 별로 성공적이지 못하다는 것이다. 브로드웨이에서 가장 성공적이었던 연도들은, 약간 가까운 인맥과 새로운 인맥이 결합된 팀이라는 특징이 있었다. "브로드웨이 산업계 전반이 가장 성공적이었던 시기는 여러 가지가 잘 연결됐으면서도, 창의적인 것들이 다양한 사람에게 다양한 시기에 흘러갈 만큼 여유 공간이 존재할 때였습니다"라고 우지는 설명했다.[21] 이러한 조합을 가진 팀이 새로운 작품을 제작하는 과업에

도전할 때, 이미 친숙한 동료들의 경험과 인맥 기반의 이점은 물론, 새로운 인맥의 다양한 시각과 아이디어들에서도 이득을 보게 된다.

우지와 스파이로의 연구 결과를 보고 성공의 핵심 비결이 단순히 오랜 동료들과 새 참가자를 섞어서 프로젝트팀을 짜는 것이라고 오해해선 안 된다. 이 연구는 '팀'에 관한 것이 아니라 '네트워크'에 관한 것이기 때문이다. 이는 브로드웨이라는 네트워크가 Q지수 2.6을 가진 팀을 구성하고, 작품을 제작하고, 또 새로운 팀으로 흩어지는 것을 가능하게 한다는 의미다. 만약 일부러 Q지수 2.6의 팀을 만들어서 오랫동안 억지로 함께 일하도록 한다면, 더는 Q지수 2.6 팀이 아니라 Q지수 5의 팀이 되어버릴 것이다. 그보다는 프로젝트를 중심으로 적절한 조합의 팀을 짤 수 있도록, 그리고 팀원들을 새 프로젝트와 새 팀에 빠르게 재배치할 수 있도록 전반적인 네트워크에 초점을 두어야 한다.

너무나 오랫동안 유지되는 조직도의 문제가 바로 이것이다. 한번 어떤 팀에 속한 이상 변하지 않기 때문에 Q지수 5의 팀이 되어버리는 것이다. 하지만 이든 맥칼럼은 조직도를 연필로 그림으로써, 그리고 오래 묵은 지휘체계 대신 물처럼 유동적인 네트워크를 이용함으로써, 프로젝트를 위해 새로운 팀을 짰다가 프로젝트가 끝나면 팀들을 다시 뒤섞을 수 있다. "여기는 항상 조금 뒤섞여 있어요"라고 이든 맥칼럼의 컨설팅팀을 설명하며 리앤 이든은 운을 뗐다. "전에 같이 일했던 컨설턴트들도 있고, 일부는 새 팀원도 있습니다."[22] 이든 맥칼럼은 브로드웨이의 가장 성공적인 제작연도들과 유사하게 작동하는 네트워크를 만들어낸 것이다.

이든 맥칼럼이 이러한 일을 해낸 유일한 기업은 아니며, 첫 번째 기업도 아니다. 실제로 많은 기업이 정규직 직원들을 채용하고도, 경직된 조직도가 아니라 프로젝트를 중심으로 구성할 수 있도록 조직을 재편성했다. 섬올을 다시 한 번 보자.

섬올의 직원들은 완전히 투명한 급여 체계를 가지는 것과 더불어 물처럼 유연하게 업무를 배정받는다. 조직 내 직원들의 위치는 각 시점에 어떠한 일을 맡고 있느냐에 따라 달라진다. 이 회사의 팀들은 제품이 아니라 프로젝트를 중심으로 구성된다. 매년 그해의 전략과 목표는 창립자 데인 앳킨슨과 권한을 부여받은 위원회가 결정한다. 그리고 직원들은 그 전략에 부합하는 새로운 프로젝트를 시작할 재량권을 부여받는다. "새로운 제품은 100퍼센트 직원들에게서 나옵니다"라고 앳킨슨은 말했다.[23]

각각의 팀은 프로젝트를 중심으로 구성되고, 자체적으로 팀 리더를 뽑는다. 그러고는 곧장 업무에 돌입한다. 프로젝트가 완료되거나 팀원 개인이 프로젝트에서 맡은 역할을 완료하고 나면, 팀원들을 뒤섞어 또 다른 팀으로 재편성한다. 또, 가끔은 필요한 재능에 따라 팀들 간에 팀원 교환이 일어나기도 한다. "팀 리더들 간에는 종종 선수 트레이드가 이뤄집니다"라며 앳킨슨은 말을 이어갔다. "각 직원은 1년에 평균 1~2회 정도 팀을 바꿉니다." 만약 섬올이 정해진 제품을 중심으로 조직도를 작성하고 직원을 소속 팀에 무기한으로 배치했다면 생각하기 어려웠을 정도로 대단히 잦은 팀 변경이다.

이처럼 프로젝트 중심의 팀 구성 방식을 채택함으로써 섬올은 브로드웨이의 인맥 네트워크나 이든 맥칼럼의 인재 풀과 유사한 구조를 갖췄다. 그 덕분에 섬올의 다양한 팀은 함께 일해 본 사람들과 새 마음을 가진 새로운 팀원들 간에 적절한 균형이 유지되고 있다. 전통적인 조직도를 과감히 버림으로써 섬올은 Q지수에서 2.6에 가까운 점수, 즉 최적의 점수를 얻은 셈이다.

이든 맥칼럼과 섬올은 프로젝트 중심 조직도의 이점을 보여주는 완벽한 사례들이다. 하지만 이 회사들은 그 첫 번째 사례가 아니다. 첫 번째라면 1958년에 설립된 이후 꾸준히 연필로 조직도를 작성해온 W. L. 고어(W. L. Gore and Associates)가 있다. 이 회사는 고어텍스(GoreTex) 섬유를 비롯하여 엘릭서(Elixir) 기타 줄, 글라이드(Glide) 치실 같은 혁신적인 제품들을 개발하고 생산해왔다. 창립자 빌 고어(Bill Gore)는 '상·하위 계층이 아닌 격자 조직(lattice, not a hierarchy)' 이라는 생각을 바탕으로 회사를 세웠다. 그의 생각은 모든 직원이 서로 연결된 상·하위 계층이 아닌 격자 조직을 실현한다면 모든 직원의 혁신 역량을 훨씬 잘 활용할 수 있으리라는 것이었다. 섬올과 마찬가지로 고어의 직원들은 새로운 프로젝트를 제안하고 자발적으로 참여하며, 프로젝트의 주기와 더불어 팀을 이동한다. 프로젝트가 끝나가면 직원들은 다음에 어떤 프로젝트로 건너가 도울지 살펴본다. 이에 따라 인적 자원 네트워크가 팀의 다양성에 계속해서 활력을 불어넣는다. 고어는 창립 이래 거의 60년에 이르는 기간 내내 이러한 모델을 사용해왔다. 창립자 빌 고어의 지하실에서 출발한 이 회사는 3개 대륙에 걸쳐 연간 30억 달러 매출을 기록하는 1만 명 규모의 기업으로 성장했다.

이든 맥칼럼, 섬올, 그리고 W. L. 고어는 끊임없이 조직도를 재작성하고자 했던 급진적인 사례들이다. 이에 비해 유명한 디자인회사인 아이데오(IDEO)는 조금 다른 기업문화를 만들어내고자 했다. 이 회사에서 기업문화란 직원들이 여전히 자유롭게 이동해 다양한 프로젝트에 참여할 수 있는 것을 말한다. 조직도가 비교적 안정적이긴 하지만 말이다.[24]

아이데오에서 이러한 기업문화는 아마도 1990년대 중반에 시작된 것으로 보인다. 당시 설립 몇 년 차에 지나지 않았던 신생기업 아이데오는 작은 디자인 스튜디오에서 약 150명 규모의 회사로 빠르게 성장했다. 원래는 직원 모두가 고위 경영자 팀에 직속으로 보고했었다. 그러다가 회사를 더욱 효율적으로 만들고, 소규모 디자인 기업으로서 협업적 환경의 장점을 유지하기 위해 조직을 재편성해야 했다. 대니얼 맥칼럼(뉴욕앤이리 철도회사)이 전체 조직도를 그려서 묶어버렸던 것과는 달리, 아이데오의 창립자인 데이비드 켈리(David Kelley)는 조직도가 자생적으로 만들어지도록 했다.

켈리는 회의를 소집하여, 커다란 하나의 조직도를 만들기보다는 5명의 리더가 각기 '스튜디오'를 이끌고 이를 중심으로 작업하게 될 것이라고 설명했다. 5명의 리더는 차례대로 자신이 선호하는 종류의 작업과 자신이 직면한 문제, 그리고 자신의 디자인과 혁신에 대한 접근방법이 멋진 이유에 대해 이야기했다.[25] 리더들의 발표가 끝나자 켈리는 모든 직원에게 자신이 일하고 싶은 리더와 프로젝트 리스트를 작성하라고 요청했다. 자신의 선택을 첫 번째부터 세 번째까지 차례대로 적게 했다. 결과적으로, 5명의 리더가 자신의 팀을 선택해서 조직도에 그려 넣는 대신 직원들이 자신의 리더를 선택하게 한 것이다. 실제로, 모두가 자신이 첫 번째로 선택한 리더를 얻었다.

켈리는 회사의 기본 원칙 중 하나가 '현명한 시행착오(enlightened trial and error)'라는 점을 모두에게 상기시켰다. 새 조직구조에서도 여전히 직원들이 배정 받을 업무나 선택 사항은 모두 프로토타입(prototype), 즉 시험을 위한 것이며 따라서 필요에 따라 바뀌게 된다. 켈리는 회의 참가자들에게 다음과 같이 말했다. "우리가 이끌고자 하는 변화는 일시적이고 복구 가능한 실험들입니다."[26] 몇 년 뒤 회사가 더 성장하자 아이데오는 다시 한 번 모든 것을 뒤섞어서 이 과정을 반복했고, 직원들은 스튜디오 리더들을 중심으로 그려진 조직도에서 또다시 자신의 자리를 골랐다.[27] 아이데오에서는 직원들을 배치하려는 노력이, 그들이 협력하거나 성과를 내는 데 방해가 되어선 안 된다는 원칙에 따라 조직도를 일종의 시제품처럼 다뤘다.

이처럼 독특한 생각은, 거의 20년이 지난 지금 아이데오가 전 세계에 걸쳐 10개 지사와 500여 명의 직원을 둔 기업으로 성장했음에도 여전히 그 기업문화에 스며 있다. 기업의 성장은 훨씬 더 커다란 조직도를 낳았지만, 직원들은 여전히 자신의 조직상 직책에서 잠시 떨어져 나와 다른 팀의 프로젝트를 도와주기를 권장받는다. 아이데오는 직원들이 매주 근무시간 중 정해진 일부 시간을 다른 프로젝트팀을 돕는 데 할애할 수 있을 정도로 적극적이다.

하버드 경영대학원의 테레사 애머빌(Teresa Amabile)이 아이데오의 문화에 대한 연구를 이끌었다. 연구 결과에 따르면 협업과 다른 사람의 업무를 돕는 것은, 심지어 자신들의 프로젝트 범위를 넘어서서까지도, 아이데오에서 직원들이 일을 처리하는 일상적인 방식이라는 것을 알게 됐다. "아이데오의 대부분 사람은 이 회사의 문화에 빠져들고, 일상적 활동에 참여하고, 회사 내에서 인맥을 쌓으면서 자연스럽게 배우게 됩니다"라고 연구자들은 적었다.[28] 이러한 인맥 네트워크를 연구하기 위해서 연구자들은 아이데오의 한 사무소를 대상으로 정했다. 그러고는 그곳 직원들에게 누가 자신의 프로젝트를 도와주었는지, 그리고 조직 내에서 가장 많이 도움을 나누는 다섯 사람(도우미 Top 5)이 누구인지를 물었다. 놀랍게도, 회사의 직원이 적어도 한 번 이상 다른 직원에게 도움을 제공한 사람으로 언급됐다. 더욱이 모든 직원의 89퍼센트가 다른 사람의 '도우미 Top 5' 리스트에 이름이 올랐다. 연구원들은 고위 팀의 일원이 아직 시작조차 하지 않은 프로젝트, 그것도 자신과 전혀 무관한 팀의 아이디어 회의에 자발적으로 참여하는 것을 직접 보기도 했다.

아이데오의 조직도는 이든 맥칼럼이나 섬올, W. L. 고어의 그것처럼 유연하지는 않다. 그러나 이 회사는 초창기에 이미 조직도가 요지부동의 원칙이 아니라는 생각을 가졌다. 그들은 직원들이 각자의 공식적인 팀에서 떨어져 나가 더 나은 협업을 끌어내고, 그리하여 회사 내의 인맥 네트워크가 Q지수 2.6 근처에서 원활히 돌아가도록 지원한다. 그렇게 함으로써 아이데오는, 조직도를 프로젝트에 맞춰 자유롭게 작성할 수는 없다 해도, 네트워크 문화의 힘과 그 혜택을 충분히 누리고 있다.

단순히 조직도를 연필로 작성하지 못한다고 해서, 지워지는 잉크로도 작성할 수 없다는 뜻은 아니다.

개방형 사무실에 대한 환상에서 벗어나라

개방형 사무실이 협업을 촉진한다고 흔히들 말한다. 하지만 많은 연구 결과와 사례들이 개방형 사무실의 단점을 보여준다. 뛰어난 경영자들은 사무실을 개방하는 것이 좋은지, 폐쇄하는 것이 좋은지에 관해 전혀 다른 생각을 가지고 있다.

⬆

1990년대 중반, 제이 샤이엇(Jay Chiat)은 자사의 사무실 구조를 개방형 형태의 극단까지 밀어붙였다. 지금은 TBWA샤이엇데이 (TBWA/Chiat/Day)로 불리는 그의 회사는 원래 샤이엇이 1인 광고 회사로 설립한 것이었다.[1] 그 회사는 처음부터 대대적인 성공을 거두었다. 샤이엇은 재빠르게 가이 데이(Guy Day)와 합병해 샤 이엇데이(Chiat/Day)를 만들었다(가이가 사장이 되는 대신 샤이엇은 자기 이름을 앞에 넣었다).

그들은 역사적으로 주목할 만한 몇몇 광고를 함께 만들었다. 샤이엇은 애플의 저 유명한 '1984' 슈퍼볼 광고에서 기획과 제 작을 이끌었다. 뒤이어 '다르게 생각하라(Think Different)' 광고 캠페인도 주도했다. 그는 또한 에버레디 배터리(Eveready Batteries)의 '에너자이저 버니'(에너자이저의 아이콘인 분홍색 전동 토 끼─옮긴이)를 비롯하여 많은 브랜드 아이콘을 만들어냈다. 광 고·마케팅 전문 잡지인 〈애드버타이징 에이지(Advertising Age)〉 는 1990년에 샤이엇데이를 '지난 10년간 최고의 광고회사'로 평가하기도 했다.

샤이엇은 작업 환경(특히 자기 회사의 작업 환경)에 관심을 갖게 되면서 또 하나의 혁신적인 아이디어를 시도해보고자 했다. 1993년 봄, 미국 콜로라도 주 텔러라이드에서 스키를 타고 내려오는 동안 샤이엇은 작업 환경이 업무에 끼치는 영향에 관해 생각해보았다. 그는 왜 대부분 업무 공간이 단순히 회사의 지휘체계와 정책만을 가지고 디자인되는지 의문을 가졌다. 그런 환경에서는 사무실이 점점 커질 수밖에 없고 직원들은 승진할수록 더 고립된다. 그는 또한 기술의 놀라운 발달로 사무실에 늘 있어야 할 필요조차 없다는 것도 생각해보았다(사실 이때는 1차 인터넷 버블이 거의 절정에 이른 때였다). 샤이엇이 스키를 다 타고 내려왔을 때쯤, 갑자기 번득이는 아이디어가 떠올랐다. 그것은 세상에 보여줄 업무 환경의 본보기로서 샤이엇데이의 사무실을 근본적으로 재설계하는 것이었다. 샤이엇은 새 사무실 구상에 대해 〈와이어드(Wired)〉와의 인터뷰에서 이렇게 밝혔다. "사람들은 출근하고 나면 자기 사무실에 틀어박혀 화장실에 갈 때를 제외하곤 나오지 않습니다. 그것은 직원들 간에 보이지 않는 벽을 세우고 두려움을 키우죠. 결국 생산성 향상에도 도움이 되지 않습니다."

그해 말, 샤이엇은 자신의 계획을 공개적으로 발표했다. 요약하면, 사무실의 모든 벽과 칸막이를 없애고 모든 책상과 데스크톱 컴퓨터를 없애겠다는 것이었다. 직원들이 저마다 자기 구역을 고집하게 할 만한 것들은 모두 제거하고자 했다. "직원들은 출근하면 개인 사물함을 사용하게 됩니다. 그리고 그날 사용할 컴퓨터와 전화기를 대여받습니다"라고 샤이엇은 말했다. 직원들은 자신이 받은 노트북 컴퓨터와 휴대전화를 가지고 커다란 공간 내에 있는 탁자, 책상, 소파 중에서 일할 곳을 찾게 된다. 모든 개인용품, 가족사진 또는 상패 등은 개인 사물함에 보관할 순 있었지만 '팀 작업실'에는 둘 수 없었다.

샤이엇은 자신이 생각한 업무 환경 미래상의 저 끝까지 회사 전체를 밀어붙인 것이었다. 그 미래상은 바로 개방형 사무실 중에서도 가장 개방적인 사무실을 의미했다. 다만, 한 가지 문제가 있었다. 그의 실험이 실패했다는 것이다.

사무실을 리디자인한 지 1년도 안 되어, 샤이엇의 새 디자인이 얼마나 빗나갔는지 세상에 알려졌다.[2] 새로운 디자인은 사내 정치를 막기보다 오히려 부추겼으며, 공동으로 사용해야 할 공간과 도구들을 놓고 직원들 간에 영역 다툼이 일어났다. 어떤 직원은 아침 일찍 도착해서 노트북 컴퓨터와 전화를 대여받은 후 자신의 사물함에 숨겨놓고 몇 시간을 더 잔 다음, 업무를 시작했다. 또 어떤 직원은 다음 날도 계속 같은 컴퓨터를 쓰기 위해 밤새 그것을 숨겨두기도 했다. 공동 공간에 아무것도 남겨둘 수 없게 되어 있으므로, 직원들은 작업 중인 물건들을 개인 사물함에 욱여넣어야 했다. 하지만 사물함은 그 모든 것을 넣기에는 너무 작았다. 어떤 여직원은 자신의 물건을 전부 챙겨다니느라 빨간색 장난감 수레에 담아서 끌고 다니기 시작했다.

특히 가장 큰 문제는, 그 공동 공간이 모두가 함께 사용하기에는 너무 작다는 것이었다. 그러니까 열린 공간이 부족했던 것이다. 출근했다가 일할 공간이 없어서 되돌아가는 직원도 있었다. 관리자들은 팀 전원을 소집할 공간조차 없었고 업무는 잘 처리되지 않았다. 1998년에 이르러서 샤이엇데이는 결국 개방형 사무실 공간에 관한 샤이엇의 '번득이는' 구상이 그다지 좋은 아이디어가 아니었음을 깨닫게 됐다. 어쩔 수 없이 샤이엇데이는 다시 한 번 사무실을 리디자인해야 했는데, 이번에는 거의 정반대의 것이었다. 그들은 기존 사무실을 비우고 회사 전체를 다른 곳에 있는 더욱 전통적인 디자인의 사무실로 옮겼다. 이 실험 역시 실패했지만, 그 소식은 이전 실험의 실패 소식만큼 널리 알려지진 않았다.

다양한 회사의 수많은 경영자는 개방형 사무실에 대한 얘기를 수시로 들었으며, 그들 중 일부는 개방형 사무실을 실험해보기도 했다. 언스트앤영(Ernst & Young)은 출장이 잦은 직원들에게 지정되지 않은 책상을 제공하는 호텔식 측면을 모방했다. 스프린트(Sprint)와 시스코 시스템(Cisco Systems)은 더욱 '가상적인(virtual)' 사무실을 만들고자 했다. 이처럼 개방형 사무실을 향한 트렌드는 눈에 띄는 몇몇 실패 사례가 있음에도 열기가 식지 않았다. 더욱 놀라운 것은 이 트렌드가 2000년에 이어 2008년에 오히려 증가했다는 것이다. 이때는 불황 탓에 개방적 사무실이 더 저렴했으므로 기업들로서는 더 매력적이기도 했다.

요즈음 미국 직장의 70퍼센트는 사무실 환경을 개방형으로 조성하고 있다. 제이 샤이엇이 맡았던 기수 역할을 새로운 경영자들이 이어받은 것이다.[3] 잘 알려진 예로, 마이클 블룸버그(Michael Bloomberg)는 뉴욕 시장으로 취임하면서 시장실에서 나와 50개의 책상 칸막이가 다닥다닥 붙어 있는 한가운데로 자리를 옮겼다. 블룸버그는 이른바 '불펜'(bullpen, '가축을 가두는 우리'를 빗댄 좁은 칸막이 공간—옮긴이)과 거기서 오는 사적 공간의 축소를 칭찬하고 다녔다. 블룸버그가 사무실 공간을 어떻게 활용했는가는 정부 지도자들과 MBA 과정을 밟는 미래의 경영자들에게 연구 주제가 되기도 했다.[4] 2015년에는 마크 저커버그(Mark Zuckerberg)가 페이스북이 세계에서 가장 넓은 개방형 사무실을 만들 것이라고 발표했다. 이 회사는 유명한 건축가 프랭크 게리(Frank Gehry)를 고용해서 하나의 거대한 공간에 2,800명의 직원을 수용하는 약 4만 제곱미터짜리 건물을 디자인하게 했다.[5]

전체적으로 보면, 이러한 트렌드는 1970년대에 46제곱미터였던 직원 1인당 공간을 2010년에는 약 18제곱미터로 축소시켰다.[6] 이러한 공간 축소는 명백한 비용 절감으로 이어졌다. 그런데 개방형 사무실에 대해 지지자들이 생각하는 최대 장점은 비용 절감이 아니다. 그들은 개병형 사무실이 직원들 간의 협업을 강화하고 소통을 원활하게 해준다고 믿으며, 이는 다시 생산성의 향상으로 이어진다고 생각한다.

하지만 이러한 주장에는 논란의 여지가 많다. 개방형 사무실 구조에 대한 수많은 연구에서 득보다 실이 더 클 수도 있음이 드러났기 때문이다.

개방형 사무실, 생각만큼 좋을까?

제이 샤이엇의 사무실 실험이 있은 지 얼마 후, 업무 환경 디자인에 대해 또 하나의 더 치밀한 실험이 이뤄졌다. 캐나다 서부에 있는 한 오일·가스회사는 사무실을 새롭게 디자인해 기존의 전통적 사무실에서 열린 사무 공간으로 전환하고자 했다. 경영진은 근처에 있는 캘거리대학교의 심리학자들에게 이러한 사무실 전환이 직원들에게 어떤 영향을 미치는지 연구해달라고 요청했다.[7]

연구팀은 무엇을 어떻게 측정할 것인지 결정하기 위해 수차례 포커스 그룹 미팅을 했다. 그들은 물리적 환경, 스트레스 요인, 팀원들과의 관계, 사무실 운영 관행, 업무 성과에 대한 직원들의 태도를 측정하는 설문지를 만들었다. 관리자들을 통해 직원들에게 설문지를 나누어주고, 설문에 답한 뒤 밀봉해서 자신이 직접 연구팀으로 부치라는 지침을 전달했다. 익명을 보장하기 위해서였다. 이 설문지는 개방형 사무실로 전환하기 직전,

전환하고 한 달 후, 전환하고 6개월 후 등 세 차례에 걸쳐 배포됐다.

설문지에서 나온 모든 데이터를 수집하고 분석한 결과, 연구진은 새로운 개방형 사무실 구조가 직원들에게 모든 항목에 걸쳐 부정적인 영향을 끼쳤다는 점을 발견했다. 직원들은 업무 환경에 대한 만족도 하락과 팀원들과의 관계 악화, 업무 성과 저하를 느꼈다고 답했다. 또한 육체적 스트레스도 늘어났다고 답했다. 더욱이 이러한 답변은 6개월이 지난 시점에도 여전히 존재했다. 이는 직원들이 새로운 환경에 적응한 이후에도 부정적인 영향이 계속되고 있음을 뜻했다. 실제로 팀원 간의 인간관계에 대한 만족도는 계속 하락했고, 사무실 전환 후 6개월이 지난 시점에 가장 낮았다.

이 연구 결과는 개방형 사무실 구조로 전환하는 것이 생산성을 악화시키고 스트레스를 증가시켰음을 확실히 보여주었다. 다만, 연구자들은 표본이 아주 작다는 점도 인정했다(설문을 세 번 모두 작성한 직원은 21명밖에 되지 않았다). 하지만 더 큰 표본을 가진 추가 연구도 그들과 같은 결과를 얻게 된다.

2005년에 시드니대학교의 김정수와 리처드 드 디어(Richard de Dear)는 더 큰 데이터 세트와 표본을 가지고 연구했다.[8] 이 연구자들은 업무 환경에 대한 자료를 버클리대학교의 '입주 후 평가지표(Post-Occupancy Evaluation, POE)' 데이터베이스에서 수집했다. 이 데이터베이스는 업무 환경 분야의 연구에서 표준으로 쓰인다. POE는 2000년 처음 만들어진 이후, 업무 공간에 대해 가장 널리 쓰이는 평가지표 중 하나가 됐다. 심지어 친환경 건물 인증(LEED)에서도 활용된다. 이처럼 광범위하게 사용되면서 연구자들이 활용할 수 있는 엄청난 양의 데이터가 축적된 것이다.

김정수와 드 디어는 사무용 빌딩의 카테고리에 따라 그 데이터의 일부를 사용했는데, 그럼에도 303개의 사무용 빌딩에서 수집된 4만 2,764건의 조사 내용으로 여전히 방대한 자료였다. 그들은 각 빌딩을 독립적인 개인 사무실부터 칸막이조차 없는 개방형 사무실까지 5개의 카테고리로 분류했다. 그리고 카테고리별로 소음 수준, 청각적 프라이버시, 접촉 용이성, 가구의 편안함, 공기의 질, 온도, 사무실 밝기에 이르기까지 다양한 항목에 대한 직원들의 만족도를 조사하여 카테고리끼리 비교했다.

그 결과는 놀라울 것이 없었다. 격리된 개인 사무실에 대한 만족도가 전반적으로 가장 높았고, 개방형 사무실 구조의 만족도가 가장 낮았다. 그들은 개별 항목을 살펴보면서 몇 가지 특이점을 발견했다. 개인 사무실과 개방형 사무실 간의 가장 큰 차이점은 시각적 프라이버시, 청각적 프라이버시, 공간의 크기, 소음 수준 등의 항목이었다. 그런데 개방형 사무실에서 일하는 직원들은 청각적 프라이버시가 없다는 것에 가장 부정적으로 응답했다. 특히 25~30퍼센트의 직원은 사무실의 소음 수준에 불만을 가지고 있었다. 그뿐 아니라 개방형 사무실의 접촉 용이성에 대한 만족도조차 개인 사무실보다 더 높지 않았다. 결국 소음이라는 문제인데, 그것이 열린 공간에서 더 많은 협업을 하기 때문에 늘어난 것은 아닌 것으로 보였다.

그래서 연구자들은 한 단계 더 파고들어 가, 회귀분석(regression analysis) 기법(둘 이상의 변수 간 인과관계를 분석하는 기법-옮긴이)을 통해 각 항목이 직원들의 전반적인 만족도에서 차지하는 비중을 계산했다. 전반적 만족도에 가장 밀접한 관련이 있는 항목 중 하나는 접촉 용이성이었다. 하지만 이것은 개방형 사무실 구조와 개인 사무실 간에 별다른 차이가 없었다. 더 많은 협업을 향한 열망은 직원들에게 공통적이었지만, 개방형 사무실 구조의 직원들은 소음의 융단폭격으로 인한 온갖 스트레스와 집중 방해가 너무나 큰 대가라고 느낀 것이다.

개방형 사무실에 대한 인식이 여전히 긍정적인 시기이던 2011년에, 리즈대학교의 교수 3명은 캘거리대학교의 연구진과 유사한 결과를 얻었다.[9] 매튜 데이비스(Matthew Davis), 데스몬드 리치(Desmond Leach), 크리스 클레그(Chris Clegg)가 그들인데, 이 연구진은 사무실 환경에 대한 100여 건의 개별 연구 결과를 수집하고 요약했다. 그들은 개방형 사무실 구조가 직원들이 스스로 더 혁신적이고 협력적인 환경에 속한 것처럼 '느끼게' 한다는 것을 발견했다. 하지만 동시에 직원들의 생산성과 집중 시간, 만족도, 창의적 사고에 악영향을 준다는 것도 알게 됐다. 개방형 사무실이 업무를 더 자주 방해하고 스트레스를 가중시키며 집중하기 힘들게 하기 때문이다. 그들은 개방형 사무실이 실제로 협업을 촉진한다는, 적어도 그렇게 보인다는 결과도 내놨다. 하지만 그러한 협업을 통해 얻을 수 있는 전반적인 이득이 생산성과 혁신의 저하를 상쇄하지는 못한다고 밝혔다.

코넬대학교의 게리 에븐스(Gary Evans)와 데이나 존슨(Dana Johnson)은 또 다른 실험을 통해 개방형 사무실의 소음이 스트레스에 위와 같은 영향을 끼친다는 것을 발견했다.[10] 두 사람은 컴퓨터 워크스테이션(사무용 책상, 의자, 데스크톱 컴퓨터 등을 포함한 작업 공간-옮긴이)에 대한 연구 프로젝트에 참가할 지원자를 모집하여 40명의 여성 사무직원을 선정했다(몇몇 남성도 지원했으나 대부분 지원자가 여성이었으므로 잠재적인 성별 간 편차를 피하기 위해 연구 대상을 여성으로 한정했다). 각 참가자는 두 가지 실험 조건으로 나뉘어 무작위로 배정됐다. 두 가지 실험 조건이란 조용한 사무실과 소란스러운 사무실이었다. 각 참가자는 두 차례에 걸쳐 3시간짜리 실험에 참여했는데, 한 번은 기본 수치, 즉 대조군을 확보하기 위한 과정이었고 다른 하나가 본 실험이었다. 참가자들에게는 그들이 정상적이고 여유 있다고 느끼는 속도로 항공안전수칙 매뉴얼을 타이핑하라는 지시가 주어졌다. 참가자들에게는 연구자들이 그들을 관찰하지 않는다고 말했다. 당연히, 실제로는 관찰했다.

소란스러운 사무실 실험 조건에 배정된 참가자들은 실제 사무실에서처럼 낮은 소음, 일테면 전화벨 소리나 타이핑 소리, 서랍을 여닫는 소리 등을 들으면서 타이핑하게 했다. 반면, 조용한 실험 조건에 배정된 참가자들은 그러한 소음 없이 타이핑하게 했다. 또한 실제 보통 사무실에서 그러하듯이, 참가자들 모두 25분마다 하던 일을 잠시 멈추고 다른 간단한 작업을 하게 했다. 연구자들은 그들의 타이핑 실적을 기록했고, 각 실험 조건의 참가자가 얼마나 자주 워크스테이션을 자신의 몸에 맞게 조절하는지 관찰했다(워크스테이션 위치와 자세를 주기적으로 몸에 맞게 조정하는 것은 근골격 질환의 위험을 줄이는 것으로 알려져 있다).

실험이 끝나자 연구자들은 정확한 스트레스 지표를 얻기 위해 참가자들의 에피네프린(epinephrine), 노르에피네프린(norepinephrine), 코르티솔(cortisol) 수준을 측정했다. 마지막으로 모든 참가자에게 일부는 풀 수 있고, 일부는 풀 수 없는 다양한 퍼즐을 주었다. 그러면서 한 번에 하나씩만 골라, 퍼즐을 풀어내거나 그것이 풀 수 없는 퍼즐이라는 생각이 들 때까지 시도하게 했다. 그러고 나서 시간이 남는다면 다른 퍼즐로 넘어갈 수 있다고 말해주었다.

두 조건 모두에 참여했던 참가자들은 평균적으로 같은 성과를 냈으며, 실험 과정이 끝난 후 어느 한쪽도 다른 쪽보다 스트레스를 더 받았다는 답변은 없었다. 그러나 참가자들의 에피네프린 수치는 소란한 환경이 실제로 상당한 스트레스를 유발했음을 보여주었다. 그뿐 아니라 소음 조건에 놓였던 참가자들은 실험이 진행되는 동안 자신의 워크스테이션에 변화를 주는 일이 훨씬 적었는데, 이는 소음 환경이 미래의 건강에 부정적인 영향을 끼친다는 것을 의미했다. 더구나 소음 조건에 있었던 참가자들은 퍼즐을 풀려고 시도한 빈도가 훨씬 더 낮았다. 이는 소음 환경에 노출된 뒤에 의욕이 떨어졌음을 보여준다. 이 연구 결과는 개방형 사무실 환경이 즉각적으로 성과를 저해하지는 않더라도, 갈수록 스트레스가 가중되고 의욕이 감퇴하며 질병이 누적되어 생산성을 떨어뜨릴 가능성이 크다는 것을 보여준다.

에븐스와 존슨이 개방형 사무실의 소음이 직원들의 질병을 유발할 수 있다는 것을 간단히 보여주었다면, 덴마크의 연구자들은 실제로 더 자주 아프게 된다는 결과를 얻었다.[11] '덴마크 업무 환경 집단 조사 연구'에서 얀 피터슨(Jan Pejtersen)이 이끄는 4명의 연구자는 국가 차원의 조사 결과를 이용해, 대부분 시간을 사무실에서 보낸다고 밝힌 덴마크 국민을 표본으로 추려냈다. 연구자들은 응답자 2,403명의 업무 환경을 개인 사무실, 2인 사무실, 3~6인 사무실, 개방형 사무실 등 4개 형태로 나누었다.

연구팀은 '지난해 병가를 며칠이나 갔습니까?'라는 간단한 질문에 대해 사무실 형태에 따라 답변이 어떻게 달라지는지를 분석했다. 표본을 방대한 국가적 조사에서 얻었기 때문에 나이,

성별, 흡연 습관, 신체 활동, 체중, 그리고 기타 질병에 영향을 주게 되는 거의 모든 변수로 인한 통계적 편차를 최소화할 수 있었다. 분석 결과, 개인 사무실에서 일하는 사람들이 병가를 가장 적게 사용했다는 결과를 얻었다. 2인용 사무실을 쓰는 직원들은 개인 사무실의 직원보다 병가를 50퍼센트 더 많이, 그리고 개방형 사무실 직원들은 62퍼센트 더 많이 사용했다. 이상하게도, 3~6인용 사무실 직원들의 병가 일수는 개인 사무실을 쓰는 직원보다 겨우 36퍼센트 더 많았다.

이 연구가 개방형 사무실이 사람들을 아프게 한다는 것을 증명하고자 기획된 것은 아니었지만, 그들이 얻은 결과는 실제로 그렇다는 것을 강하게 암시한다. 또한 연구자들이 병을 일일이 확인할 수 없었기 때문에 덧붙여 추론해보면, 연구에 참여한 개방형 사무실 직원들은 단순히 출근하고 싶지 않았던 것일 수도 있다. 아무튼, 이처럼 방대한 규모의 연구는 개방형 사무실이 알려진 바와 달리 서로 협력하고 돕는 생산적인 직원들을 만들어내지는 않는다는 것을 보여준다.

핵심은 자율성이다

사무실 구조에 대한 수십 년에 걸친 연구는 개방형 사무실에서 근무하는 직원들에게 한 줄기 희망, 적어도 부정적 영향을 일부 상쇄하는 방법을 제공해준다. 2005년에 연세대학교의 이소영과 사무용가구회사 하워스(Haworth)의 제이 브랜드(Jay Brand, 브랜드는 인지심리학자이기도 하다)는 직원들이 느끼는 업무 공간에 대한 자율성이 개인의 만족도에 어떤 영향을 미치는가를 공동으로 연구했다. 여기서 업무 공간에 대한 자율성이란 책상 배치를 바꿀 수 있거나 원할 때 다른 공간으로 이동할 수 있음을 뜻한다.[12] 연구 결과 이러한 자율성이 직원들의 만족도에 실제로 크게 영향을 끼치는 것으로 드러났다.

그들은 미국 중서부의 자동차부품회사에서 남서부 이동통신회사에 이르는 5개 미국 회사에 근무하는 228명의 직원을 조사했다. 이들의 사무실 환경은 개인 사무실부터 완전히 개방된 사무실에 이르기까지 네 가지 유형에 달했다. 조사 참가자들에게는 39개 항목이 담긴 설문지를 주었다. 설문 항목은 집중 방해의 정도, 업무 공간 사용의 유연성, 업무 공간 사용에 대한 자율성, 업무 성과, 업무만족도, 팀워크, 폐쇄형과 개방형 사무실 간의 선호 성향 등을 측정하도록 기획됐다. 예상대로, 집중 방해요인이 많다고 응답한 참가자들은 업무 환경에 대한 만족도 역시 낮다고 응답했다.

하지만 놀라운 것은 물리적 업무 환경에 대해 (책상의 배치를 바꾸거나 원할 때 다른 공간으로 옮기는) 개인적인 자율성이 있다고 느꼈던 참가자들은 그렇지 않은 참가자들보다 업무 환경에 대한 만족도가 높았다는 것이다. 이들은 팀과 더욱 화합적이며 업무에 대해 더 만족한다고 대답했다. 그리고 업무만족도가 높은 참가자들은 실적도 더 좋았다.

이소영과 브랜드의 연구에 의하면, 중요한 것은 아마도 사무실이 개방형이냐 폐쇄형이냐가 아니라 회사가 일하는 장소와 일하는 방식에 대해 직원들에게 '얼마나 많은 자율성'을 주느냐로 보인다. 직원들에게 개인적인 자율성이 어느 정도 주어진다면 개방형 사무실일지라도 견딜 만할 수 있고, 심지어는 즐거울 수도 있다. 또한 이러한 연구 결과는 허용된 예산 범위 내에서 최적의 사무실을 만들고자 했던 디자이너와 건축가들의 경험과도 일치한다. 최고의 업무 환경을 만든다는 것은 아마도 개방형 사무실에 칸막이를 치거나 폐쇄형 사무실을 개방하는 것이 아닐 수도 있다. 다시 말해, 양자택일의 문제가 아닐 수도 있다는 것이다.

"좋은 업무 환경이란 결국 사람들에게 두 가지 모두의 특징을 약간씩 제공하는 것입니다. 그런 환경은 가끔은 함께 있게 하고, 가끔은 혼자 따로 있을 수 있는 선택권을 주는 것을 말합니다"라고 데이비드 크레이그(David Craig)는 말했다.[13] 크레이그는 캐논디자인(CannonDesign)의 작업 환경 전문가이며, 건축학 및 인지과학 분야의 박사학위를 가지고 있다. 이어서 그는 "수많은 조직이 개방형이나 폐쇄형이라는 특정 형태의 공간을 가져야 한다는 생각에서 벗어나고자 시도했습니다. 그 결과 모든 것의 혼합 형태로 업무 환경을 만들고, 사람들에게 어디서든지 원하는 곳에서 일할 수 있는 자유를 주기로 했습니다"라고 말했다. 지금까지의 사례나 연구 결과를 보면, 그처럼 다양한 형태를 조합해 디자인하고 직원들에게 선택하게 하는 것이 최선인 듯하다. 따라서 직원들이 매일 일할 공간을 선택하도록 했던 샤이엇의 생각은 완전히 빗나간 것이 아니었다. 다만 개방형 책상들로 선택을 제한했다는 점이 빗나갔을 뿐이다.

그러한 선택권과 개방성이 바로 알렉산더 생 아망(Alexander Saint-Amand)이 직원들에게 제공하고자 했던 것이다. 그가 이끄는 거슨 리먼 그룹(Gerson Lehrman Group Inc., GLG)은 일대일 컨설팅을 통해 개인과 전문가를 짝지어주는 독특한 사업 모델을 가지고 있다.[14] 이 독특한 사업 모델을 고려해서, 생 아망은 자사 직원들에게 전혀 색다른 것을 제공하고자 했다. 2014년에 GLG는 뉴욕 시에 있는 원 그랜드 센트럴 플레이스라는 고층빌딩으로 본사를 옮겼다.

본사는 2개 층을 사용하는데, 거실처럼 보이도록 디자인되고 가구들로 채워진 거대하고 아주 밝은 아트리엄(atrium, 호텔이나 대형 건물 내의 넓은 실내 공간-옮긴이)으로 시작된다. 이 아트리엄이 정말 독특한 이유는, 편안한 거실 분위기가 수많은 칸막이와 책상들로 둘러싸여 있지 않다는 것이다. 대신 다양한 가구가 뒤섞여 있으며 중앙에는 커다란 카페가 있다. 카페용 스툴(등받이 없는 의자-옮긴이)과 거실용 소파 및 의자 외에도 열린 테이블, 도서관 스타일의 칸막이 책상, 많은 사람을 수용할 만큼 넓은 회의실, 휴식을 원하는 개인을 위한 소형 공간 등으로 다양하게 꾸며져 있다.

GLG 직원들에겐 따로 지정된 책상이 없다. 샤이엇데이의 실험적 사무실처럼 그들은 개인용품을 보관할 수 있는 사물함을 얻게 되며, 2개 층에 걸쳐 어디든지 돌아다니며 일할 수 있는 자유가 주어진다. 샤이엇데이와 다른 점은, 모든 직원에게 노트북 컴퓨터가 주어지며 모두가 사용할 수 있는 충분한 공간이 있다는 것이다. 새로이 설계된 사무실은 약 6,000제곱미터에 이르고 350명의 직원을 수용할 수 있는데 GLG의 직원은 모두 250명밖에 되지 않는다. 사무실은 여러 개의 '동네(neighborhoods)'로 구성되어 있으며 각 동네는 프린터, 복사기, 그 외 집기들을 갖추고 있다. 사업부마다 별개의 동네가 있으므로 지정된 책상이 없더라도 직원들은 언제나 자신들만의 영역이나 본거지가 있다는 느낌을 받는다. 또한 전형적인 데스크톱 컴퓨터에 익숙한 직원들은 키보드, 마우스, 대형 모니터가 설치된 특수 책상에 노트북 컴퓨터를 연결하여 사용할 수도 있다.

GLG 사무실에 관해 가장 흥미로운 점은, 사전 정보가 없는 사람에게는 그것이 전형적인 개방형 사무실처럼 보인다는 것이다. 그러나 다양한 옵션과 거기서 오는 무한한 선택의 조합이 개방형 사무실의 장점과 더불어 자율적 선택권이라는 추가적 혜택도 제공한다. 그 정도의 자율성은 더 전통적인 사무실에서는 불가능했을 것이다.

"우리의 목표는 직원들이 단순히 책상뿐만 아니라 사무실 전체를 가졌다고 느끼게 하는 것입니다. 행동반경이 자기 자리에 국한되는 환경에서 일할 때 사람들은 종종 이렇게 말하죠. '정말로 운이 좋으면 언젠가는 개인 사무실을 얻겠지요' 라고요. 여기서는 누구나 그 소망을 이룰 수 있습니다." 건축가인 클라이브 윌킨슨(Clive Wilkinson)의 말이다.[15] 흥미로운 점은, 윌킨슨은 과거 제이 샤이엇이 사무실 실험에 실패한 후 고용했던 건축가이기도 하다는 것이다.

샤이엇의 경험에서 교훈을 얻었기 때문인지는 모르겠지만, 윌킨슨은 GLG 직원들이 사무실의 새로운 디자인뿐만 아니라 디자인을 하는 과정에서도 어느 정도 영향력을 가진다고 느끼게 했다. 각 부서의 대표들로 구성된 건축위원회를 만들었고, 전 직원을 대상으로 정기적인 타운홀 미팅을 개최하여 진행 상황을 알려주고 피드백을 받은 것이다. "직원들을 함께 이끌고 가지 않는 것은 나중에 문제가 일어나도록 불씨를 남기는 것입니다"라고 윌킨슨은 말했다.[16]

그들의 최종 디자인은 직원들에게 온갖 다양한 시설과 온종일 돌아다닐 수 있는 자유를 줌으로써 선택의 폭을 무제한으로 확장했다. "직원들이 책상에서 일하고 싶다면 그렇게 할 책상은 아주 많습니다. 카페에서 일하거나, 팀과 일하거나, 소파에서 일하고 싶다면 그런 공간도 있습니다. 그리고 사적인 전화

부스나 회의실이 필요하다면 그것도 다 갖추고 있습니다"라고 생 아망은 말했다.[17] 직원들은 어떤 환경을 원하든 충분히 개인적인 선택을 할 수 있고, 온종일 그 선택에 대한 자율적 재량권을 누린다. 예를 들어 어떤 직원은 커피숍에서 다른 부서 동료들과의 회의로 하루를 시작하고, 자신의 '동네'로 돌아와 소속 팀과 회합한 뒤, 혼자 조용히 일하기 위해 전화부스 크기의 개인 회의실로 옮길 수 있다. 생 아망 자신도 온종일 다양한 작업 공간을 찾아 돌아다니곤 한다. 이처럼 돌아다닐 수 있는 자유는 협업의 이점과 직접 접촉의 용이성을 제공할 뿐만 아니라, 사무실 소음에 쉽게 방해받는 사람들에게는 평화롭고 조용한 환경도 제공한다.

물론 GLG의 사무실이 모든 사무 환경에 최적의 디자인이라고 말할 순 없다. 하지만 이 디자인은 사무실을 얼마나 개방하고 얼마나 폐쇄해야 하는지에 대한 현실적인 해법을 보여준다. 생 아망과 윌킨슨이 생각하는 것처럼 그리고 제이 샤이엇이 실패 뒤에 결국 깨달은 것처럼, 좋은 사무실의 핵심은 직원들에게 가장 도움이 되고 그들의 업무 특성에 가장 적합한 공간이라고 할 수 있다. 그것이 무엇이든 간에, 직원들에게 자신의 업무 공간에 대한 자율성과 재량권을 최대한 제공하는 디자인이 완전히 폐쇄되거나 완전히 개방된 디자인보다 더 낫다.

결론적으로, 개방형 사무실은 더 폐쇄되어야 하며 폐쇄형 사무실은 더 개방되어야 한다. 그리고 직원들에게 자신과 팀 그리고 회사 입장에서 가장 소중한 것을 찾을 수 있도록 선택권이 주어져야 한다.

안식휴가를
취하라

'늘 일하고 있어야 한다'는 유혹이 있음에도, 최고의 경영자들은 다르게 행동한다. 자신과 직원들이 일정 기간마다 길고 충분한 휴식을 취하게 한다. 바로 안식휴가다. 이 경영자들은 생산성을 유지하는 제일 좋은 방법은 상당한 시간을 일부러 비생산적으로 보내는 것임을 확인했다.

2009년 7월, 유명한 예술가이자 디자이너인 스테판 사그마이스터(Stefan Sagmeister)는 TED 글로벌(TEDGlobal)의 연례 콘퍼런스 무대에 올라 일반적인 상식을 거스르는 한 가지 아이디어를 발표했다. TED 글로벌은 세계적인 사상가와 다양한 업적을 이뤄낸 사람들의 연례 모임으로, '널리 퍼뜨릴 가치가 있는 아이디어들(ideas worth spreading)'을 발표하는 자리다. 거기 모인 청중이 얼마나 많은 것을 성취한 이들인지 생각해볼 때, 사그마이스터의 발표는 처음에는 의외로 들렸을 것이다. 그가 퍼뜨리고자 했던 아이디어는 사실, 아주 간단하다. 한마디로, '일을 적게 하라'였다.

사그마이스터는 7년에 한 번씩 자신의 디자인 스튜디오를 닫는다고 설명하고, 자신을 포함한 모든 디자이너에게 개인적으로 여행하고 실험하는 데 1년을 통째로 준다고 말했다. 그 기간에 그와 직원들 모두는 일상적인 업무와 관련 없는 것이면 무엇이든지, 자신에게 흥미를 주는 것을 자유롭게 추구할 수 있다.

"그해에는 어떤 고객도 만나지 않습니다. 우리는 완전히 문을 닫으니까요"라고 그는 말했다.[1]

사그마이스터는 눈앞의 청중이 얼마나 대단한 사람들인지 잘 알고 있었으며, 그들이 자신의 메시지를 상식에 역행한다고 여길 거라는 점도 알고 있었다. 누가 묻기도 전에 그는 청중 사이에서 당연히 제기될 질문에 답했다. 그 질문이란 '도대체 어떻게 그렇게 오랫동안 일을 떠나 있을 수 있느냐'다. 오늘날과 같은 극심한 경쟁 시대에, 내세울 것은 오직 자신들의 죄근 프로젝트뿐인 세상에서, 당장의 프로젝트들을 포기하거나 고객 관계를 보류하거나 업무에서 떠나버리는 것은 위험하지 않겠는가?

사그마이스터는 오히려 그 반대가 사실이라고 믿는다. 다시 말해, 잘나갈 때 잠시 쉬었던 것이 성공적인 경력을 갖게 해주었다는 얘기다. "당연히 휴가는 저 자신에게도 즐거운 일이긴 합니다. 하지만 더욱 중요한 것은, 그 1년 동안 나오는 작업 구상이 결국 회사와 사회 전체에 이득이 된다는 것입니다." 사그마이스터는 첫 안식휴가 뒤에 수행한 신규 프로젝트의 질이 훨씬 좋아졌다는 것, 그리고 그 직접적 이유가 자신이 취한 휴식 때문이었다는 것을 알게 됐다. "기본적으로, 첫 안식휴가 이후 7년간 우리가 해낸 모든 일은 그 1년의 구상에서 나왔습니다."[2] 안식휴가를 통해 탄생한 아이디어들이 더 높은 품질의 결과물을 냈으므로, 휴가 뒤 디자이너들이 뉴욕에 다시 모였을 때 그의 스튜디오는 더 높은 가격을 청구할 수 있었다. 사그마이스터의 경험에 의하면, 안식휴가가 주는 휴식과 구상 및 실험 기회의 조합은 그와 직원들의 창의성에 다시 불을 지펴주었다. 그리고 이는 궁극적으로 회사의 재무적 성공을 이끌었다.

미국 기업 사회에서 아직까지는 안식휴가 프로그램이 드물지만, 이를 도입하는 기업의 수는 점차 증가하고 있다. 2009년에 미국 인적자본관리협회(Society for Human Resource Management, SHRM)가 실시한 설문조사에 따르면 미국 기업 중 유급 안식휴가를 제공하는 기업은 5퍼센트가 안 됐다.[3] 2014년에는 그 수치가 15퍼센트로 늘었는데 이 중 3퍼센트는 유급 안식휴가를, 나머지 12퍼센트는 무급 안식휴가를 제공했다.[4] 이를 도입하는 기업들에는 새로운 아이디어처럼 보일 테지만, 사실은 그렇지 않다. '안식휴가(sabbatical)'라는 단어는 '안식일(Sabbath)'이라는 히브리어 단어에서 유래했으며, 이것은 일정한 기간 단위로 휴식 기간을 주었던 고대의 개념이다.

교육계에서는 안식휴가가 사실상 제도화되어 있다. 안식휴가를 처음 도입한 대학은 시드니대학교로 1860년대의 일이다.[5] 미국에서는 1880년대에 하버드대학교에서 처음 시행했다. 하버드에서는 원래 유명 학자들을 유치하는 수단으로 유급 안식휴가를 도입했는데, 이후 40여 년에 걸쳐 전 세계 수십 개의 유명 대학이 뒤를 이었다. 1920년대에 이르러서는 옥스퍼드와 케임브리지를 포함하여 약 50개의 대학이 안식휴가를 제공했다.[6]

오늘날에는 경제 여건에 따라 부침은 있으나 거의 모든 교육기관에서 일반화되어 있다. 통상적으로 대학들은 재충전과 연구 수행을 지원하기 위해 교수들에게 한 학기를 전액 유급으로, 또는 1년을 반액 유급으로 안식휴가를 준다. 교수진은 보통 6~7년마다 신청 자격을 얻게 된다.

영리기업에서도 안식휴가는 오래전부터 존재했다. 미국 기업 최초의 안식휴가 프로그램은 1977년에 맥도날드(McDonald's)가 도입한 것으로 본다.[7] 초기에 이 프로그램은 모든 정규 직원에게 10년 근속마다 8주의 유급휴가를 제공했다. 거기에는 고위 임원, 직영점포의 관리자, 심지어는 유지보수 인력도 포함됐다(다만 가맹점주가 고용한 직원은 제외됐다). 맥도날드 직원이 수만 명에 이른다는 점을 고려하면, 매년 수천 명의 직원이 휴가 상태에 있는 셈이다. 어느 식당보다 더 많은 햄버거를 파는 것 이외에도, 맥도날드는 다른 어느 회사보다 더 많은 안식휴가를 제공해 왔다.

2006년에 맥도날드는 그 주기를 줄여서 근속 5년마다 일주일을 쉬는 단기 안식휴가를 추가했다. 맥도날드 경영진은 안식휴가가 단순히 휴식과 긴장 해소라는 효과 외에도 인재 개발과 승계 계획에 도움이 된다는 것을 알게 됐다. "사람들이 두 달 동안 자리를 비우게 되면, 그 자리를 대신하는 사람이 얼마나 일을 잘하는지 알아볼 수 있습니다. 따라서 인력 관리 관점에서 장점이 있습니다"라고 맥도날드의 최고인적자원책임자(CHRO)

인 리치 플로어시(Rich Floersch)가 말했다.[8] 휴가 중인 동료의 빈 자리를 채웠던 일부 직원은 그 업무를 너무나도 잘 수행한 덕에 이후 새로운 직책으로 승진하기도 했다.

맥도날드가 이 프로그램을 채택한 직후 인텔의 경영자들도 뒤를 따랐으며, 이는 안식휴가를 주는 것으로 알려진 많은 기술 기업 중 첫 사례가 됐다. 1981년에 인텔은 자체적 안식휴가 프로그램을 시행하여 직원들이 7년마다 모든 복지 혜택과 함께 8주간의 유급휴가를 사용하게 했다.[9] 여기에 더해 휴가 자격을 얻은 후 3년 이내에 언제든지 휴가를 사용할 수 있게 했다. 이에 따라 배우자의 휴가나 이직에 자신의 안식휴가를 맞춰야 했던 직원들은 그 기회를 잘 활용할 수 있었다. 인텔은 또한 최대 4주까지의 일반휴가를 더해서 안식휴가를 최대 3개월까지 늘릴 수 있게 했다.

맥도날드처럼 인텔 역시 안식휴가 프로그램이 두 가지 목적을 충족시킨다는 것을 알게 됐다. "첫 번째 목적은 직원들이 재충전하는 것이고, 두 번째 목적은 다른 직원들을 육성하는 것입니다"라고 인텔의 글로벌 복지담당이사인 태미 그레이햄(Tami Graham)은 말했다. 휴가를 가지 않고 남아 있는 직원들이 휴가 중인 직원을 대신하므로 안식휴가는 교차 훈련의 기회도 된다. 그레이햄은 자신들이 얻는 혜택과 비교할 때 발생하는 비용은 놀라울 정도로 미미하다는 것도 알게 됐다. "직원들은 자리에 있든 없든 급여를 받게 되지만, 결국 모든 업무가 조직 내에서 해결되므로 사실상 실질적인 추가 비용은 없습니다." 휴가를 취한 직원들이 재충전되어 돌아오고, 그들을 대신했던 직원들은 새 기술을 배우므로 모두가 이득을 얻게 된다.

인텔에 이어 어도비, 오토데스크(Autodesk), 멘로 이노베이션 (Menlo Innovation)을 포함하는 일련의 실리콘밸리 기업들이 이러한 관행을 본뜨기 시작했다.[10] 이 관행은 단지 대규모 직원을 보유한 유명 회사들에만 효과가 있는 게 아니다. 2012년에 미트업 (MeetUp)의 창립자이자 CEO인 스콧 하이퍼먼(Scott Heiferman)은 75명의 직원을 위해 안식휴가를 도입했다.[11] 미트업은 소규모의 기술회사로, 오프라인 그룹 미팅을 계획하는 데 쓰이는 온라인 소셜 네트워크 미트업닷컴(MeetUp.com)을 운영한다. 미트업은 직원들이 7년을 근무한 뒤 최고 3개월간 유급휴가를 사용할 수 있게 했다. 하이퍼먼은 원래 직원들의 이직을 막기 위한 전략으로 이 프로그램을 시행했다. 첨단 기술 업계에서 7년이란 기간은 사실상 평생에 해당하지 않는가. 하이퍼먼과 공동 창립자이자 미트업의 안식휴가를 처음 사용한 브렌던 맥거번 (Brendan McGovern)은 이렇게 말했다. "대부분 사람에게 일에서 떠나 충분한 휴식을 얻을 기회는 직장을 그만두게 됐을 때가 전부일 겁니다."

맥거번이 3개월간 휴가를 갔을 때, 그는 몸과 마음의 휴식과 함께 자신이 찾고 있던 '뭔가 새로운 것'을 얻게 됐다. 그는 또한 자신의 안식휴가를 직원들의 훈련 기회로 보았다. 맥도날드,

인텔 등의 큰 기업들이 그랬던 것처럼 말이다. 맥거번은 자신이 없는 동안 업무를 어떻게 대신할지에 대해 팀에 브리핑하는 데 수개월을 들였으며, 결국 그 팀은 멋지게 해냈다. "직원들이 정말 제대로 일을 해내 내가 새로운 분야에 도전하게 해주었습니다"라고 맥거번은 회고했다.[12] 휴식과 개발 외에도 안식휴가는 작은 회사인 미트업에 유기적 성장(organic growth, 제품·기술·사업 모델 등의 혁신을 통해 핵심 사업의 경쟁력을 강화하면서 이루는 성장을 말하며 M&A를 통한 성장과 대비된다—옮긴이)의 방법을 알려주었다. 한번은 회사의 소프트웨어 엔지니어 중 어떤 직원이 베를린에서 3개월의 안식휴가를 보내고 돌아오더니, 하이퍼먼과 맥거번에게 그리로 이사하고 싶다고 말했다. 그래서 창립자들은 그 엔지니어가 베를린에 미트업 사무실을 열 방법을 찾아냈다. 이를 통해 미트업은 과거에 활용할 수 없었던 인재들을 얻을 기회를 만들어냈다.

심지어 어떤 회사들은 통상적인 7년 또는 10년의 근속기간보다 더 일찍 안식휴가를 주는 실험을 하기도 했다. 시카고에 본사를 둔 투자리서치회사인 모닝스타(Morningstar)에서는 입사후 빠르면 4년 만에 안식휴가를 사용할 수 있다. 1984년 조 만수에토(Joe Mansueto)가 설립한 이 회사는 격식에 얽매이지 않고 유쾌한 업무 환경으로 항상 호평을 받아왔다. 시카고의 투자회사라기보다는 캘리포니아의 첨단 기술 분야 신생기업과 같은 느낌을 준다. 휴식이라는 목적 외에도 모닝스타는 안식휴가를 직원에 대한 업적을 보상하고 인정하는 방법으로 활용한다. 회사의 채용 웹사이트에는 다음과 같은 글이 자랑스럽게 적혀 있다. "우리는 안식휴가 프로그램을 통해 회사의 성장에 기여한 직원들에게 성장의 기회를 제공하고 감사를 표현합니다."[13] 자격을 얻은 모든 사람이 안식휴가를 가는 것은 아니지만, 단순히 그러한 기회를 제공받는 것만으로도 긍정적인 효과를 경험한다.[14]

지금까지 시행된 안식휴가 프로그램 중 가장 독특한 것은 아마도 퀵트립(QuikTrip)의 프로그램일 것이다. 오클라호마 주 털사에 본사를 둔 이 주유소 및 편의점 체인은 임원들에게 단순히 유급 안식휴가 자격을 주는 것으로 끝내지 않는다. 아예 강제로 보낸다. 안식휴가를 얻는 데는 오래 걸리지만, 25년이 지난 근속 직원들은 누구나 4주간의 안식휴가를 의무적으로 가야 한다. 거기다가 근속 30년, 35년, 40년에도 의무적 안식휴가를 간다. 25년이나 40년이라는 근속기간은 오히려 은퇴하기에 적절한 나이로 보일 것이다. 하지만 퀵트립에서는 소매 업종이라는 특성상 실제로 많은 직원이 아주 어린 나이에 회사에 들어와 계산원으로 일을 시작했다. 그러다 보니 근속 25년은 헌신적인 직원들을 휴식기간으로 보상하기에 딱 좋은 때다. "그 목적은 장기근속 직원들을 재충전시키고 누적된 피로를 덜어주는 것입니다"라고 퀵트립의 전직 인사 부문 부사장인 킴 오언(Kim Owen)은 말했다.

안식휴가가 가져다주는 다양한 효과

직원들에게 무급 안식휴가를 주는 것조차도 어렵다고 생각한다면, 다음을 고려해보라. 일반 유급 안식기간, 심지어 의무적인 유급 안식기간을 주는 회사들의 사례를 살펴보면 그에 따른 전체적인 비용은 크지 않으면서도 효과는 크다. 앞서의 사례들 외에도 안식휴가의 유용성을 보여주는 연구 결과들은 점점 늘어나고 있다.

안식휴가는 교육계에서 유래했기 때문에 이 주제에 대한 연구들은 대부분 교육계의 맥락에서 이뤄졌다. 안식휴가에 대한 더 엄밀한 연구 중 하나는 미국과 이스라엘, 뉴질랜드 교수들로 이뤄진 대규모 연구진에게서 나왔다. 12명으로 구성된 이 연구진은 자신들이 재직 중인 10개 대학의 동료들에게 안식휴가가 미치는 영향을 공동으로 연구했다.[15] 알링턴에 있는 텍사스대학교의 조직행동학 교수이자 이 연구보고서의 저자 중 한 사람인 제임스 캠벨 퀵(James Campbell Quick)은 일종의 안식휴가를 갔다 온 뒤에 이 연구에 동참했다. 퀵은 안식휴가 동안 미 공군 예비군으로 3개월을 보냈다(미국은 예비군도 모병제로 운영되며, 개인이 일정을 선택해 1년에 2~3개월 동안 유급으로 복무한다―옮긴이). "제가 이번에 공군에서 보낸 시간은 저에게 절실하게 필요했던 재충전의 시간이었지만, 교재에 담을 내용을 보충해줄 현장 경험의 기회이기도 했습니다"라고 퀵은 말했다.[16] 복무를 마치고 학교에 복귀했을 때, 그는 자신이 경험한 것들에 대해 안식휴가가 미치는 영향을 연구하기로 마음먹었다.

퀵을 비롯한 연구진은 다가올 학기에 안식휴가를 떠나는 129명의 교수에게 설문조사를 했다. 그러고 나서 그들을 유사한 이력과 근속연수 및 인구통계학적 특성을 가진 또 다른 129명의 교수로 구성된 (안식휴가를 가지 않는) 대조군과 비교했다. 안식년 교수들과 대조군 교수들에 대한 설문조사는 몇 차례에 걸쳐 이뤄졌는데 안식 학기가 시작되기 1개월 전, 학기 중간, 학기 말이었다. 이 설문은 수많은 요소를 측정하고자 기획됐다. 거기에는 스트레스 인식 수준, 심리적 자원(psychological resources, 자기존중·회복 탄력성·낙관주의 등 일종의 마음의 체력을 말하며 신체적 자원과 대비되는 개념-옮긴이), 심지어는 삶의 만족도 등도 포함됐다.

모든 안식년 교수가 돌아오고 대조군의 교수들도 그 학기를 마쳤을 때, 연구팀은 안식휴가를 다녀온 사람들이 정말로 스트레스가 줄어들고 심리적 자원과 전반적인 행복감이 높아졌다는 사실을 발견했다.[17] 한마디로, 안식휴가는 경영자들이 알고 있던 바대로 휴식과 재충전의 효과가 실제로 있었다는 것이다.

더구나 그러한 긍정적인 효과는 대부분의 경우 그들이 업무에 복귀한 후에도 유지됐다. 이는 안식년 교수들과 그들의 직장인 학교 양쪽 모두 휴가를 통해 상당한 혜택을 보았다는 것을 의미한다. "우리는 안식휴가가 그것 없이는 배울 수 없었던 대인관계 능력과 전문 기술을 습득할 기회를 제공한다는 것을 알

게 됐습니다"라고 퀵은 설명했다.[18]

또한 연구팀은 다양한 형태의 안식휴가 간에 존재할 수 있는 차이에 대해서도 연구했다. 그 결과 학교와 자신을 완전히 격리시킨 교수들, 예를 들어 회의에 빠지고, 사무실을 비운 채 방치하며, 학교 측과 거의 연락하지 않는 교수들이 안식휴가에서 가장 많은 것을 얻었음을 알게 됐다. 또한 안식기간을 다른 나라에서 보낸 사람들은 같은 지역에서 단순히 다른 일을 하면서 지낸 사람들보다 전반적인 행복감이 더 높아졌다는 것도 알게 됐다.

종합해보면, 연구팀이 얻은 결과는 안식휴가가 실제로 높은 효과를 낸다는 것을 보여준다. 그 효과는 안식휴가를 가는 사람은 물론 이를 제공한 회사에도 적용된다. 안식휴가는 행복감을 높이고 스트레스를 줄이며 새로운 지식과 기술을 습득할 기회를 제공한다. 이러한 연구 결과는 안식휴가를 제공하는 회사의 경영자들이 발견한 것과 정확히 일치한다.

리더십 개발과 차세대 리더 발굴의 기회

안식휴가가 리더십 개발과 리더십 승계에 미치는 효과는 무엇일까? 이에 대한 연구도 이미 이뤄졌으며, 안식휴가가 휴가를 가는 리더들뿐만 아니라 미래의 리더들에게도 도움이 된다는 결과를 얻었다.

데보라 리넬(Deborah Linnell)과 팀 울프레드(Tim Wolfred)는 안식휴가가 비영리단체의 리더들에게 미치는 영향에 대해 연구했다.[19] 두 사람은 안식휴가 프로그램이 있는 5개 재단의 리더 61명에게 설문조사를 했다. 이들 재단은 근속기간이나 직위 같은 자격요건이 서로 다른 프로그램을 가지고 있었지만, 5개 프로그램 모두에 공통되는 몇 가지 특징이 있었다. 안식 휴가자가 3~4개월을 의무적으로 완전히 쉬게 하고, 될 수 있는 대로 사무실에 나오지 못하게 한다는 점이었다. 다섯 곳 모두 안식휴가 뒤 그에 대한 보고서를 요구했으며, 안식휴가 프로그램의 목적이 리더 역할에서 오는 스트레스와 부담을 덜어주는 것이라는 공통점이 있었다.

그들의 연구 결과는 당연히 안식휴가의 스트레스 경감 효과를 보여주었다. 그런데 휴식기간이 리더의 역할에 주는 효과와 관련하여 눈에 띄는 결과가 있었다. 설문에 참여한 대다수 리더가 휴가에서 돌아온 후 자신의 역할에 대한 자신감이 높아졌다는 것이다. 또한 안식휴가를 통해 '틀을 깨는 사고(think outside the box)'가 가능해졌고, 이에 따라 변화를 이끌고 비영리재단으로서 모금 활동을 하는 데 새로운 아이디어를 얻게 됐다고 느꼈다. 더구나 그들 대다수는 조직의 비전을 더 잘 구체화할 수 있으며, 새롭고 더 강력한 비전을 만들 수 있는 능력을 얻었다는 것도 알게 됐다. 그들은 또한 안식휴가 기간의 준비와 실행 과정을 거치는 동안 이사회 멤버들이 더욱 능숙해짐에 따라, 이사회와 일을 더 잘할 수 있었다고 응답했다.

가장 놀라운 점은, 리더의 휴가 기간이 끝나자 그들을 대리했던 임시 리더들의 업무 능력이 더욱 향상되고 책임감도 더 강해졌다는 것이다. 임시 리더들의 상당수는 안식휴가 이후에도 고위 경영자들과 더욱 협력적인 역할을 계속해서 맡기도 했다. 안식휴가는 2군의 리더들에게 기술과 역량을 개발할 훌륭한 기회를 제공했다. "어떤 경우에는 임시로 고위 직책을 수행했던 사람이 사실은 적임자임을 안식휴가가 확인시켜주기도 했습니다" 라고 리넬과 올프레드는 연구보고서에 적었다. "어떤 곳은 전국적으로 후보를 물색하다가, 임시 역할을 했던 보좌이사를 채용했습니다. 그녀의 리더십 능력을 실제 눈으로 확인했기 때문입니다. 또 다른 단체는 정반대의 경험을 했는데, 휴가자와 임시 임원 모두 그 임시 임원이 적임자가 아니라는 데 동의하기도 했습니다. 이처럼 안식휴가 프로세스는 조직이 새로운 직책에 대한 후보자를 예비적으로 테스트할 기회를 줍니다."[20]

이러한 연구 결과는 안식휴가 프로그램을 운용하는 회사들의 경험과 일치한다. 안식휴가는 번아웃을 줄여주고 열정을 높여주는 것 이외에도, 리더십 개발과 승계 계획에 놀라울 만큼 긍정적인 영향을 미친다. 결론적으로, 안식휴가는 더 나은 리더들을 더 많이 만들어준다. 이들의 경험과 구체적 증거들은 안식휴가가 투자 대비 효과가 엄청나게 크다는 것을 보여준다.

기업별 상황에 맞춘 안식휴가 프로그램

어떤 기업에서는 안식휴가를 몇 개월이나 갖는다는 것이 여전히 상상하기 어려울 것이다. 그래서 일부 혁신적인 경영자들은 유급휴가의 기간을 더 짧게 하고 횟수를 늘림으로써 안식휴가와 같은 효과를 얻을 수 있는지 실험해보았다. 일테면 단기 안식 프로그램을 만든 것이다.

미국 콜로라도 주에 본사를 둔 고객관리(contact management) 소프트웨어회사인 풀콘택트(FullContact)는 직원들이 휴가를 전부 쓰게 하려고 '돈'을 준다. 다시 말해, 휴가 장려금(paid-paid vacation)을 지급하는 것이다.

이 프로그램은 CEO인 바트 로랭(Bart Lorang)이 고안한 것으로 2012년에 시작됐다. 그는 이 프로그램이 대단히 유용하다는 결론을 얻었다. "이 프로그램은 우리 직원들의 장기적 행복을 위한 투자입니다. 그러한 투자는 궁극적으로 회사의 지속적인 성장으로 이어지죠"라고 그는 말했다.[21] 이 프로그램하에서 풀콘택트는 휴가를 가는 직원에게 1년에 한 번 7,500달러를 지급한다. 휴가 기간에 그들은 일을 하지 못하게 되어 있고, 회사와 모든 연락을 끊어야 한다.

로랭은 이 프로그램이 '그릇된 영웅 증후군(misguided hero syndrome)'을 막아준다고 생각한다. 그릇된 영웅 증후군이란 직원들이 회사와 끊임없이 연락을 유지해야 하고, 자신이 없으면 회사가 무너질 거라고 느끼는 증상을 말한다. "이것은 마치 자신을 날마다, 하루 24시간 필요로 한다는 사실에서 쾌감을 얻는 것과 같습니다."[22]

이런 직원들은 처음에는 열심히 일하겠지만, 개인적인 문제들이 생기기 시작하면 회사에 기여하기보다 피해를 주게 된다. 로랭 자신도 수년 동안 그릇된 영웅 증후군의 폐해를 경험했으며, 그 결과 역시 좋지 않았다. 인간관계에서 몇 차례의 실패와 그로 인한 개인적인 충격을 겪은 후, 로랭은 자신과 자신의 직원들을 일 중독의 환상에서 보호하기로 마음먹었다. 이 정책을 시행한 후로 로랭 자신도 업무를 완전히 차단한 채 여러 차례 휴가를 갔다.

재무 및 투자자문 회사인 모틀리 풀(Motley Fool)은 꽤 오랫동안 전통적인 안식휴가 프로그램을 운영해왔다. 이 프로그램하에서 직원들은 10년을 근속하면 4~6주의 유급휴가를 얻었다. 경영진은 이 프로그램이 매우 성공적이라는 것을 알게 됐고, 근속연수가 모자라는 직원들에게도 비슷한 혜택을 주는 축소판 프로그램을 만들기로 했다. 그들이 '모틀리 풀의 헛수고' (the Fool's errand, 회사 이름에 들어 있는 'Fool' 이라는 단어와 '헛수고(fool's errand)' 라는 영어 표현을 익살스럽게 활용한 이름—옮긴이)라 부르는 새 프로그램에서는, 매월 직원 한 사람이 무작위로 선택된다.[23] 당첨자는 당첨 익월에 회사와 연락을 완전히 끊은 상태에서 2주간 휴가를 가야 한다. 당첨자가 실제로 휴식을 취하도록 유도하기 위해 회사는 그가 휴가를 떠날 때 추가로 1,000달러를 지급한다. '모틀리 풀의 헛수고'는 이 회사의 전통적인 안식 프로그램과 더불어, 회사가 조직을 수시로 점검하고 모든 부서와 프로젝트가 어느 한 사람에게 너무 의존하지 않게 하는 데 도움을 준다.

모틀리 풀에 있을 때 이 프로그램을 담당했던 샘 시카텔로(Sam Cicotello)에 의하면, 처음 당첨되는 직원들의 거의 절반은 휴가를 가지 않으려 했다고 한다. 아마도 '그릇된 영웅 증후군'에 빠졌기 때문일 것이다. "대부분 직원이 누구나 당첨되고 싶어 합니다. 막상 당첨되기 전까지는 말이죠"라고 시카텔로는 말했다. 하지만 얼마 되지 않아 결국은 대부분 휴가를 가게 된다. 그리고 일단 휴가를 가면, 휴식을 취할 기회를 누림은 물론 자신이 없어도 회사가 잘 굴러간다는 것을 깨닫게 된다. 이것은 그가 다음에 더 쉽게 연락을 끊고 휴가를 즐길 가능성을 높여준다.

단기 안식휴가와 개인적 휴식기간은 번아웃을 줄이고, 고용을 유지하는 데 도움을 주며, 실적을 높이는 데에도 매우 긍정적인 효과를 가져다준다. 그래서 어떤 창업자들은 이 프로그램을 신입 직원의 입사 초기부터 적용하는 실험을 했다. 샌프란시스코에 본사를 두고 상업용 부동산 검색 엔진 웹사이트를 운영하는 포티투 플로어스(42 Floors)의 창립자이자 CEO인 제이슨 프리드먼(Jason Freedman)은 '프리케이션(pre-cation)'이라는 이름의 제도를 만들었다.[24] 프리드먼은 어떤 신입 직원을 채용하는 과정에서 이 아이디어가 떠올랐다고 말했다. "그 후보자가 말하길, 이전에 만난 다른 회사들은 모두 하나같이 '언제 출근할 수 있나요?'라고 묻더랍니다"라고 회상했다. 프리드먼은 그 후보자가 피곤하고 지쳐 있음을 알 수 있었다. 프리드먼은 그 친구가 마음에 들었지만, 처음부터 탈진한 상태로 고용하고 싶지는 않았다.

그래서 프리드먼은 유별난 조건을 붙여 그에게 채용 의사를 밝혔다. 그가 처음 출근하기 전에 반드시 2주간의 휴가를 가야 한다는 것이었다. 포티투 플로어스는 휴가비용을 지급하며, 신입 직원은 휴가를 보내고 휴식을 취하기 전에는 출근할 수 없다. 프리드먼은 마음에 들었던 그 직원을 얻었을 뿐만 아니라, 다른 회사가 얻을 뻔했던 것보다 더 준비된 상태의 직원을 얻게 됐다. 프리케이션의 효과가 너무나 좋았기에 그때부터 프리드먼은 이를 의무화했다. 모든 신입 직원에게는 합격통지서와 함께 휴가가 주어진다. "그들이 합격통지서를 받는 날은 마치 크리스마스 아침 같은 기분이 들 겁니다"라고 프리드먼은 말했다. "이것은 '좋아! 한번 신나게 놀다 오라고! 그리고 돌아와서는 죽도록 일하는 거야!'라는 의미죠."[25]

고성과주의 문화의 샌프란시스코 기술 분야에서는 아마도 프리케이션이 완벽한 단기 안식휴가일 것이다. 새 직원들이 충분한 휴식을 취한 뒤 준비가 된 상태에서 첫 출근을 하기 때문이다. 프리케이션에 대한 소문은 빠르게 퍼졌으며, 다른 기업들도 잽싸게 모방했다.

시드니와 샌프란시스코에 사무소를 둔 기업용 소프트웨어회사인 아틀라시안(Atlassian)은 그 기준을 한 단계 더 높였다. 신입 직원들에게 유급휴가를 주는 것 외에도 여행경비 바우처를 지급하여 첫 출근 전까지 여행을 가게 한다. 아틀라시안의 최고인사책임자(Chief People Officer, CPO)인 제프 다이애나(Jeff Diana)는 인재 유치 전쟁에서 사용할 새로운 전략으로 2010년에 이 프로그램을 시작했다고 말했다. 그 취지는 헤드헌터에게 나가는 돈을 줄이고 미래의 인재들에게 더 많은 돈을 투자하고자 하는 것이었다. "일자리를 바꾼다는 것은 매우 중요한 변화입니다. 그래서 우리는 사람들에게 재충전을 하고 가족과도 보낼 수 있는 시간을 주고자 합니다. 왜냐하면 일단 새 직장에 출근하고 나면 업무에 전력투구해야 하니까요"라고 그는 말했다.[26]

단기 안식휴가에 관한 또 하나의 재미있는 변형은 TED의 본사에서 찾을 수 있다. TED 콘퍼런스는 2009년에 스테판 사그마이스터가 자신의 경험을 발표했던 바로 그곳이기도 하다. 여느 회사들처럼 TED 역시 크리스마스와 신년 사이에는 사무실 문을 닫는다. 다만, 뉴욕 시에 본사를 둔 비영리단체인 TED재단은 매년 7월에 2주간 문을 닫는다. 이처럼 이 회사는 시기에 차이는 있지만, 모든 직원에게 매년 단기 안식휴가를 준다. "당신이 열정적이고 헌신적인 고성과자 팀을 가지고 있다면 더 일하라고 강요할 필요가 없습니다. 오히려 그들이 쉬도록 도와주어야 합니다. 우리는 모두가 똑같이 2주를 쉬게 함으로써, 모두가 확실히 휴가를 가게 합니다"라고 TED 콘퍼런스의 제작이사인 준 코헨(June Cohen)은 설명했다.[27]

이 회사는 휴가 일정을 정기적인 것에서 제도화하는 것으로 정책적 변화를 주었다. 원래 TED는 연례 콘퍼런스만을 제작했다. 1년 전체가 그 콘퍼런스를 준비하는 데 쓰였고, 그 행사가 끝나면 모든 직원이 다음 해를 준비하기 전에 일주일간 쉬며 재충전할 기회를 갖곤 했다. 그러나 TED가 콘퍼런스 내용을 인터넷에 올리기 시작하면서 업무가 1년 내내 진행해야 할 만큼 빠르게 늘어났다. TED 경영진은 사그마이스터의 안식휴가 찬양 발언을 듣고 난 뒤, 사업 모델을 바꾸어 휴식기간을 정례화하는 프로그램을 만들었다. "휴가계획을 짜는 건 쉬운 일이 아닙니다. 더욱이 회사가 휴가 일정을 미리 정해주지 않았기에 직원들은 2주씩이나 휴가를 가는 것에 대해 약간의 죄책감을 느꼈습니다. 무슨 일이 생기기만 하면 휴가를 취소했죠. 그래서 이렇게 회사 전체가 쉬는 강제적인 휴식기간을 만든 겁니다. 이는 직원들의 생산성과 행복에 매우 중요합니다"라고 코헨은 말했다.

안식휴가, 단기 안식휴가, 프리케이션, 의무 휴가 등 이 모든 프로그램에는 한 가지 공통점이 있다. 적은 투자로 큰 효과를 낸다는 것이다. 직원들이 휴식을 취하고 재충전할 정례화된 기간을 줌으로써 창의력과 높은 성과를 가능케 할 새로운 잠재력을 얻게 해준다. 기간과 형식에서 차이점을 보이기는 하지만, 이 방식들은 휴식기간을 줌으로써 득을 보고자 하는 경영자들에게는 어쨌든 유용하다. 각 회사는 자신의 사업 모델에 지장을 주지 않는 방식으로 휴식의 혜택을 얻을 방법을 실험했다. 대부분 기업에서는 그 방법이 공식적인 안식휴가 프로그램이었으며, 또 어떤 기업에서는 짧지만 더 빈번한 휴식기간이었다. 그 방법이 무엇이든지 간에 이 모든 회사가 경험한 긍정적인 효과는 비용을 훨씬 능가하며, 실증적 연구가 그들의 경험을 뒷받침한다. 한마디로, 업무에서 벗어난 시간이 업무 능력을 향상시킨다.

관리자들을
해고하라

가장 성공적인 기업들 중 어떤 곳은 관리자를 모두 해고하는 선택을 했다. 또 어떤 회사들은 관리 기능의 일부를 종전까지 관리를 받던 직원들에게 내려보내는 방법을 선택했다. 스스로 자신의 운명을 결정할 때, 직원들은 생산성이 가장 높고 열정적이라는 것을 연구 결과는 보여준다.

워싱턴 주 벨뷰에 있는 밸브 소프트웨어(Valve Software)의 직원들은 '상사'에게 지시를 받을 필요가 없다. 이 회사에는 지시를 내려줄 상사가 없기 때문이다.

밸브는 관리자가 없는 회사다. 이 회사는 관리자가 따로 있을 필요가 없다고 생각하며, 또 딱히 정해진 직책도 필요치 않다고 생각한다. 새 직원들이 입사하면 다양한 프로젝트를 순환하며 여러 사람을 만나보고, 그런 다음에 어떤 프로젝트에 전념할 것인지를 결정한다. 물론 원할 경우 여러 개의 프로젝트에 합류할 수도 있다.

다음은 밸브의 직원인 마이클 아브라시(Michael Abrash)가 회사 블로그에 쓴 내용의 일부다. "제가 관찰한 바로는, 신입 직원들이 우리 회사가 어떻게 돌아가는지 완전히 적응하는 데는 약 6개월이 걸립니다. 이 회사에서는 아무도 신입 직원에게 뭘 하라고 시키지도 않고, 업무를 평가하는 관리자도 없으며, 별다른 직함이나 따로 정해진 역할 같은 것도 없기 때문이죠. 그 기간에 신입 직원은 회사에 가장 소중한 자산은 바로 그들의 시간이며, 그 시간을 어디에 쓸 것인가 결정하고 실행하는 것이 다른 누구도 아닌 오직 자신이라는 것도 알게 됩니다. 따라서 회사를 위해 자신이 할 수 있는 가장 가치 있는 일이 무엇인지 찾아내야 합니다."[1]

밸브는 몇몇 프로그래머가 차고에서 일하는 소규모 회사가 아니다. 이 회사는 1996년 마이크 해링턴(Mike Harrington)과 게이브 뉴얼(Gabe Newell)이 설립했다.[2] 두 사람은 모두 마이크로소프트 출신으로 함께 사업을 하기로 했는데, 실제로 이들은 뉴얼의 결혼식 날 회사 설립 서류에 서명했다. 이 회사는 비평가들에게 호평받은 하프라이프(Half-Life) 게임 시리즈의 성공을 토대로 빠르고 유기적으로 성장했고, 6개로 구성된 이 게임 시리즈는 업계에 상당한 파란을 일으키며 50개가 넘는 '올해의 게임' 상을 받았다.[3]

그러한 성공은 또 다른 몇 개 사업의 성공과 스팀(Steam)의 출시로 이어졌다. 스팀은 비디오 게임용 온라인 유통 포털사이트로, 전 세계적으로 비디오 게임 매출의 약 70퍼센트를 차지하는 게임계의 아이튠즈(iTunes)다.[4] 이 회사는 비상장기업이지만 기업 가치가 자그마치 30~40억 달러에 달할 것으로 추정된다. 소규모 동업에서 출발하여 400여 명의 직원을 거느린 기업으로 비약적 성장을 이룬 것이다.

이 정도의 성장을 하려면 전 직원을 관리하고 올바른 방향으로 이끌기 위해 상당히 엄격한 지휘체계가 필요했으리라고 생각하기 쉽다. 그러나 해링턴과 뉴얼의 관점은 다르다. "우리는 회사가 무엇을 잘해야 하는지에 대해 생각해보았습니다. 이곳에서 우리가 해야 할 일은 이전에 없던 것들을 만드는 것이었습니다. 관리자들은 절차를 만들어내는 일을 잘하는데, 우리 분야에서는 그것이 반드시 좋은 것은 아닙니다"라고 뉴얼은 말했다.[5]

그래서 해링턴과 뉴얼은 전통적인 조직구조를 무시하고, 대신 혁신적이고 재능 있는 사람들이 번영할 수 있는 새로운 구조를 만들기로 했다. 그들은 이러한 구조를 '평평하다(flat)'고 표현했다. 이는 다양한 크기의 팀들이 각자 가장 중요하다고 생각하는 것에 몰두해 일하는, 끊임없이 변하는 조직구조를 의미한다. 밸브의 직원 핸드북에는 다음과 같은 구절이 있다.

— "지난 10년간 세상에서 가장 똑똑하고 혁신적이며 재능 있는 사람들을 채용하기 위해 온갖 노력을 기울인 엔터테인먼트회사로서, 직원에게 책상에 앉아 지시받은 일만 하라고 하는 것은 그들의 가치를 99퍼센트 말살하는 것입니다. 우리는 혁신가들을 원하며, 이는 달리 말해 혁신가들이 번영하는 환경을 유지하는 것을 의미합니다.[6]

실제로, 밸브의 직원들은 매일 온갖 다양한 변화와 맞닥뜨린다. 그래서 모든 직원의 책상에는 바퀴가 달렸고, 2개의 전기

케이블만 뽑고 나면 회사에서 필요한 곳 어디로든 굴러 갈 수 있다. "회사 내부에서의 이동 용이성은 훌륭한 자산이며, 이를 모든 직원이 잘 알고 있습니다"라고 아테네대학교의 경제학자인 야니스 바루파키스(Yanis Varoufakis)는 말했다. 그는 밸브에서 사내 경제분석가로 일한 적이 있다.[7] 바루파키스는 신입 직원들이 적응하는 데 시간이 좀 걸릴 수 있다는 아브라시의 의견에 동의했다. 이러한 문화는 호불호가 갈리며, 모두에게 들어맞지는 않는다. "밸브에 입사하고 나면 사람들은 약간 당황스러워합니다. 그들에게 뭘 하라고 말하는 사람이 아무도 없거든요."[8]

하지만 그들이 어떤 일을 할 수 있는지 말해줄 사람은 아주 많다. 밸브에는 관리자들이 없으므로, 모든 프로젝트는 개인 또는 그룹이 회사에 아이디어를 제안하고 팀을 구성하는 것으로 시작된다. 이때 만약 충분한 수의 사람이 그 모임으로 책상을 끌고 오면, 프로젝트가 시작되는 것이다. 가끔 특정 직원이 프로젝트의 '리더'로 불리기도 한다. 그렇지만 그는 단지 모든 관련 정보를 맡아 보관하고 일의 진행 상황을 조율하는 사람일 뿐이며 할 일을 지시하는 사람은 아니라는 것을 회사 내 모두가 안다.

또한 직원들이 일을 잘하고 있는지 말해줄 사람도 많이 있다. 밸브에는 관리자들이 없긴 하지만 실적 관리 시스템은 갖추고 있다. 업무 자체가 수평적으로 이뤄지듯이, 실적 관리 시스템도 직원들 간의 수평적 관계를 통해 이뤄진다. 따로 지정된 직원들이 전체 직원을 면접하고 지난해 '동료 평가 미팅(peer review session)' 이후 함께 일했던 사람들이 누구인지 묻는다. 그다음 그들과 일했던 경험에 대해 물어본다. 그러한 피드백을 취합하고 익명으로 처리하여 모든 직원에게 동료들이 자신과 함께 일한 경험을 평가한 보고서를 보낸다.

이와 유사하지만 또 다른 별도의 시스템이 보상을 결정하는 데 사용된다. 각 프로젝트 그룹은 다음의 네 가지 요소를 바탕으로 그룹 구성원들의 순위를 매기도록 요청받는다. 그 네 가지는 재능 수준, 생산성, 팀 기여도, 제품 기여도를 말한다. 이 모든 정보가 수집되고 나면, 회사는 일련의 산식을 적용해서 각 개인의 보상등급을 정한다.

또한 모든 직원에게 채용 의사 결정권을 부여하는데, 이 회사는 그것을 '온 세상에서 가장 중요한 일'이라고 일컫는다.[9] 밸브는 이러한 조직구조가 성공을 거둔 요인이 가장 똑똑하고 가장 혁신적이며 가장 재능 있는 사람들을 찾아내 채용하기 때문이라고 생각한다. 회사가 계속해서 오로지 뛰어난 사람들만을 채용하는 것은 이 시스템을 운영하는 데 필수적이다. 핸드북에는 다음과 같은 내용도 담겨 있다. "잠재적인 직원을 면접할 때는 언제나 그 후보들이 재능 있고 협동적인지뿐만 아니라, 말 그대로 '이 회사를 운영할' 능력이 있는지 여러분 스스로에게 질문해야 합니다. 왜냐하면 실제로 그렇게 될 것이기 때문입니다."[10]

밸브가 관리자나 지휘체계 없이 성공한 것은, 대부분 조직의 통상적 사례와 비교하면 예외적으로 보일 수 있다. 하지만 그들의 조직구조는 사실, 전혀 새롭거나 한 번도 시도된 적 없는 생소한 트렌드가 아니다. 업무의 성격이 바뀜에 따라 그러한 업무를 관리하고 생산적으로 유지하는 수단도 함께 변했을 따름이다. 전통적으로 관리자의 업무는 계획, 조율, 명령, 통제, 보고, 평가를 포함했다. 하지만 이제는 전통적인 관리 체계를 버리고 직원들에게 관리 활동의 상당 부분을 맡기는 것이 득이 된다는 것을 알게 됐다. 즉, 자율적으로 스스로를 관리하거나, 적어도 자신들이 관리되는 방식을 결정하는 데 참여하게 하는 것이다. 관리자가 없는 회사가 갈수록 늘어나고 있으며, 왜 자율적인 직원들이 더 나은 성과를 내는지에 대해 실마리를 제공하는 수많은 심리학적 연구도 증가하고 있다.

자율성은 생산성과 직결된다

무엇이 인간에게 동기를 부여하는지, 특히 무엇이 내재적 동기를 끌어내는지에 대한 수십 년에 걸친 연구의 중심에는 두 학자가 있다. 에드워드 데시(Edward Deci)와 리처드 라이언(Richard Ryan)이다. 둘 다 로체스터대학교의 교수로, 1970년대에 동기부여와 그 근본 원인을 탐구하는 연구를 시작했다. 그들의 연구 업적은 나중에 '자기 결정성 이론(self-determination theory)'이라는 이름을 얻었으며, 전 세계적으로 수많은 학자가 더욱 발전시켜나갔다.

자기 결정성 이론의 근본적인 원칙은 내재적 동기의 핵심 요인 중 하나가 자율성이라는 것이며, 그 자율성이란 우리의 삶과 일에서 선택권을 갖고자 하는 보편적 욕구를 뜻한다. 데시와 라이언은 연구를 진행하면서 '내재적 동기 대 외생적 동기'라는 문제가 사실상은 '자율적 동기 대 타율적 동기'의 문제라고 생각하기 시작했다.[11] "자율적 동기는 의지와 선택권을 충분히 발휘하여 행동하는 것을 의미합니다. 반면에 타율적 동기는 자신에게 외부적인 것으로 보이는 요인에서 비롯된 압박감과 욕구를 경험하고, 그 경험에 따라 특정한 결과를 내기 위해 하는 행동을 말합니다"라고 그들은 말했다.[12]

데시와 라이언은 미국의 주요 투자은행 한 군데의 일선 직원들을 조사했다. 이 연구에는 포드햄대학교의 폴 바드(Paul Baard)도 함께했다. 연구에 참가한 528명의 투자은행 직원은 부서 단위의 미팅에 출석해서 한 묶음의 설문지를 받았다. 설문 문항은 직원들이 느끼는 회사 내 자율성을 비롯하여 다양한 면을 측정하기 위해 기획됐다. 여기서 말하는 '직원들이 느끼는 회사 내 자율성'이란 상사가 직원들의 의견을 얼마나 고려하고 유용한 피드백을 주며, 무슨 일을 어떻게 할지에 대한 결정권을 부여하는지를 말한다. 또한 이들에게 최근에 받은 업무 평가 결과도 제출해달라고 요청했다. 연구자들은 직원들이 느끼는 자율성과 그들의 전반적 실적 간에 상당한 상관관계가 존재한다는 것을 발견했다. 한마디로, 관리자들이 무엇을 어떻게 할지에 대한 통제권을 이양할수록 직원들은 업무를 더 잘하게 된다는 것이다.

데시와 라이언의 연구 결과를 바탕으로 후속 연구들이 잇달았는데, 연구 결과들은 전 세계에 걸쳐 자율성의 이점을 입증했다. 밸브에서와 같은 지식 업무이거나 제조회사의 생산 업무이거나 간에 모두 자율성의 이점이 입증됐다. 리처드 로크(Richard Locke)가 이끄는 연구진은 나이키 생산공장의 작업 환경과 관리 방식을 연구하기 위해 멕시코에 있는 2개의 동일한 티셔츠 공장을 비교했다. 두 공장은 생산하는 제품부터 경제적·사회적·정치적 환경은 물론, 노조의 활동 수준에 이르기까지 거의 모든 것이 같았다. 두 공장 간의 차이점은 근로자들에게 주어지는 자율성이었다. A 공장에서는 근로자들에게 자신들을 팀에 배정하고, 작업 일정을 짜며, 생산 목표를 세우고, 다양한 업무를 나누어 맡을 자유가 주어졌다. B 공장에서는 생산 일정과 역할이 관리자에 의해 정해지는 등 근로자들이 훨씬 더 엄격하게 통제받았다. 로크와 그의 팀은 A 공장의 생산성이 B 공장보다 두 배 가까이 높다는 결과를 얻었다. A 공장이 매일 평균 150개의 셔츠를 만드는 동안, B 공장은 불과 80개를 만들었다. 더욱

이 A 공장은 더 높은 임금을 지급하면서도, 40퍼센트 더 낮은 비용으로 셔츠를 생산했다.[13]

대서양 반대편에서는 셰필드대학교의 카말 버디(Kamal Birdi)가 이끄는 연구팀이 308개의 제조회사를 무려 22년에 걸쳐 조사했다. 그리고 그 결과, 자율성이 생산성에 엄청난 차이를 가져다준다는 것을 발견했다. 연구팀은 이들 기업에서 사용된 다양한 생산성 향상 프로그램을 추적하고 조사했다. 권한 이양이나 공급망 제휴, 전사적 품질관리, 적시생산(just-in-time production, 토요타에서 개발된 생산 통제 시스템으로 혁신적인 부품 조달 능력을 통해 필요한 만큼을 필요한 시점에 생산함으로써 재고 부담을 지지 않는 방식- 옮긴이) 같은 프로그램이다. 20여 년 동안 연구진은 점점 더 많은 공장이 이러한 프로그램을 채택하는 것을 지켜봤다. 그러나 그들이 최종적으로 얻은 결과는, 이들 대부분이 실적에 거의 영향을 미치지 않는다는 것이었다. 그 효과를 따로 구분할 수 있을 만큼 영향을 주는 요소는 별로 없었다. 오직 한 가지, 회사가 직원들에게 자율성을 주는 경영 방식을 도입했을 때만 실적 향상이 일어났다. 직원들에게 권한을 이양하거나 팀 기반으로 작업하는 것 등을 예로 들 수 있다. 수치상으로 보면, 자율성이 가미된 정책들은 직원 1인당 부가가치를 9퍼센트 더 높였다.[14]

홍콩 시립대학교의 무아마 외저(Muammer Ozer)는 자율성이 직원들의 실적에 긍정적인 영향을 미칠 뿐만 아니라, 직원들을 더 충성스럽고 책임감 있는 조직구성원으로 만든다는 결과를 얻었다. 외저는 266명의 보석 세공 근로자에게 설문조사를 하고, 그 응답자들의 동료와 직속 상사들에게도 설문조사를 했다. 세공 근로자들이 응답한 질문들은 자기 일에 대해 얼마나 많은 재량권을 갖는지와 함께 일상적인 '조직시민행동(organizational citizenship behaviors, OCB)'을 취할 의향이 어느 정도인지를 측정하도록 기획된 것이었다. '조직시민행동'이란, 예를 들어 동료 직원을 돕는다든가 회사에 실적 향상을 위한 아이디어를 제안하는 등의 행동을 뜻한다. 그리고 동료들에게는 설문에 응답한 세공 근로자들과 얼마나 가까운지 질문했고, 상사들에게는 세공 근로자들의 업무실적을 평가해달라고 요청했다. 모든 자료를 수집하고 분석한 후 외저는 자율성이 조직시민으로서 행동하고자 하는 의지에 상당한 영향을 미칠 뿐만 아니라, 팀 내의 인간관계 또한 향상시켜준다는 결과를 얻었다. 그리고 다시, 이런 효과들은 업무실적에 대단히 긍정적인 영향을 미쳤다. 즉 더 많은 자율성이 주어질수록 각 개인은 더 나은 '조직시민'이 되고, 더 나은 '친구'가 되며, 더 나은 성과를 내는 직원이 된다.[15]

이러한 인간관계에 대한 연구 결과는 중요하다. 왜냐하면 자율성은 독립성과 다르기 때문이다. 자율성의 핵심은 어떻게 일할지에 대한 재량을 갖는 것이지, 혼자 일한다는 것을 뜻하지는 않는다. "자율성은 선택권이 주어졌다고 느끼면서 자진해서 행동하는 것을 의미합니다. 반면, 독립성은 혼자 일하면서 남들에게 의존하지 않는 것입니다"라고 외저는 말했다.[16] 따라서 자율적이면서도 동료들과 상호 의존적이 되는 것이 가능하며, 다른 직원들이 자신의 노력을 뒷받침하도록 도움을 받을 수 있다. 자율성에 대한 욕구는 개인주의에 대한 욕구와는 달리, 특정 문화에 국한된 개념이 아니라 보편적인 것으로 생각된다. 연구자들은 직원들의 자율성과 행복, 업무실적 간의 연관성을 미국에서부터 러시아, 터키, 한국, 방글라데시에 이르기까지 모든 곳에서 확인했다.[17]

또한 자율성은 무질서와 구별된다. 직장에서 자율성이란 직원들에게 책임감 있게 행동할 자유를 주는 것이다. 기업들은 제각기 다른 수준의 권한 이양을 실험하고 있다. 어떤 산업과 회사들은 관리자를 완전히 없앨 수는 없지만, 직원들에게 어느 정도의 재량권을 돌려줄 수는 있다는 결과를 얻었다. 그것이 처음에는 이상하게 보일 수도 있겠지만 말이다. 사우스웨스트 항공(Southwest Airlines)의 전 CEO인 허브 켈러허(Herb Kelleher)는 이렇게 말했다. "한번은 재무분석가가 저한테 조직에 대한 통제권을 잃을까 봐 걱정되느냐고 묻더군요." 그는 직원들이 행동규정을 참조하거나 상사와 논의할 필요 없이 다양한 고객의 이슈를 해결할 권한을 가지는 게 가능하냐는 질문에 답하는 중이었다. 그는 다음과 같이 이어갔다. "저는 그에게 제가 한 번도 통제권을 가진 적이 없고, 그것을 원한 적도 없었다고 말해주었습니다.

사람들이 진심으로 참여하는 환경을 만든다면, 더는 통제할 필요가 없습니다."[18] 켈러허의 말은 밸브 경영진의 경험과 정확히 일치하며, 자율권의 위력에 관한 수십 년간의 연구 결과를 다시 한 번 확인해준다. 당신의 조직에 관리자가 많든 적든 간에, 직원들이 자기 일에 대한 자율권을 느끼지 못한다면 그들의 업무성과는 떨어질 것이다.

관리자가 없는 조직

관리자가 없는 조직을 실험한 소프트웨어회사는 밸브만이 아니다. 온라인 창작·블로깅 플랫폼 회사인 미디엄(Medium)은 설립 초기부터 성장을 촉진하기 위해 자율관리 체계를 도입했다. 밸브 경영진이 시행했던 완전히 수평적인 구조와 달리 미디엄은 각기 다양한 프로젝트를 수행하는, '서클(circle)'이라 불리는 자율관리 팀들로 조직이 구성되어 있다.[19] 예를 들면 사용자가 콘텐츠를 검색하는 문제를 담당하는 서클도 있고, 콘텐츠 개발에 집중하는 서클도 있다.

각각의 서클이나 팀은 회사의 더 광범위한 목표에 기여하는 구체적인 목표를 가지고 있다. 그러나 각 서클은 그러한 목표를 달성하기 위해 자신들이 바라는 형태로 프로젝트를 조정할 수 있는 권한을 위임받는다. 만약 어떤 프로젝트가 너무 커져서 힘에 벅차다면, 그 팀은 회사 내부에서 새 팀원을 모집하거나 새로운 직원을 채용할 수 있다. 채용 결정도 모든 의사 결정과 마찬가지로 직원들과 팀에 의해 이뤄지고 관리자의 승인을 얻을 필요가 없다. 관리자가 없기 때문이다.

이와 같은 수평적인 조직 체계나 자율관리 조직은 소프트웨어와 기술 업계에서 늘어나는 추세다. 거기에서는 제품이 직원들의 머리에서 나오기 때문이다. 그렇다면 제품이 원자재에서 만들어지거나 땅에서 자라는 더욱 일반적인 기업들은 어떨까. 그들에게도 자율적인 관리 체계가 유용할까?

지난 40년간 모닝 스타 컴퍼니(Morning Star Company)의 경우가 딱 그랬다.[20] 모닝 스타는 세계에서 가장 큰 토마토 가공회사로 미국에서 매년 소비되는 토마토의 3분의 1 가까이를 취급한다. 1970년에 크리스 루퍼(Chris Rufer)가 작은 트럭 운송회사로 설립한 이 회사는 현재 매년 토마토 200만 톤 이상을 처리하는 회사로 성장했으며, 이 모든 것이 관리자 없이 자율적인 직원들에 의해 이뤄진다. 루퍼는 여전히 사장으로 있지만, 그는 지시를 내리지 않는다. 대신 모든 직원에게 자신의 사명 선언문을 작성할 책임이 주어진다. 간단한 개인 사명 선언문을 통해 직원들은 '우리의 고객이 기대하는 질과 서비스 수준을 지속적으로 달성하는 토마토 제품과 서비스를 생산한다'라는 회사의 사명에 어떻게 기여할 것인가를 밝히는 것이다.[21]

일단 그 사명 선언문이 작성되면 직원들은 자신의 역할에 의해 업무관계가 영향을 받는 모든 동료와 협의해서 '동료 양해 각서(Colleague Letter of Understanding, CLOU)'를 함께 작성한다. 해마다 약 3,000건의 CLOU가 다시 협의되고 갱신된다. 매우 탄력적이긴 하지만, 근본적으로 이것이 회사의 조직도인 셈이다. "CLOU는 회사 조직 체계의 바탕을 이룹니다. 이렇게 해서 질서가 자발적으로 형성되고 조직은 더욱 유연해집니다"라고 루퍼는 말했다.[22] 모닝 스타의 개별 사업부서 역시 모든 고객 및 공급자들과 CLOU와 유사한 합의서를 작성한다. 이들의 믿음은 CLOU가 관리자들보다 더 나은 관리 체계를 제공한다는 것이다. 왜냐하면 개별 주체가 이뤄낸 합의사항들이 목표를 달성하고 보상을 받는 데 관리자들의 역할보다 훨씬 더 효과적이기 때문이다. "만약 사람들에게 선택의 자유가 주어진다면, 좋아하라는 지시를 받은 쪽으로 등 떠밀려 가기보다 자신이 진정으로 좋아하는 것에 이끌리게 될 것입니다"라고 루퍼는 말했다.[23]

합의서가 작성되고 나면, 직원들은 저마다 옳다고 생각하는 대로 목표와 사명을 추구할 자유가 주어진다. 예컨대 무언가 필요하면, 그냥 그것을 사면 된다. 장비를 구매하고자 할 때 승인을 요청해야 하는 구매 부서는 존재하지 않는다. 신입 직원을 언제 채용할지를 결정할 별도의 인력 관리자도 없다. 만약 팀 동료들의 업무가 과중하다고 느끼면, 팀의 업무를 도와줄 인력을 고용하면 된다. 모든 직원은 자유롭게 회사의 자원을 사용할 수 있다. 다만, 동시에 그 자원이 어떻게 사용되는지를 회사 전체에 설명할 책임을 갖는다.

모든 직원은 업무상으로 연관이 있는 동료들과 상의하고 투자 대비 효과에 대한 정당성을 입증해야 한다. 또한 CLOU 협상 과정에서 연중 진행 상황을 추적하는 수단이 되는 '징검다리(stepping stones)'를 밝혀야 한다. 회사는 모든 직원이 읽을 수 있는 상세한 재무보고서를 한 달에 두 번 발표한다. 하지만 여전히 직원들이나 사업부서에 특정 예산 범위를 넘지 말라든지, 달성해야 할 목표 수치가 얼마라든지 하는 지시나 통제를 하는 사람은 아무도 없다. "저는 모닝 스타에서 어떤 직원도 적절한 도구나 유능한 동료가 없어서 성공하지 못한다고 느끼게 하고 싶지 않습니다"라고 루퍼는 말했다.[24]

모닝 스타의 성공은 여러 면에서 확인된다. 루퍼와 그의 동료들은 자사의 시스템이 동료애와 전문성을 높이고 더 적극적인 주인의식을 갖게 하며, 더 나은 판단을 가능케 한다고 생각한다. 사업을 시작한 이후로 40년 동안 이 회사는 업계 평균보다 10배 빠르게 성장했다.[25]

하지만 관리자를 없애거나 자율관리 체계를 시도한다고 해서 모든 회사가 완전한 성공을 거두는 것은 아니다. 전적인 자율성이 모두에게 맞는 것은 아니기 때문이다. 2015년 토니 셰이는 1,500명 규모의 자포스를 완전히 자율적인 조직으로 탈바꿈시킬 것이라고 발표했다.[26] 발표에 앞서 셰이는 회사의 일부 부문에서 관리자들을 없애고 직원들에게 권한을 위임하는 실험을 했다. 이는 조만간 관리자 없는 조직으로 가기 위한 일종의 베타 테스트였다.

셰이는 모든 직원이 이 계획을 기꺼이 받아들이지 않을 수도 있다는 생각을 했다. 특히 곧 평직원의 역할로 되돌아가야 하는 관리자들에게는 중요한 문제일 것이다. 그래서 그는 직원들에게 어떤 작업이 진행되고 있으며, 왜 그래야 하는지를 설명하는 긴 메모를 작성했다. 이 메모는 금세 외부에도 공개됐다. 정책 전환을 발표하는 이 메모는 앞서 살펴본, 새로운 형태의 '퇴사 보너스 제안'에 대한 내용도 담고 있었다. 셰이는 만약 정상적 출근 상태의 직원이 예고된 내용을 검토해보고 그것이 자신에게 맞지 않아 회사를 그만두고 싶어 한다면, 그가 누구든 3개월 분의 급여와 수당을 지급할 것이라고 말했다. "자율적 관리와 자율적 조직은 모든 사람에게 맞는 것은 아니며, 여기에 모두가 동참하고 싶지는 않을 수도 있습니다"라고 셰이는 그 메모에 적었다. 그의 예상은 들어맞았다. 210명이 회사를 그만뒀으며, 그 가운데 20명이 관리자였다. 즉 직원의 14퍼센트는 새로운 조직 체계가 자신에게 맞지 않는다고 결론지었다는 뜻이다. 이는 4,000달러를 받고 떠난 신입 직원들에 비하면 엄청나게 높은 비율이었다.

그러나 그 결과가 꼭 나쁘다고만 할 수 없을 것이다. 1,500 명의 회사를 만들고, 조직 전체의 체계를 탈바꿈시킴으로써 자포스는 모든 직원에게 사실상 새로운 자포스에서 일할 것을 요구한 셈이기 때문이다. 회사를 떠난 직원들이 만약 그런 선택을 하지 않았더라면 새로이 자율성을 누릴 수는 있었겠지만, 그들에겐 새 환경이 너무 낯설었을 것이다.

자율성을 극대화함으로써 득을 보는 기업들이라 해서 그들 모두가 관리자를 전부 없앤 것은 아니다. 노스캐롤라이나 더햄에 있는 GE의 항공기 엔진 조립공장에는 여전히 경영진이 존재한다. 그러나 딱 1명이 있다.[27] 전체 공장을 관장하는 단 1명의 공장 관리자가 있고 수백 명의 직원이 모두 그에게 보고한다. 아니, 사실상 모든 직원은 서로에게 보고한다고 할 수 있다.

공장 관리자의 몇몇 제한적 감독책임을 제외하면, GE 더햄은 직원들에 의해 자율적으로 관리되는 공장이다. 모든 항공기 엔진을 각각의 팀이 제작하며, 각 팀이 생산 일정을 직접 짠다. 그들이 상부에서 받는 유일한 지시는 특정 엔진의 선적 준비를 마쳐야 하는 날짜가 전부다. 그것 말고는 팀이 그 외의 모든 것, 일테면 작업 일정, 업무 배정, 휴가, 교육 등을 자체적으로 결정한다. 업무에 차질이 생겼을 때도 팀 내에서 조율한다.

이러한 GE 더햄의 자율관리 운영 방식은 조그만 아이디어에서 시작된 자연스러운 결과였다. 1993년, 로버트 헨더슨(Robert Henderson)에게 GE의 신규 공장을 설립하라는 책임이 주어졌다. 때마침 그는 우연히 한 가지 이례적인 아이디어를 떠올렸다. '이 공장에서 일하는 직원들 모두가 미국 연방항공국(Federal Aviation Administration, FAA)이 공인한 기술자 자격을 갖추게 하면 어떨까?'라는 것이었다. "그 아이디어대로라면 더 나은 역량을 가진 직원들로 공장을 시작하게 되므로 기초 교육에 시간을 들일 필요가 없지요"라고 헨더슨은 말했다.

조립라인을 가진 일반적인 항공기 엔진 공장에서는 모든 사람이 FAA 자격증을 가질 필요가 없었다. 결과적으로 직원들의 직능 수준이 다양했고, 이에 따라 각기 다른 사람들에게 다른 수준의 관리가 요구됐다. 그러나 만약 모든 직원이 똑같이 높은 수준에서 시작한다면, 훨씬 더 미미한 관리 체계만 필요할 것이고 팀이 더 많은 것을 처리할 수 있을 것이다. 이러한 생각의 당연한 결론은, 기존의 조립라인 관리 체계가 필요 없다는 것이었다. 그리하여 GE 더햄에서는 한 팀이 특정 엔진의 모든 부분을 조립하게 됐다. 하나의 그룹이 1만 개에 달하는 부품을 일일이 조립해 8.5톤짜리 제트 엔진을 만드는 것이다. 그들은 그 엔진과 관련된 모든 것을 완전히 소유한다. 그들이 어느 정도로 자신들의 엔진에 공을 들이냐 하면, 엔진을 최종 납품하기 위해 선적할 때 엔진이 실릴 적재 공간을 말끔히 청소까지 하는 것으로 알려져 있다. 엔진이 운송 중 손상을 입지 않도록 하기 위해서다.

팀에 속한 모든 팀원은 동등하게 대우받으며, 서로가 얼마의 급여를 받는지를 다 안다. 보유 직능에 따라 단지 세 등급의 기술자만이 존재하고, 각 등급에는 오직 한 가지 급여만 존재한다. 전통적인 조직도상에서는 공장 관리자가 유일한 상사였겠지만, 이곳의 기업문화는 모든 직원이 나머지 팀원 전체에게 보고하고 설명할 의무를 진다. 모두가 서로의 상사다. 인적 자원, 안전 정책, 생산 공정 같은 커다란 의사 결정은 보통 각 팀에서 선발된 팀원들로 구성된 위원회에서 내려진다.

밸브 소프트웨어와 마찬가지로 채용은 GE 더햄의 자율관리 문화를 지켜주는 중요한 일부분이다. FAA 자격증을 가지는 것 이외에, 새 직원은 문화적으로도 적합해야 한다. 다섯 사람이 각각의 후보를 면접하며, 후보자의 평소 행동을 관찰하기 위해 그룹 활동도 진행한다.[28] 재능이 뛰어난 인재라 하더라도 팀 환경에서 제 역할을 하지 못할 것처럼 보이는 사람에게는 입사 제안이 주어지지 않는다. 이러한 채용 철학은 강력한 팀문화를 유지하는 데 도움을 준다. 팀문화는 다른 형태로도 드러나는데, 모든 직원은 똑같은 유니폼을 입는다. 신뢰의 표시로 연장과 부품들은 개방된 채 별다른 경비 없이 보관되며, 매일 팀 미팅이 열린다. 각 팀은 2교대로 운영되는데, 2개의 교대조가 하나의 팀으로 운영되게 하기 위해 오후 2시 30분에 두 교대조를 겹치게 한다. 이때는 모든 팀원이 함께 모여 경과 사항에 대한 최신 정보를 공유하고 문제에 대해 논의함으로써 직원들의 사기나 갈등, 일정 문제 등을 점검한다.

그 결과는 실적이 말해준다. 평균적으로 보면, GE 더햄에서 선적된 모든 엔진의 75퍼센트가 말 그대로 완벽하다. 나머지 25퍼센트는 보통 딱 한 가지의 결함을 가진 경우다. 미세한 외관상의 긁힘이나 정리 덜 된 전선 같은 것이다. 항공기의 엔진을 설계하고 조립하는 것이 사실상 엄청나게 어렵고 복잡한 일이라는 점을 고려하면, 이는 대단한 수준의 완벽성이다. 엔진 내부의 모든 볼트는 렌치로 완벽하게 조여져야 하며, 가끔은 부품 간에 허용되는 정밀도가 사람의 머리카락 굵기에 불과하기도 하니 말이다.

공장이 가동된 지 얼마 안 되어 GE 더햄은 항공기 엔진 조립 비용을 50퍼센트나 낮추면서도 높은 품질을 유지할 수 있었다. GE 더햄을 설계한 경험을 회고하면서, 헨더슨은 공장의 성공 원인이 관리자의 존재 여부나 관리자를 몇 명 두었는지가 아니라 직원들에게 최대한의 자율권을 주었기 때문이라고 했다. "우리는 사람들에게 전적으로 맡기지 않으려는 경향이 있지만, 그들은 생각보다 많은 것을 할 수 있습니다. 엄격한 통제가 필요하다고 고집하는 이들도 있지만, 사실 그럴 필요는 없습니다"라고 그는 말했다.[29]

최근 몇 년간, 뉴 벨지엄 브루잉(New Belgium Brewing)은 바로 그처럼 엄격한 통제를 포기하는 실험을 했다. 콜로라도 주 포트 콜린스에 본사를 둔 이 수제맥주회사는 1991년 설립된 이래 직원들에게 점점 더 많은 통제권을 꾸준히 이양해왔다. 킴 조던(Kim Jordon)과 그녀의 전 남편인 제프 레버시(Jeff Lebesch)가 설립한 이 회사는 성장을 거듭해 미국에서 수제맥주회사로는 네 번째, 맥주회사 전체로는 여덟 번째로 큰 기업이 됐다.[30] 이 회사는 대체 양조법만이 아니라 대체 관리 방법의 선구자로 명성을 쌓아왔다. 회사 경영자들은 이를 '높은 참여도 및 주인의식의 문화(high involvement, ownership culture)' 라 부른다. 이 회사의 조직도에는 여전히 전통적인 관리자들이 존재하지만 결정권과 자율성은 지위의 고하를 막론하고 모든 임직원에게 주어진다.

모든 신입 직원은 입사 첫해의 연말이 되면 전 직원이 보는 앞에서 주문제작 크루저 자전거(cruiser bicycle, 1930~1950년대에 유행했던 구식 빈티지 형태의 자전거–옮긴이)를 선물 받는다. 이 자전거는 바로 이 회사를 설립하는 데 영감을 제공한 레버시의 1989년 벨기에 자전거 여행을 상징한다. 레버시는 그 여행에서 회사 설립의 영감을 얻었고, 회사의 간판 맥주인 팻 타이어(Fat Tire)와 그 제품의 빨간 자전거 로고를 착안했다. 그런데 자전거는 또 다른 의미를 담고 있다. 누구나 회사의 주인으로서 오너십을 가지라는 주문이다. 뉴 벨지엠에서는 모든 직원이 회사의 재무 자료를 볼 수 있을 뿐만 아니라 손익계산서, 재무비율, 현금흐름 등 재무기초 지식에 대한 교육도 받을 수 있다. 이 회사가 미생물학자에서 축제 공연자에 이르는 매우 다양한 인재를 고용한다는 점을 고려할 때, 이는 오너십을 느끼게 하는 데 아주 중요한 부분이다.[31] "무대 위만이 아니라 무대 뒤에서 무엇이 진행되는지를 알지 못한다면, 주인처럼 느낄 수 없다고 생각합니다"라고 조던은 말했다.[32]

오너십에는 의사 결정권도 따라온다. 직원들은 회사가 나아갈 방향과 중대한 의사 결정에 도움을 준다. 직원들은 어떤 새로운 구상을 시작하기 전에 공감대를 만들거나 투표를 하기 위해 종종 미팅을 한다. 1990년대 말에 이 회사는 '환경적으로 지속 가능한(environmentally sustainable)' 회사가 된다는 목표를 달성할 기회를 얻었다. 회사에 필요한 모든 전력을 와이오밍에 있는 풍력발전회사에서 구매하는 것이었다. 그런데 문제는 10년에 이르는 장기 계약이고 더구나 선불 조건이라는 점이었다. "우리에게는 그만한 돈이 은행에 있었습니다. 하지만, 이미 우리는 그 돈을 이익 분배에 쓰겠다고 직원들에게 약속한 상태였죠"라고 뉴 벨지엄의 지속 가능 부문 상무이사인 케이티 월리스(Katie Wallace)는 말했다.[33] 그래서 전 임직원이 모여 이 문제를 논의했고, 그 기회와 소요비용에 대해 설명한 뒤두 창립자는 자리를 떴다. 단지 45분의 토론 뒤에 직원들은 의견의 일치를 보았다. 그들은 자신들이 이익으로 분배받을 수표를 포기하고, 공장에 풍력 전력을 공급하는 데 투자하기로 결정했다.

뉴 벨지엄은 여전히 전통적인 관리 체계를 가지고 있다. 그러나 직원들에게 권한을 줌으로써 전통적 관리 방식을 계속 유지하면서도 자율성의 혜택을 누리고 있다. 그리고 이러한 조합이 너무나 성공적이어서 회사는 이를 극대화했다. 최근 이 회사는 조던이 자신의 주식을 우리사주에 매각함으로써 직원들이 100퍼센트를 소유하는 회사가 됐다(레버시는 2001년 회사를 떠났으며, 2009년에 그의 주식을 뉴 벨지엄에 팔았다). "2년 전, 우리가 회사를 누구에게 매각했는지(조던 자신과 남편의 주식을 직원들에게 매각한 사실을 가리킴-옮긴이) 발표하면서 우리는 동료들 각자에게 봉투를 하나씩 건네주었습니다"라고 조던은 말했다. "그 봉투 안에는 거울이 들어 있었습니다. 그것은 우리가 회사를 그들에게 팔았다는 우리 나름의 표현이었습니다."[34] 모든 직원이 자신의 업무에 대해 전적인 통제권을 가진 것은 아니지만, 이제 모든 직원은 뉴 벨지엄의 미래에 대해 전적인 통제권을 갖게 됐다.

밸브, 모닝 스타, 그리고 뉴 벨지엄 같은 기업들의 경영진은 각기 다른 방법으로 직원들에게 자율권을 제공하는 실험을 했다. 그러나 그들은 모두 공통적인 통제권 이양의 효과를 확인했다. 각 개인은 자신이 어떤 업무에 매진하고 어떻게 일할지를 자유롭게 결정할 수 있다고 느낄 때 사기가 더욱 높아지고, 더욱 충성스러워지며, 생산성이 더욱 향상된다. 수십 년간의 수많은 연구 결과는 이러한 선구자들의 사례를 뒷받침한다. 자율성이 가져다주는 효과를 얻기 위해 경영자들이 통제권을 전부 포기하거나 관리자를 모두 해고할 필요는 없다. 그러나 모든 경영자는 자사의 현재 조직구조가 어떻게 자유를 제한하고 잠재력의 발현을 가로막는지에 대해서는 깊이 생각해봐야 한다.

떠나간 직원을
연결하라

한 직장에서 일하는 기간이 점점 짧아지면서, 경영자들은 최
고 인재들과도 더욱 빈번히 작별하게 됐다. 이제는 떠나간
직원을 어떻게 대하느냐가 기업 경영의 중요한 문제가 되고
있다. 그들을 연결하여 그보다 큰 연결고리로 삼는 기업이
늘고 있다.

맥킨지앤드컴퍼니에 새로이 채용되는 모든 컨설턴트는 그만두는 것에 대해 생각해본다. 실제로, 이 회사의 신입 직원 대부분은 회사에 첫 출근조차 하기 전에 이직에 대해 생각한다. 이는 그들의 잘못이 아니다. 전문 컨설팅업 자체의 특성이 그러하기 때문이다. 파트너십 모델을 따르는 회사에서는 종종 '업 오어 아웃(up or out)'이라는 말을 한다. 직급을 따라 승진해서 파트너까지 이르든가(업), 아니면 밖으로 나갈 길을 찾든가(아웃) 둘 중에서 방법을 찾아야 한다는 뜻이다.

맥킨지의 파트너들은 몇 년마다 이 회사의 컨설턴트들이 회사에서 승진하게 될지 어떨지를 평가한다. 승진할 확률이 적은 직원들은 회사를 떠나도록 은근히 권유받는다. 맥킨지의 컨설턴트 5명 중 4명은 파트너까지 승진하지 못한다. 이들이 회사를 떠나는 '아웃'을 선택하는 이유는 회사에서 승진하는 '업'의 가능성이 없거나, 아니면 그것을 더는 원치 않게 됐기 때문이다. 그러나 신입 직원들이 이직을 생각하는 또 다른 이유는, '맥킨지 이후의 삶'에 대한 이야기를 꺼내는 것이 이 회사 채용 과정의 일부이기 때문이다.

이 회사의 채용 담당자들은 경영대학원 캠퍼스를 방문하거나 유망한 지원자를 만나면, 맥킨지의 '동문' 자격이 주는 광범위한 영향에 대해 많은 시간을 할애하여 얘기한다. "우리는 단순히 회사의 훌륭한 교육과 멋진 업무 과제, 대단한 고객들에 대해서만 이야기하지 않습니다. 우리 회사가 인연을 평생 기념한다는 사실, 그리고 우리가 어떻게 우리 회사 출신의 동문을 연결해주는지에 대해서도 얘기해줍니다"라고 맥킨지의 기업 출신 동문담당이사인 션 브라운(Sean Brown)은 말했다.[1] 채용 담당자들은 이 회사의 동문이 글로벌 기업의 CEO가 되고, 벤처 창업을 하며, 비영리단체나 정부로 옮겨간다는 말도 잊지 않는다. 그러는 중에 맥킨지가 자신의 사람들을 돕기 위해 늘 자리를 지켜왔다는 것도 언급한다. 이 회사 채용 웹사이트의 한 페이지에는 다음과 같은 내용이 있다. "맥킨지는 대단히 멋지고 흥미로운 직장이지만, 그래도 역시 떠나는 사람은 있게 마련입니다. 우리는 그들의 결정을 존중합니다. 오히려, 우리는 그들이 글로벌 리더로서 성취하는 것들을 자랑스럽게 생각합니다. … 우리는 맥킨지의 바깥에 수많은 맥킨지가 또 존재한다는 것이 대단한 일이라고 생각합니다."[2]

실제 맥킨지는 자랑스러워할 만하다. 맥킨지가 존재해온 90여 년 동안, 이곳 컨설턴트들은 전 세계의 모든 주요 기업과 다양한 나라의 리더들에게 영향을 끼쳐왔다. 그러나 이 막대한 영향력은 사실, 보잘것없는 시작에서 비롯됐다. 맥킨지는 1926년에 제임스 O. 맥킨지(James O. McKinsey)의 독자적 사업으로 시작했다.[3] 맥킨지 자신은 프레더릭 윈즐로 테일러의 '과학적 관리법'의 추종자인 동시에 실천가였기에 처음에는 자신의 컨설턴트들을 '매니지먼트 엔지니어'로 홍보했다.

이 회사는 1939년 제임스 맥킨지의 사망 이후에도 계속 그렇게 운영됐다. 그러다가 1950년 마빈 바우어(Marvin Bower)가 관리이사라는 직책을 맡으면서 변화하기 시작했다. 바우어는 맥킨지가 시장을 넓히고 영향력을 키울 수 있도록 기업구조를 혁신한 인물로 평가된다. 이 회사의 컨설턴트들을 '매니지먼트 엔지니어'에서 '매니지먼트 프로페셔널'로 변신시킨 사람이 바로 바우어였다.[4]

바우어의 접근방법은 조금 독특했다. 예를 들어, 그는 모든 컨설턴트가 펠트나 모직 재질의 중절모를 착용해야 한다고 고집했다. 그러다가 나중에 케네디 대통령이 그런 패션을 버리고 나서야 고집을 꺾었다. 또 그는 회사 고객을 정신없게 할 것이라 생각해서 체크 무늬가 있는 양말을 신는 것을 금지했다. 바우어의 명령은 컨설턴트의 모든 행동이 회사에 대한 이미지와 생각을 더욱 향상시키도록 계산되고 계획되어야 한다는 것이었다. 접근방법에 별난 점은 있었지만, 이것은 효과가 있었다.

이후 이 회사가 발휘하는 영향력의 대부분은 새로운 인재를

[옥스퍼드대학교의 로즈(Rhodes) 장학생에서부터 하버드 경영대학원의 베이커(Baker) 장학생에 이르기까지] 전 세계의 일류 대학에서 채용하고, 그들을 세계에서 가장 명망 높은 컨설턴트 그룹의 일원으로 다듬는 능력에서 나왔다.[5] 여기에 신입 직원들이 대단히 이상하게 여길 만한 한 가지 두드러진 관례가 있었는데, 그것이 없었다면 오늘날의 존경받는 맥킨지는 없었을지도 모른다. 바로, 떠나는 직원들을 축하해준다는 것이다.

이직을 경축한 첫 사례는 바우어의 재임 기간에 있었다. 1957년, 몇 명의 전직 맥킨지 컨설턴트들이 뉴욕 시에서 크리스마스 파티를 열기로 계획했다. 바우어는 이후 회사 차원에서 그들의 연락처를 계속 가지고 있으면서 크리스마스 카드를 보내게 했다.[6] 길지 않던 이 리스트는 오래지 않아 모든 전직 맥킨지 컨설턴트의 이름을 포함하는 주소록이 됐다. 이 주소록은 현 직원들이 옛 동료들과 소식을 주고받는 도구로뿐만 아니라, 옛 직원들 간에도 서로 연락을 유지하는 수단으로 회사 안팎에서 회람됐다. 그 후 이 주소록을 관리하는 기술은 엄청나게 발달했지만, 그 목적은 변하지 않았다.

오늘날 맥킨지 동문 네트워크의 중심축은 모든 동문과 현직 직원들이 접근할 수 있는 회원 전용 웹사이트다. 웹사이트는 맥킨지 출신 동문의 주소록을 담고 있으며, 가끔은 〈포춘〉 500대 기업을 경영하는 과거 동문의 집 주소와 개인 전화번호가 나와 있기도 하다. 이 사이트는 또한 맥킨지 행사들에 대한 게시판 역할도 한다. 회사는 동문이 맥킨지의 최근 소식뿐만 아니라 자신들의 업계에서 경쟁력을 유지하는 데 필요한 정보를 얻을 수 있도록, 매년 몇 차례의 온라인 지식 이벤트와 라이브 이벤트, 콘퍼런스를 개최한다. "가장 높은 직급의 동문조차도 여기에 관심을 두고 있습니다. 그 내용을 우리 사업 영역에서뿐만 아니라, 맥킨지의 글로벌 연구소에서도 가져오기 때문입니다"라고 션 브라운은 말했다.[7]

브라운 자신도 따지고 보면 맥킨지의 동문이면서 현직 직원이다. 그는 MIT의 슬론 경영대학원을 졸업하고 맥킨지에서 컨설턴트로 몇 년간 일하다가, MIT의 동문담당이사(alumni relations director)를 맡아 회사를 떠났다. 몇 년 뒤, 맥킨지에서 같은 직책을 맡아달라는 요청을 받고 다시 돌아왔다. 그때부터 브라운은 맥킨지의 동문 네트워크를 번성시키고자 꾸준히 노력해왔다.

맥킨지가 이 동문 네트워크를 유지하는 데 들이는 투자는 놀라울 정도다. 이 회사는 거의 모든 사무소에 동문 업무를 담당하는 직원을 적어도 1명 이상 두고 있다. 동문 주소록과 지식 이벤트, 범세계적 콘퍼런스에 들어가는 비용은 모두 회사가 부담한다. 맥킨지는 이것이 충분한 가치가 있는 투자라고 생각하는데, 그 이유들 중에는 사람들이 예상하지 못하는 의외의 것도 있다. 맥킨지의 동문 네트워크가 이 회사에 새로운 고객을 데려오는 것도 사실이다. 하지만 그것은 맥킨지가 얻는 최대의 이득이 아니다. "많은 사람이 그렇게 생각합니다"라고 브라운은 말했다. "하지만 사실, 우리는 고객 영향력과 사람들에 대한 영향력에 더 많은 관심을 두고 있습니다."[8] 맥킨지는 전 세계에 걸친 전직 컨설턴트들의 네트워크를 만듦으로써 현재 고객들이 필요로 하는 것을 더 잘 제공할 수 있다고 믿는다. 이 회사는 최고의 인재를 채용하는 데에도 다른 컨설팅 업체보다 더 나은 준비가 되어 있지만, 탁월한 서비스를 고객에게 계속해서 제공하는 데 필요한 정보를 얻기에도 더 나은 위치에 있다.

더 커다란 네트워크와 이어주는 동문 네트워크

출신 기업 동문 네트워크를 운영하는 회사들은 사회학자들이 '배태성(embeddedness)' 효과라 부르는 원리를 이용하기에 더 좋은 위치에 놓인다. '배태성'이란 '어딘가에 소속되어 있음'을 나타내는 단어 자체의 뜻 그대로, 더 커다란 네트워크에서 하나의 기업이 차지하는 위치를 뜻한다. 이 위치는 대단히 중요하다. 연구 결과에 따르면, 어떤 기업이 산업계의 다른 구성원들과 가지는 관계의 밀접함 정도는 회사의 재무성과와 직결된다고 한다. 모든 산업은 사실 인맥 연결고리들의 네트워크라 할 수 있다. 기업들, 고객들, 공급 업체들, 경쟁사들, 그리고 협력사들이 모두 그렇다.

이러한 효과는 브라이언 우지(앞서 브로드웨이 연구를 진행했던 인물)가 진행한 초기 연구에서 처음 발견됐다. 우지는 뉴욕 시에 있는 의류 산업을 연구하기로 했다. 이 분야는 거미줄처럼 복잡하게 얽힌 인맥 네트워크였는데, 그에게는 어느 정도 익숙한 것이었다. "우리 가족이 이탈리아를 떠나 미국에 처음 왔을 때, 어른들이 모두 재봉 산업에 종사했습니다. 제 할아버지는 재단사였으며, 어머니는 재봉학교에 다녔죠"라고 그는 회상했다.[9] 우지는 뉴욕 시의 의류 산업이 연구 대상으로 아주 적합한 인맥집단이라는 것을 알았으며, 각기 다른 회사의 경영자들이 각기 다른 방식의 관계를 맺고 있다는 것을 알고 있었다. 그가 연구를 통해 알아보고자 한 것은, 이러한 인맥집단에서 그들의 행동이 그들 회사에 어떻게 영향을 끼치는가 하는 것이었다.

우지는 뉴욕 시에 있는 23개의 의류회사를 연구했으며, 각 회사의 CEO와 그 외 주요 임원들과도 인터뷰를 진행했다. 그는 총 43명과 진행된 117시간의 인터뷰 내용을 모았다. 또한 회사 직원들과 도매업자들, 고객들, 원자재 공급업자, 경쟁자들과의 상호 관계도 관찰했다. 또한 뉴욕 시의 업체들 중 상위 80퍼센트 이상이 속했던 '국제 여성복 노동조합(International Ladies' Garment Workers' Union, ILGWU)을 통해 회사들의 거래 정보까지 모았다. 이 노조는 이 분야에서 다른 회사 간에 일어난 거래 규모에 대한 기록을 가지고 있었다. 우지는 또한 그의 연구가 진행되던 해에 파산한 회사들의 숫자를 기반으로, 업계의 각 회사가 파산할 확률을 비교하여 예측했다. 자신의 연구자료 전체를 분석해서 각 회사의 네트워크 접촉 형태와 그 회사가 파산할 확률을 비교하자, 놀라운 사실이 발견됐다.

그가 예측했던 것처럼, 의류 산업계의 각 회사는 서로 다른 방식으로 네트워크를 맺고 있었으며, 그러한 차이점은 정말 중요했다. "배태되면, 즉 조직들의 네트워크가 구성되고 거기에 속하면, 시장의 일반적 거래관계에 비해 몇 가지 경쟁 이점이 있습니다"라고 우지는 밝혔다.[10] 어떤 회사들은 자신들이 신뢰하는 몇몇 공급 업체와만 거래했으며(우지는 이를 '긴밀한 관계 (close-knit ties)'라 이름 붙였다), 또 어떤 회사들은 자신들의 사업을 여러 개의 작은 작업으로 쪼개 다양한 회사에 나누어주었다('거리를 두는 관계(arm's-length ties)'라고 이름 붙였다). 그는 '긴밀한 관계'를 유지하는 것이 그 회사의 생존 가능성을 높여주었다는 것을 알게 됐다. 다만, 이러한 효과는 일정한 한도 내에서만 유효했다. 이를 넘어서서 지나치게 소수의 회사와 지나치게 긴밀해지면 오히려 부정적 영향을 끼치기 시작했다.

이 분야에서 가장 성공적인 회사들은 '긴밀한 관계'와 '거리를 두는 관계'의 아주 효과적인 조합을 유지했으며, 그들은 상황에 따라 어떤 관계를 사용할지 선별적으로 대응했다. "'거리를 두는 관계'에서는 그다지 깊은 관계를 맺지는 않지만, 시장을 더 넓게 훑어보도록 해주는 장점이 있습니다"라고 우지는 말했다. "또 '긴밀한 관계'를 유지하기 위해 들였을 노력을 나누어서 여러 개의 '거리를 두는 관계' 상대들에 쏟을 수도 있습니다. 그렇게 하면 여러 시각에서 정보를 얻을 수 있고, 이를 모아 최고의 이득을 얻을 수도 있습니다."[11]

업계에서 나머지 회사들과 너무 동떨어진 회사는 신뢰의 이점이나 자사가 마주칠 만한 문제들을 해결하는 데 도움을 얻을 수 없다. 반대로, 너무 소수의 회사들과 너무 가까워지면 서로 간에 새로운 시장 정보를 충분히 얻거나 산업계의 변화에 적응하기 어려워진다.

제대로 작동하는 동문 네트워크는 바로, 그 '긴밀한 관계'와 '거리를 두는 관계' 간의 균형을 모(母)조직에 가져다준다. 현직 직원들과 현 고객들은 회사가 빈번히 접촉하는 '긴밀한 관계'가 된다. 동시에, 산업 전반과 여러 분야에 흩어져 있는 전직 직원들은 정보를 전달해주고 중요한 연결고리 역할을 하는 '거리를 두는 관계'가 된다.

우지는 결론적으로 이렇게 말했다. "제가 만약 회사를 운영한다면, 어떤 기업들과는 아주 긴밀한 관계를 유지하고자 할 것입니다. 동시에 제 동문 네트워크에서 존재할 수 있는 수많은 느슨한 관계도 유지하고자 할 것입니다. 이들은 딱히 제가 접근해서 새 거래를 얻을 수 있는 상대라기보다는, 다소 시장 연구 차원에서 필요한 상대들이죠. 회사나 시장에서 어떤 일이 일어나고 있는지 알 수 있도록, 그냥 일반적인 정보들 말입니다. 저는 시장 정보에 관한 정보 소스의 조합(sources of market information)을 원했을 겁니다."[12]

맥킨지의 션 브라운은 자신의 경험에 비춰볼 때, 우지의 말이

맞다고 얘기한다. "제가 컨설턴트 시절에는 의료 분야 연구를 맡았었지요"라고 회상하며 그는 말을 이어갔다. "우리는 다섯 군데 기업에서 의료 분야 임원들과 긴급히 만나야 했던 적이 있습니다. 나중에 알고 보니, 그 기업들 모두에 우리 동문이 있더군요. 그래서 그들에게 전화했더니, 한 사람 한 사람 모두 시간을 내주었습니다. 저는 그때 겨우 입사 2년 차 직원이었어요. 그들은 우리가 마주친 문제를 해결하는 데 기꺼이 시간을 내준 것입니다."[13]

거꾸로, 브라운에게도 그러한 조언을 제공할 기회가 있었다. "5년이 더 지나서, 제가 슬론 경영대학원에 있을 때였습니다. 그때 한 맥킨지의 연구 그룹이 제게 연락을 해왔어요. 당연히 저도 시간을 내주었지요"라고 그는 말했다. "저는 바빴지만, 과거에 다른 사람이 저에게 시간을 내준 일이 있었기에 저도 시간을 냈습니다. 정말 이러한 네트워크를 유지하는 데 도움이 되고 싶다는 소속감을 느끼게 됩니다."[14] 맥킨지는 다른 기업을 경영하는 전직 컨설턴트들에게 일거리를 따오기도 한다. 하지만 더욱 중요한 것은 그들의 동문 네트워크가 더 커다란 인맥 네트워크와의 연결고리라는 것이다. 그 네트워크가 최적의 배태성을 달성하게 할수록 맥킨지가 새로운 정보를 빠르게 습득하고, 신속하게 적응하며, 계속해서 경쟁력을 유지하게 해준다.

활성화된 동문 네트워크 사례

우지가 얻은 결과는 컨설팅과 동떨어진 업계에서조차 경쟁력이
강화됐다는 확고한 사례를 보여준다. 어떤 회사든 동문 네트워
크를 잘 활용하면 더 커다란 산업계의 인맥 네트워크에서 최적
의 위치를 유지할 수 있다. 아마도 바로 그것이 동문 네트워크
가 증가하는 이유일 것이다. 한 연구에 따르면 기업들의 67퍼센
트는 전직 직원들을 모아 동문 네트워크를 조직한 적이 있다고
한다. 그리고 설문조사에 응한 기업들의 15퍼센트는 회사가 비
용을 부담하는 공식적인 동문 네트워크를 갖고 있었다.[15] 한마
디로, 점점 더 많은 회사가 잠에서 깨어나 직원들의 이직을 경
축하고 있다는 것이다.

　이직을 경축하는 것에 대한 강력한 지지자 중 한 사람이 링크
드인(LinkedIn)의 설립자 리드 호프만(Reid Hoffman)이다. 링크드
인은 다양한 조직의 동문이 자체적으로 인맥 네트워크를 구성
해 모이는 곳이다. 그럼에도 정작 링크드인에서는 동문 네트워
크 비슷한 것이 생기기까지 몇 년이 걸렸다. 회사가 빠르게 성
장하는 바람에 소수의 동문에 비해 훨씬 더 많은 신입 직원이
있었으므로, 회사는 새 직원에 주로 집중해야 했기 때문이다.[16]
하지만 회사가 자리를 잡아가면서 동문의 숫자도 늘어났고, 회
사 경영진은 동문이 이후로도 계속해서 늘어나게 될 것임을 알
았다.

어쩌면 수많은 링크드인 사용자가 비공식적인 동문 네트워크를 만드는 것을 지켜보았기 때문일지도 모르겠는데, 호프만은 동문의 숫자가 손쓰기에 너무 많아지기 전에 조치를 취하기로 했다. "정식으로 동문 네트워크를 출범하는 것이 훌륭한 장기적 투자가 되리라는 게 분명해졌습니다"라고 호프만은 말했다.[17]

호프만과 그의 팀이 만든 동문 네트워크는 상당히 독특한데 크게 2개의 등급으로 나뉜다.

먼저 두 번째 등급은 '모두가 참여할 수 있는' 일반 등급이다. 링크드인에서 일한 적이 있는 사람은 누구나 이 그룹에 접속할 수 있었다. 동문에게는 이 회사의 소셜 네트워크 유료 서비스를 평생 무료로 사용할 수 있는 특전이 주어졌고, 이는 동문들이 계속해서 계정을 유지할 수 있게 해주었다. 또한 동문들에게 링크드인 제품들을 계속해서 알리는 역할도 했다. 이 그룹 내에서는 현직 직원들이 회사에 대한 새 소식을 올리기도 하며, 그런 정보들 중에는 원래 회사의 내부 메모에만 등장하는 내용도 있다. 현직 직원이 이 그룹의 게시판에 질문을 올려 토론을 시작하고, 거기에 따르는 대화 내용을 관리하기도 한다. 회사는 분기별로 이 그룹에 뉴스레터를 배포하여 회사 소식뿐만 아니라 눈에 띄는 동문의 동향도 알려준다. 이와 함께 회사가 시장 정보를 얻는 데 도움이 되는 정보를 제공하거나 설문에 참여해달라고 요청하기도 한다.

이제 첫 번째 등급이다. 동문 네트워크의 첫 번째 등급은 초청받은 사람들만 들어갈 수 있다. 초청은 회사가 가장 소중하게 여기는 동문에 한하여 이뤄진다. 초청 대상은 과거 링크드인에서의 역할이나 이직 이후 업적, 또는 두 번째 일반 등급 동문에 대한 기여 등을 기준으로 선정된다. "이는 충성스러운 전직 스타 직원들에게 적극적인 참여에 대한 보상으로 더 높은 수준의 서비스를 제공하는 방법입니다"라고 호프만은 말했다.[18] 이러한 초청 메시지는 링크드인의 경영진 팀이 직접 발송한다. 이렇게 구분된 첫 번째 등급의 동문 네트워크를 갖는 것은, 동문과 회사 경영자들 간에 더 깊숙한 접촉을 가능하게 해 준다. 이들은 교육 프로그램에 참여하거나 사내 해커톤(hackathons, 컴퓨터 프로그래머들이 새로운 창의적 주제에 대해 단기간 협업하는 행사)의 심판 역할을 맡는 등, 링크드인의 회사 캠퍼스에서 일어나는 다양한 행사에 참여하도록 권유받는다. IPO(기업공개) 당시 호프만은 몇몇 동문을 축하행사에 초청하고, 링크드인에 이렇게 중요한 순간이 있기까지 그들이 기여한 공로를 치하했다. 호프만은 초창기 직원들의 바블헤드 인형(머리 아래에 스프링을 달아 머리가 흔들리게 한 작은 인형-옮긴이)까지 제작하게 했는데, 상장 즈음에는 이들 대부분이 링크드인을 떠나 회사 동문 자격이 되어 있었다.

동문과 공유하는 정보의 상당 부분이 회사의 내부 메모 내용을 재사용하고, 동문 프로그램 중 상당수가 회사 행사에 덧붙여 일어나기 때문에 동문 네트워크를 운영하는 데 드는 비용은 크지 않다. 호프만은 투자 대비 효과가 어마어마하다고 생각한다. 그것이 단순히 새 직원을 소개받는 것이든, 외부 분석가나 컨설턴트들에게 얻었다면 수십만 달러짜리였을 고급 시장 정보든 말이다. 링크드인의 2개 등급 시스템은 '거리를 두는 관계'와 '긴밀한 관계' 두 가지를 동시에 조합하여 활용할 수 있게 해준다. 이는 업계 네트워크에서 최적 지점에 위치할 수 있도록 회사의 여타 인맥 네트워크와 멋지게 어우러진다.

마이크로소프트의 동문은 단순히 서로 간에 연락을 유지하는 것 외에도, 세상을 더 나은 곳으로 만들기 위해 뭉친다. 오랜 기간, 마이크로소프트의 동문은 2개의 별도 모임으로 운영됐다. '마이크로소프트 동문 네트워크'는 통상적인 동문 프로그램으로, 회사와 다시 연락을 이어갈 기회와 함께 몇 가지 특별한 혜택을 제공했다. 그리고 이와 별도의 '마이크로소프트 동문 재단'은 전직 직원들과 자선활동을 벌여나갔다.[19]

최근 이 2개 모임이 하나로 뭉쳐 10만 명이 넘는 동문 네트워크가 됐으며, 마이크로소프트 경영진으로부터 더욱 든든한 지원을 받게 됐다.[20] 이들은 회원으로 가입하기 위해 실제로 돈을 내며, 회원이 되면 다양한 혜택을 받는다. 회사 스토어의 직원 할인을 비롯하여 마이크로소프트 오피스 365의 무료 구독은 물론, 베타 프로그램을 사용해보거나 보험·여행·외식 등에 대한 온갖 할인 등 다양한 혜택이 있다.

그들이 회비로 내는 돈(그리고 그 외의 추가 기부금)은 다양한 자선

활동에 쓰이며, 이런 활동 중에는 종종 동문 중 누군가가 시작한 것들도 있다. '인티그럴 펠로우(Integral Fellows)' 프로그램을 운영하면서 비영리 또는 자선 업무에 직접 관여하는 동문에게 지원금을 주기도 한다. 또한 동문을 위한 자원행사와 연례 재회 파티도 개최한다. 이 네트워크는 회사와 별도로 운영되지만, 회사는 적극적인 지원을 제공한다. 마이크로소프트의 최고 경영진은 수많은 동문 행사에 참여하며, 동문 네트워크의 운영에도 지원을 아끼지 않는다. 이와 더불어 마이크로소프트는 동문이 회사 내부 뉴스 포털에 접속하게 해주고, 이들이 직원이었던 당시와 마찬가지로 회사 내부의 행사와 최신 소식을 접할 수 있게 해준다. 이와 함께 모든 전직 직원의 연락처 정보를 포함한 동문록도 있다. 이 데이터베이스는 동문이 서로 연락하거나 회사가 정보 공유를 위해 동문에게 연락할 수 있게 해준다.

아마도 가장 흥미로운 사례는 P&G 동문 네트워크일 것이다. 앞의 6장 경쟁금지 조항에 관한 이야기로 돌아가 보면, 래플리가 P&G를 이끌기 전까지 사실상 회사는 떠나간 직원들을 회피했었다. "2000년까지는, 일단 P&G를 떠난 사람들은 회사와 완전히 단절됐습니다"라고 P&G에서 임원으로 10년간 재직했다가 지금은 동문 네트워크의 이사회 회장을 맡은 에드 태지아(Ed Tazzia)는 말한다.[21] 래플리가 P&G의 경영권을 얻고 회사의 혁신을 위해 외부와 협력하겠다고 발표한 이후 P&G의 동문이 스스로 모이기 시작했다.

'P&G 동문 네트워크'는 2001년에 정식으로 출범했다.[22] 이제 이 네트워크는 전 세계 10여 개 도시에 지부를 두고 있다. 1년에 두 번의 재회 모임을 갖는데, 하나는 글로벌 콘퍼런스이고 또 하나는 아시아 지역 콘퍼런스로 자신들의 전 세계적 영향력을 보여준다. P&G 동문 네트워크는 비영리단체로서 이전 직원들을 연결해주고 서로 협업하는 데 도움을 주는 것을 목적으로 한다. 마이크로소프트와 마찬가지로 P&G 동문이 관계를 이어가는 주요 방법 중 하나가 바로 자선활동이다. 더 커다란 동문 네트워크하에 P&G 동문 재단을 운영하며, 이 재단은 다양한 자선 목적에 지원금을 수여하고 있다.

P&G 동문 네트워크의 2만 5,000명 회원은 전 세계에 걸쳐 경제적 자립을 돕는 단체들에 70만 달러 이상을 기부했다. 그리고 전직 P&G 직원들을 회사 행사, 업계 콘퍼런스, 조직 회의 등에 잠재적 발표자나 연사로 추천하는 발표자 사무소도 운영하고 있다. 발표자들은 모두 자신이 받는 소정의 강연료를 P&G 동문 재단에 기부하기로 동의한다. 이 사무소의 발표자 목록은 유력 인사로 가득 차 있다. 130명 이상의 전직 직원이 P&G를 떠난 후 CEO나 사장, 또는 유니레버에서부터 마이크로소프트에 이르는 거대 기업들의 이사가 됐다. 이 단체는 2012년에 책도 출간했는데, P&G에서의 경험이 성공하는 데 어떻게 도움을 주었는가에 대한 동문들의 에세이가 담겨 있다.

동문 네트워크는 P&G와 완전히 독립적으로 운영되지만, 회사는 많은 지원을 제공하고 있다. 동문 네트워크가 회사의 등록 상표를 사용할 수 있도록 허가해주기도 했다. 동문 네트워크 웹사이트는 동문이 P&G의 '연결·개발' 포털로 접속해서 자신들의 전 직장과 협업할 수 있게 해주는 페이지도 갖추고 있다.

컨설팅회사인 액센츄어(Accenture)는 미국 내에만 10만 명 이상의 동문을 두고 있다. 이들 대부분은 동문 웹사이트를 통해 회사와 관계를 유지하는 전직 컨설턴트들이다. 웹사이트에서는 동문 주소록과 함께 동문이 시작한 사업체들의 주소록도 볼 수 있다.[23] 또한 동문을 위한 교육행사나 친목행사에 대한 소식 및 채용 정보도 받는데, 거기에는 약간 독특한 점이 있다. 액센츄어의 채용 정보 외에도, 외부 기업들이 동문 네트워크에 전직 액센츄어 인재들을 찾는 광고를 내는 걸 권장한다는 것이다.

이러한 채용 정보를 제공하는 이유는 단지 전직 액센츄어 사람들에게 새 회사를 찾아주는 것뿐만 아니라 액센츄어가 인재를 조달할 가장 새로운 방법을 찾기 위해서이기도 하다. 액센츄어는 동문들에게 자사의 채용공고에 후보를 제안하거나, 특별한 공고 없이도 회사에 맞을 만한 일반적인 후보를 추천할 수 있도록 '후보 소개 보너스(referral bonus)'를 제공한다.[24] 액센츄어가 채용하는 직원들의 거의 3분이 1이 소개받은 후보들이며, 이들 중 상당수가 현직 직원들이 아닌 전직 직원들에 의해 추천됐다. 현 직원들이 새 직원을 소개했을 때 보너스를 주는 회사는 많지만, 액센츄어는 동문들이 차세대 동문을 찾는 데 보너스를 지급한다는 점에서 매우 독특하다. 더욱이 그 보상은 현직 직원들이 받는 소개 보너스와 비교해도 손색이 없으며, 적게는 2,000달러에서 가장 많게는 7,000달러에 이른다.

이러한 보너스는 액센츄어 동문 네트워크에 활발히 참여하고, 채용 정보를 눈여겨볼 강한 동기를 부여해준다. 이들을 통해 단순히 시장의 정보만을 얻는 것이 아니라 인력시장에 대한 정보 또한 얻는다는 면에서, 액센츄어는 의도치 않게 '긴밀한 관계'와 '거리를 두는 관계'의 최적 조합 효과를 이용하는 셈이다. 이것은 인재 확보의 전장에서 대단히 독특하고 성공적인 전략이다. 가끔은 그렇게 올려진 채용 정보에 의해 동문이 또다시 직원이 되기도 한다. 회사는 이렇게 되돌아오는 '부메랑' 직원들을 축하하고 환영한다. 만약 활발한 동문 네트워크가 없었다면 아마도 그들은 돌아올 생각이 그다지 들지 않았을 것이다.

마지막으로, 에너지 거대 기업인 셰브런(Chevron)은 동문 네트워크와 부메랑 직원이라는 개념을 한 단계 더 발전시켰다. 이 회사는 일반적인 기업 동문 네트워크와 온라인 포털 이외에, '셰브런 브리지스(Chevron Bridges)'라 부르는 계약직 대상 프로그램도 운영한다.[25] 브리지스는 셰브런 동문이 기술 과제에 대한 발표자나 멘토 또는 고문 직책에 계약직 직원으로 다시 돌아와 일할 수 있게 하는 프로그램이다.

대부분 동문은 회사를 떠난 지 최소 6개월만 지나면 브리지스의 자격이 주어진다. 자격을 얻은 동문은 동문 네트워크 웹사이트를 통해 신청하고, 일반적으로 셰브런과 제휴한 계약 업체 중 하나를 통해 일을 얻게 된다. 셰브런은 동문이 고용된 경우 제휴 업체에서 비용을 할인받는다. 그들을 찾기가 비교적 쉬웠으니 말이다. 하지만 셰브런이 얻는 혜택은 그뿐만이 아니다. "그들이 가져오는 능력과 지식이 사실 우리가 정말 원하는 것입니다"라고 전 브리지스 프로그램 담당자였던 드렌다 시즈덱(D' Renda Syzdek)은 말했다.[26] 그 말은 브라이언 우지가 '긴밀한 관계'와 '거리를 두는 관계' 간의 최적 조합을 연구하면서 발견한 바와 정확히 일치한다. 사실, 셰브런에서 브리지스 프로그램은 동문 네트워크보다 더 일찍 생겨났다. 2000년경에 시작됐는데, 그다지 많이 쓰이지 않았다. 그러다가 2008년에 동문 네트워크의 웹사이트에 더해지면서 본격적으로 활성화됐다. 동문 네트워크의 가치를 뚜렷이 보여주는 일면이다.

출신 기업 동문 네트워크를 만들거나 이와 협력하는 기업은 여전히 소수지만, 그 숫자는 꾸준히 늘어나고 있다. 업무와 경영의 본질이 변화함에 따라 전직 직원들을 관리하는 방법까지 변하고 있는 것이다. 기업들이 자사 동문 네트워크에서 얻는 이득이나 네트워크 간 최적 조합에 관한 연구 결과는 전직 직원들과 연락하고 관계를 이어가는 것이 중요한 일임을 보여준다. 그 기업의 노력이 맥킨지나 마이크로소프트의 동문 네트워크처럼 강력하든 아니든, 과거 직원들을 조직 네트워크의 일부로 연결하려는 모든 노력은 커다란 효과를 가져올 것이다. 떠나는 직원의 이직을 경축하고, 그들과의 작별을 '조만간 또 봅시다'가 되게 하는 것은 분명히 가치 있는 일이다.

새로운 경영 엔진의 재발명

경영 시스템에 대한 전통적 사고를 버린 기업과 사람들의 이야기를 수집하는 동안, 의구심을 가진 사람들 역시 만났다. 모든 사람이 '급진적인' 경영 방식의 성공이 곧 전통적인 경영 도구들이 쓸모없어졌음을 뜻한다는 데에 동의하진 않을 것이다.

나는 특히 여러 곳에서 한 가지 반론을 거듭해서 접했다. 주로 기존 경영 시스템에서 자신의 경력 대부분을 보낸 사람들이 제기한 반론이다. 그들은 지휘·통제 방식의 경영을 선호한다. 그 회의론자들은 이렇게 말하곤 했다. "이 시스템들이 전통이 된 데에는 다 그만한 이유가 있어요. 효과가 있기 때문에 오랫동안 사용된 것 아니겠어요?"

이런 반론을 들을 때마다 내 머릿속에는 늘 한 가지 비교 대상이 떠오른다. 바로, 내연 엔진이다. 내연 엔진이라는 기술은 오랜 기간 존재해왔다. 하나의 시스템으로서 내연 엔진은 전세계 자동차에 동력을 제공하며, 수많은 기계의 동력원으로 쓰인다.

하지만 엔지니어들과 정비사들에게 한번 물어보라. 그들은 내연 엔진의 효율이 겨우 25~30퍼센트밖에 안 된다는 점을 확인해줄 것이다.[1] 가솔린이 엔진 속으로 들어가 점화되면, 가솔린 안에 들어 있던 에너지 일부는 피스톤을 밀어내는 데 쓰인다. 그러나 에너지의 상당 부분은 관성과 마찰을 상쇄하는 데 사용되며, 일부는 공기와 함께 다음 사이클의 가솔린을 연소실에 주입하는 데 사용된다. 결국은 주어진 에너지 중 겨우 30퍼센트만이 자동차가 굴러가는 데 쓰이는 것이다.

내연 엔진은 실제로 작동하고, 쓸모가 있으며, 150년 이상 아주 효과적으로 사용돼왔다. 다만, 그것은 당신이 30퍼센트의 에너지 효율을 '효과적'이라고 볼 때의 얘기다. 내연 엔진이 하나의 시스템으로서 목적을 달성해내긴 하지만, 에너지의 상당 부분은 낭비해버린다. 내연 엔진 역사의 대부분을 통틀어, 우리는 지금까지 이렇게 낮은 수준의 효율 말고는 선택의 여지가 없었다. 더 나은 시스템을 만들 수 없었기 때문에 우리가 가진 시스템을 '효과 있다'고 이야기해온 것이다.

아주 오랫동안 내연 엔진 시스템을 비롯하여 자동차에 적용된 개선 사항 대부분은, 똑같은 30퍼센트의 에너지에서 더 많은 추진력을 얻어내는 것이었다. 연료 효율이라는 단어는, 연료에서 얼마나 많은 에너지를 뽑아내느냐가 아니다. 똑같은 30퍼센트의 에너지를 가지고 자동차가 갤런당 얼마나 멀리 운행할 수 있는가를 의미한다. 하지만 아무리 기대치가 낮은 사람이라 해도 30퍼센트라는 수치를 효율적이라 하진 않을 것이다.

실제로, 어떤 엔지니어들은 이러한 기준에 결코 만족하지 않았다. 어떤 혁신가들은 계속해서 내연 엔진의 한계에 도전했고, 또 어떤 이들은 완전히 새로운 시스템을 추구했다. 그러한 실험 과정을 통해 전혀 새로운 몇몇 엔진이 탄생하기도 했고, 또 다른 몇 가지는 여전히 개발 중이기도 하다. 어쨌든, 이러한 실험들은 더 높은 효율을 가진 엔진을 만드는 데 작은 실마리를 제공해준다.

이 30퍼센트 효율성은 기업과 조직에 아주 훌륭한 비유가 된다. 기업들은 원자재와 자본, 인력을 가지고 시장에서 성공하는 결과물을 만들 책임이 있다. 조직이란 인풋에서 아웃풋을, 그러니까 자원과 에너지에서 수익을 뽑아내도록 만들어진 시스템이다. 그 옛날 프레더릭 윈즐로 테일러가 베들레헴 아이언 컴퍼니에 첫발을 들여놓았을 때, 그의 목표는 인간의 에너지에서 가능한 한 최대치를 끌어내는 것이었다. 그의 목표는 노동자들의 노력(에너지)이 가장 효율적으로 쓰이게 하는 것이었다. 한동안은 그가 개발한 도구들이 그것을 이뤄냈다. 노동시간당 생산량, 즉 엔진의 효율성은 테일러의 방법이 적용됐을 때 현저히 증가했다. 그는 노동자들의 두뇌를 필요로 하지 않았다. 그의 주요 관심사는 노동자의 육체였고, 그 육체적 효율성을 최대화하는 것이었다.

하지만 업무의 세계가 산업 노동에서 지식 노동으로 바뀌자, 노동 시스템의 연료 역시 바뀌었다. 기업들은 이제 표준화된 제품을 대량으로 생산하기 위해 노동자의 육체노동만을 필요로 하지는 않게 됐다. 문제를 해결하거나 완전히 새로운 제품을 디자인하기 위해, 모든 직원의 정신적 에너지를 필요로 하게 됐다. 그리고 오늘날 대부분 조직과 기업을 작동시키는 연료는 몸으로 때우는 육체노동이 아니다. 바로 정신적 에너지다.

전반적으로 볼 때, 정신적 에너지를 효율적으로 수집하는 시스템으로서 오늘날 대부분 조직과 기업은 아직도 내연 엔진 수준의 효율만 얻어내고 있다. 갤럽이 진행한 깊이 있는 연구조사에 따르면, 전 세계적으로 13퍼센트의 근로자만이 자기 일에 열정을 가지고 있다고 한다.[2] 미국에서는 그 수치가 조금 더 높아서 약 30퍼센트에 이른다.[3] '열정'이란 개인이 조직과 조직의 목표를 위해 얼마나 적극적인 정신적·정서적 자세로 임하느냐를 뜻한다. 열정적인 직원들은 자신의 일과 동료, 조직의 사명에 많은 주의를 기울인다. 열정적인 직원들은 매일 더 많은 에너지를 일터로 가져온다. 이것은 엔진의 효율성과 완벽한 동격은 아니지만, 큰 차이가 나는 것도 아니다. 13퍼센트든 30퍼센트든, 기업들은 개인이 내놓을 수 있는 정신적 에너지의 아주 작은 부분만을 활용하고 있는 것이다. 이는 곧 열정을 가진 직원의 비율이 더 높은 기업이 그렇지 않은 경쟁자들보다 더 큰 이익을 얻게 된다는 것을 뜻한다.

섬올의 CEO 데인 앳킨슨을 인터뷰하던 중에, 지금도 기발하게 느껴지는 이야기를 들었다. "위대한 경영자들은 제품을 혁신하지 않습니다. 그들은 공장을 혁신합니다."[4]

그것은 우연히 덧붙인 한마디였다. 하지만 그 한마디는 새로운 경영자들과 기업들 모두가 무엇을 위해 실험하고 개선하고자 노력하는지를 완벽하게 압축했다.

오늘날 위대한 경영자들은 정신적 공장을 혁신하는 프레더릭 윈즐로 테일러들이다. 그들은 어떻게 하면 노동자들의 힘을 극대화하는 시스템을 만들어낼 수 있을지 고민하지 않는다. 개인들이 자신의 혼신을 일터로 가져오게 하고, 그러한 정신적 에너지의 더 많은 부분을 회사가 얻게 하는 시스템을 구축하는 데 집중한다. 업무의 본질이 산업 기반에서 지식 기반으로 바뀌고, 기업들이 직원들을 통해 문제를 해결하고 새 제품을 디자인해야 한다면, 새로운 경영 시스템에서는 당연하게도 직원들을 그 중심에 두어야 한다. 유능한 경영자들은 이 명백한 원칙에 초점을 맞췄으며, 그들이 원하는 효율성의 극대화를 위해 공장을 재발명했다. 새로운 경영 방식하에서 이들 기업은 더욱 효과적인 방법을 찾아냈다. 이러한 비직관적 아이디어들의 뒤에는 공장 혁신가들이 있다. 그들은 더 나은 엔진을 만들고 있으며, 그 결과 더 나은 경영 방법으로 더 나은 기업을 만들어가고 있다.

이 책이 이야기하는 리더십 행동 원칙과 정책들은 공장을 재발명하는 실험들에서 얻은 결과다. 그리고 그러한 재발명은 결국 엔진을 재설계하는 것이다. 물론 오래된 경영 방식들 역시 아직도 작동한다. 그렇지만 그런 방식들의 효율성은 내연 엔진 수준에 지나지 않는다. 위대한 경영자들은 그렇게 낮은 수준의 효율에 만족하지 않을 것이다. 데인 앳킨슨처럼, 실험하고 혁신하며 더 나은 방법을 찾아낼 것이다.

새로운 방법들이 상식에 역행하는 것처럼 보일 수도 있을 것이다. 하지만 있는 그대로, 더 나은 엔진을 만들고자 하는 진정한 노력으로 받아들여야 한다. 어떤 기업에서는 효과가 없거나 기대만큼 성과가 나오지 않을 수도 있다. 하지만 이 책에 언급된 기업가들이 저마다 이뤄낸 성공은, 다른 모든 경영자 또한 자신의 회사에서 유사한 실험을 할 수 있다는 증거다. 그 노력이 완벽한 효과를 못 낼 수도 있겠지만, 기존의 방식들 역시 그다지 완벽하지 않았다. 효율성이나 열정을 단지 몇 퍼센트라도 더 얻을 수 있다면, 실험을 계속할 가치는 분명히 존재한다. 만약 재발명하는 시스템의 중심에 직원들이 자리하고, 이를 중심으로 나머지가 만들어진다면 실험을 계속할 가치는 더더욱 분명히 존재한다. 오로지 지속적인 실험을 통해서만 더욱 효율적인 엔진과 더욱 열정적으로 경영을 이끌 방법을 찾을 수 있다.

우리가 더욱 번창하는 길은 오직 새로운 경영 방식을 재발명하는 것뿐이다.

감
사
의
글

모든 책은 팀 전체가 노력해준 결과물이며, 다음과 같은 멋진
팀에게서 나왔습니다.

나의 편집자인 릭 울프(Rick Wolff)는 비전을 보고 그것을 현실
로 이끌도록 도와주었습니다. 그리고 로즈머리 맥기네스
(Rosemary McGuinness), 테런 로우더(Taryn Roeder), 카트리나 크루
즈(Katrina Kruse), 브루스 니콜스(Bruce Nichols)를 비롯한 호튼 미
플린 하코트(Houghton Mifflin Harcourt)의 모든 직원도 도움을 주
었습니다.

나의 에이전트인 자일스 앤더슨(Giles Anderson)은 나를 나쁜
아이디어에서 구해내고, 좋은 아이디어로 이끌었습니다.

탐 닐슨(Tom Neilssen), 레스 튜억(Les Tuerk) 그리고 브라이트사
이트 그룹(BrightSight Group)의 모든 이들. 팀 그레얼(Tim Grahl),
조시프 힌슨(Joseph Hinson), 베키 라빈슨(Becky Robinson)에게 감
사를 전합니다.

인터뷰와 비공식 담화에 시간을 내준 수많은 전문가와 리더들. 리앤 이든과 디나 맥칼럼, 션 브라운, 레니 멘단카(Lenny Mendonca), 앤드루 딕슨(Andrew Dickson), 젤리 헴, 잭 카먼, 데인 앳킨슨, 맷 멀렌웨그, 브라이언 우지, 그리고 줄리언 버킨쇼. 고개 숙여 감사와 존경을 표합니다.

나의 아이디어에 귀 기울이고, 이 책을 세상에 내놓는 데 조언을 아끼지 않은 저술가 친구들. 나일로퍼 머천트(Nilofer Merchant), 론 프리드먼(Ron Friedman), 피터 심즈(Peter Sims), 오리 브래프먼(Ori Brafman), 존 리처드 벨(John Richard Bell), 팀 샌더스(Tim Sanders), 토드 헨리(Todd Henry), 하이디 그랜트 할버슨(Heidi Grant Halvorson), 미치 조엘(Mitch Joel), 조슈아 울프 솅크(Joshua Wolf Shenk), 그리고 탐 래스(Tom Rath). 모두 고맙습니다.

나의 보조연구원, 잭 루시도(Jack Lucido)와 레이철 굿먼(Rachel Guttman), 오럴로버츠대학교의 모든 교수진, 그리고 특히 경영대학 소속 나의 가까운 동료들. 그 수고를 잊지 않겠습니다.

그리고 아마도 누구보다 가장 중요한 이들로서 나의 아내 재나(Janna), 그리고 두 아들 링컨(Lincoln)과 해리슨(Harrison). 내가 저술에 집중할 때 숨을 수 있게 해주고, 그렇지 않을 때 나를 금세 찾아주었습니다. 사랑해요.

—
주
—

프롤로그

1. Nikil Saval, *Cubed: A Secret History of the Workplace* (New York: Doubleday, 2014), 47.

2. Frederick Winslow Taylor, *The Principles of Scientific Management* (New York: Harper & Brothers, 1913), 69.

3. Thomas W. Malone, *The Future of Work: How the New Order of Business Will Shape Your Organization, Your Management Style, and Your Life* (Boston: Harvard Business Review Press, 2004).

4. Gary Hamel, with Bill Breen, *The Future of Management* (Boston: Harvard Business Review Press, 2007), 13.

5. Saval, *Cubed*, 52.

6. Ibid., 56.

7. Richard A. D'Aveni, "On Changing the Conversation: Tuck and the Field of Strategy," *Tuck Today* (Winter 2003), Tuck School of Business at Dartmouth, http://web.archive.org/web/20070804050415/http://www.tuck.dartmouth.edu/faculty/publications/voices_rad.html (accessed May 22, 2015).

8. William H. Whyte, *The Organization Man* (New York: Simon & Schuster, 1956).

9. See Irving Lester Janis, *Groupthink: Psychological Studies of Policy Decisions and Fiascoes,* 2nd ed. (Boston: Houghton Mifflin, 1982).

10. Patty McCord, "How Netflix Reinvented HR," *Harvard Business Review* 92, nos. 1-2 (2014): 74-75.

11. Julian Birkinshaw, personal communication with the author, May 26, 2015.

12. Hamel and Breen, *The Future of Management*, 13.

CHAPTER 1

1. Sara Radicati, ed., "Email Statistics Report, 2014–2018," The Radicati Group (April 2014), http://www.radicati.com/wp/wp-content/uploads/2014/01/Email-Statistics-Report-2014-2018-Executive-Summary.pdf (accessed March 4, 2015).

2. "Atos Origin Sets Out Its Ambition to Be a Zero Email Company Within Three Years" (press release), Atos Global Newsroom, February 9, 2011, http://atos.net/en-us/home/we-are/news/press-release/2011/pr-2011_02_07_01.html (accessed March 2, 2015).

3. Thierry Breton, "Atos Boss Thierry Breton Defends His Internal Email Ban," BBC News, March 8, 2012, http://www.bbc.com/news/technology-16055310 (accessed March 2, 2015).

4. Paul Taylor, "Atos' 'Zero Email Initiative' Succeeding," *Financial Times*, March 7, 2013.

5. Andrew Cave, "Evernote Takes on Microsoft and Google," *The Telegraph*, May 26, 2015, http://www.telegraph.co.uk/finance/newsby-sector/mediatechnologyandtelecoms/11629237/Evernote-takes-on-Microsoft-and-Google.html (accessed May 28, 2015).

6. Andrew Cave, "Why Silicon Valley Wants Email to Die," *Forbes*, May 26, 2015.

7. Rebecca Greenfield, "Inside the Company That Got Rid of Email," *Fast Company*, September 25, 2014, http://www.fastcompany.com/3035927/agendas/inside-the-company-that-got-rid-of-email (access May 28, 2015).

8. Radicati, "Email Statistics Report, 2014–2018."

9. Gloria J. Mark, Stephen Voida, and Armand V. Cardello, " 'A Pace Not Dictated by Electrons: An Empirical Study of Work Without Email," in *Proceedings of the SIGCHI Conference on Human Factors in Computing Systems* (2012), 555–64, https://www.ics.uci.edu/~gmark/Home_page/Research_files/CHI%202012.pdf.

10. Ibid.

11. Lisa Evans, "You Aren't Imagining It: Email Is Making You More Stressed Out," *Fast Company*, September 24, 2014, http://www.fastcompany.com/3036061/the-future-of-work/you-arent-imagining-it-email-is-making-you-more-stressed-out (accessed March 4, 2015).

12. Shayne Hughes, "I Banned All Internal E-mails at My Company for a Week," *Forbes*, October 25, 2012.

13. Ibid.

14. Evans, "You Aren't Imagining It."

15. Kostadin Kushlev and Elizabeth W. Dunn, "Checking Email Less Frequently Reduces Stress," *Computers in Human Behavior 43* (2014): 220–28.

16. Stephanie Vozza, "The Science Behind Why Constantly Checking Your Email Is Making You Crazy," *Fast Company*, January 6, 2015, http://www.fastcompany.com/3040361/work-smart/the-science-behind-why-constantly-checking-your-email-is-making-you-crazy (accessed March 5, 2015).

17. Michael Austin, "Texting While Driving: How Dangerous Is It?" *Car and Driver*, June 2009.

18. Vozza, "The Science Behind Why Constantly Checking Your Email Is Making You Crazy."

19. Tom de Castella, "Could Work Emails Be Banned After 6pm?" *BBC News*, April 10, 2014, http://www.bbc.com/news/magazine-26958079 (accessed March 5, 2015).

20. "Living Offline: Minister Halts After-Hours Contact for Staff," *Der Spiegel*, August 30, 2013.

21. S.P., "France's 6pm E-mail Ban: Not What It Seemed," *The Economist*, April 14, 2014.

22. Megan Gibson, "Here's a Radical Way to End Vacation Email Overload," *Time*, August 15, 2014.

23. Marcus Butts, William J. Becker, and Wendy R. Boswell, "Hot Buttons and Time Sinks: The Effects of Electronic Communications During Nonwork Time on Emotions and Work-Nonwork Conflict," *Academy of Management Journal 59*, no. 3 (2015): 763–88.

24. University of Texas at Arlington, "Employees Become Angry When Receiving After-Hours Email, Texts," *ScienceDaily*, February 27, 2015, www.sciencedaily.com/releases/2015/02/150227131010.htm (accessed March 9, 2015).

CHAPTER 2

1. Vineet Nayar, *HCL Technologies: Employee First, Customers Second* (Boston: Harvard Business Review Press, 2010).

2. Ibid., 36.

3. Ibid.

4. Ibid., 115.

5. Vineet Nayar, "How I Did It: A Maverick CEO Explains How He Persuaded His Team to Leap into the Future," *Harvard Business Review* 88, no. 6 (2010): 112.

6. HCL Technologies Ltd., *2013–2014 Annual Report,* http://www.bseindia.com/bseplus/AnnualReport/532281/5322810614.pdf (accessed February 18, 2015).

7. James L. Heskett, W. Earl Sasser Jr., and Leonard A. Schlesinger, *The Service-Profit Chain: How Leading Companies Link Profit and Growth to Loyalty, Satisfaction, and Value* (New York: Free Press, 1997).

8. Frederick F. Reichheld, and W. Earl Sasser Jr. "Zero Defections: Quality Comes to Services," *Harvard Business Review* 68, no. 5 (1990): 105–11.

9. Steven Brown and Son K. Lam, "A Meta-analysis of Relationships Linking Employee Satisfaction to Customers' Responses," *Journal of Retailing* 84, no. 3 (2008): 243–55.

10. Richard G. Netemeyer, James G. Maxham III, and Donald R. Lichtenstein, "Store Manager Performance and Satisfaction: Effects on Store Employee Performance and Satisfaction, Store Customer Satisfaction, and Store Customer Spending Growth," *Journal of Applied Psychology* 95, no. 3 (2010): 530.

11. Souha R. Ezzedeen, Christina M. Hyde, and Kiana R. Laurin, "Is Strategic Human Resource Management Socially Responsible? The Case of Wegmans Food Markets, Inc.," *Employee Responsibilities and Rights Journal* 18 (2010): 295–307.

12. S. Regani and S. George, *Employees First, Customers Second: Wegmans' Work Culture* (Hyderabad, India: ICMR Center for Management Research, 2007).

13. David Rohde, "The Anti-Walmart: The Secret Sauce of Wegmans Is People," *The Atlantic*, March 22, 2012.

14. Regani and George, *Employees First, Customers Second.*

15. Rhode, "The Anti-Walmart."

16. Regani and George, *Employees First, Customers Second.*

17. Danny Meyer, *Setting the Table: The Transforming Power of Hospitality in Business* (New York: HarperPerennial, 2006), 240.

18. Ibid., 238.

19. Hayley Peterson, "The Amazing Reward All Shake Shack Employees Got Today," *BusinessInsider,* January 30, 2015, http://www.businessinsider.com/the-amazing-reward-all-shake-shack-employees-got-today-2015-1 (accessed May 26, 2015).

20. "Howard Schultz: Starbucks' First Mate," *Entrepreneur,* October 9, 2008, http://www.entrepreneur.com/article/197692 (accessed February 23, 2015).

21. Howard Schultz and Dori Jones Yang, *Pour Your Heart into It: How Starbucks Built a Company One Cup at a Time* (New York: Hyperion, 1999), 245.

22. Nancy F. Koehn, Kelly McNamara, Nora N. Khan, and Elizabeth Legris, *Starbucks Coffee Company: Transformation and Renewal* (Watertown, MA: Harvard Business Publishing, 2014).

23. Howard Schultz and J. Gordon, *Onward: How Starbucks Fought for Its Life Without Losing Its Soul* (New York: Rodale, 2011), 77.

24. Howard Schultz, "We Had to Own Our Mistakes," *Harvard Business Review* 88, nos. 7–8 (2010): 112.

25. Ibid., 113.

26. Koehn et al., *Starbucks Coffee Company.*

27. Starbucks Corporation, *Fiscal 2014 Annual Report,* http://investor.starbucks.com/phoenix.zhtml?c=99518&p=irol-reportsannual.

CHAPTER 3

1. Patty McCord, "How Netflix Reinvented HR," *Harvard Business Review* 92, nos. 1–2 (2014): 71–76.

2. Reed Hastings, "Netflix Culture: Freedom & Responsibility," *SlideShare,* August 1, 2009, http://www.slideshare.net/reed2001/culture-1798664 (accessed April 21, 2015).

3. McCord, "How Netflix Reinvented HR," 72.
4. Hastings, "Netflix Culture."
5. Ibid.
6. Netflix, "Starting Now at Netflix: Unlimited Maternity and Paternity Leave," August 4, 2014, http://blog.netflix.com/2015/08/starting-now-at-netflix-unlimited.html.
7. McCord, "How Netflix Reinvented HR," 73.
8. Ibid., 72.
9. Hastings, "Netflix Culture."
10. Richard Branson, "Why We're Letting Virgin Staff Take as Much Holiday as They Want," *Virgin*, September 23, 2014, http://www.virgin.com/richard-branson/why-were-letting-virgin-staff-take-as-much-holiday-as-they-want (accessed April 21, 2015).
11. Zac Carman, personal communication with the author, April 22, 2015.
12. Dov Siedman, *HOW: Why HOW We Do Anything Means Everything* (Hoboken, NJ: Wiley, 2007).
13. Paul J. Zak, "Trust," *Journal of Financial Transformation* (2003): 17–24.
14. Ibid., 23.
15. Ibid., 24.
16. Jim Romenesko, "Tribune Publishing Rescinds Its Discretionary Time Off Policy," JimRomenesko.com, November 21, 2014, http://jimromenesko.com/2014/11/21/tribune-publishing-rescinds-its-discretionary-time-off-policy/ (accessed April 24, 2015).
17. Jim Romenesko, "Tribune Publishing Implements Discretionary Time Off (DTO) Policy for Salaried Employees," JimRomenesko.com, November 14, 2014, http://jimromenesko.com/2014/11/14/tribune-publishing-implements-discretionary-time-off-policy/ (accessed April 24, 2015).
18. Kevin Roderick, "Huge Change: No More Set Vacation or Sick Days at *LA Times*," *LA Observed*, November 17, 2014, http://www.laobserved.com/archive/2014/11/tribune_unilaterally_elim.php (accessed 24, 2015).
19. David Musyj, "How One Hospital Is Recruiting and Retaining Top Talent," *HospitalNews*, January 18, 2015, http://hospitalnews.com/one-hospital-recruiting-retaining-top-talent/ (accessed April 24, 2015).

20. Marla Tabaka, "Why Richard Branson Thinks Unlimited Vacation Time Is Awesome – And You Should, Too," *Inc.,* October 6, 2014, http://www.inc.com/marla-tabaka/richard-branson-s-unlimited-vacation-policy-will-it-work-for-your-business.html (accessed April 24, 2015).

21. Siedman, *How,* 71.

CHAPTER 4

1. Frances Frei and Anne Morriss, *Uncommon Service: How to Win by Putting Customers at the Core of Your Business* (Boston: Harvard Business Review Press, 2012).

2. Quoted in "The Upside of Quitting" (audio podcast, 2011), produced by Stephen J. Dubner, http://freakonomics.com/2011/09/30/new-freako-nomics-radio-podcast-the-upside-of-quitting/ (accessed March 16, 2015).

3. Frances Frei, Robin J. Ely, and Laura Winig, *Zappos.com 2009: Clothing, Customer Service, and Company Culture* (Boston: Harvard Business School Publishing, 2011).

4. Tony Hsieh, *Delivering Happiness: A Path to Profits, Passion, and Purpose* (New York: BusinessPlus, 2010), 47.

5. O. Y. Koo, *CASE: Zappos.com (Part B): Strategy Powered by Culture and People* (Blue Ocean Strategy Institute [INSEAD], 2013).

6. Hsieh, *Delivering Happiness,* 47.

7. Frei et al., *Zappos.com 2009,* 5.

8. Ibid.

9. Frei and Morriss, *Uncommon Service.*

10. Ibid.

11. Hal R. Arkes and Catherine Blumer, "The Psychology of Sunk Cost," *Organizational Behavior and Human Decision Processes* 35 (1985): 124–40.

12. Ibid., 126.

13. Gallup, *State of the American Workplace: Employee Engagement Insights for US Business Leaders,* 2013, http://employeeengagement.com/wp-con-tent/uploads/2013/06/Gallup-2013-State-of-the-American-Workplace-Report.pdf.

14. Leon Festinger, *When Prophecy Fails: A Social and Psychological Study*

of a Modern Group That Predicted the Destruction of the World (New York: Harper-Torchbooks, 1956).

15. Jack Brehm, "Post-Decision Changes in Desirability of Alternatives," *Journal of Abnormal and Social Psychology* 52, no. 3 (1956): 384–89.

16. Quoted in Dubner, *The Upside of Quitting.*

17. Gallup, *State of the American Workplace.*

18. Jeff Bezos, "Annual Letter to Shareholders," 2013, file:///C:/Users/Cynthia%20Buck/Downloads/2013%20Letter%20to%20Shareholders.pdf.

19. Ibid.

20. Bill Taylor, "Why Amazon Is Copying Zappos and Paying Employees to Quit," *Harvard Business Review,* April 21, 2014 .

21. Gallup, *State of the American Workplace.*

22. Riot Games, "Announcing Queue Dodge," June 19, 2014, http://www.riotgames.com/articles/20140619/1304/announcing-queue-dodge (accessed March 17, 2014).

CHAPTER 5

1. Dane Atkinson, personal communication with the author, February 26, 2015.

2. Ibid.

3. HRNext.com Survey, discussed in Peter Bamberger and Elena Belogolovsky, "The Impact of Pay Secrecy on Individual Task Performance," *Personnel Psychology* 63 (2010): 965–96.

4. F. Steele, *The Open Organization: The Impact of Secrecy and Disclosure on People and Organizations* (Reading, MA: Addison-Wesley, 1975).

5. Royal Swedish Academy of Sciences, Nobel Foundation, "The Sveriges Riksbank Prize in Economic Sciences in Memory of Alfred Nobel 2001: Information for the Public" (press release), Nobelprize.org, October 10, 2001, http://www.nobelprize.org/nobel_prizes/economic-sciences/laureates/2001/press.html (accessed September 16, 2014).

6. Atkinson, personal communication, February 26, 2015.

7. Rachel Emma Silverman, "Psst . . . This Is What Your Co-worker Is Paid," *Wall Street Journal,* January 29, 2013.

8. Atkinson, personal communication, February 26, 2015.

9. Ibid.

10. Sean Blanda, "Breaking Workplace Taboos: A Conversation About Salary Transparency," 99U, http://99u.com/articles/15527/the-age-of-salary-transparency (accessed September 15, 2014).

11. Joel Gascoigne, "Introducing Open Salaries at Buffer: Our Transparent Formula and All Individual Salaries," BufferOpen, December 19, 2013, http://open.bufferapp.com/introducing-open-salaries-at-buffer-including-our-transparent-formula-and-all-individual-salaries/ (accessed September 24, 2014).

12. Ibid.

13. Blanda, "Breaking Workplace Taboos."

14. Gascoigne, "Introducing Open Salaries at Buffer."

15. Ibid.

16. Vickie Elmer, "After Disclosing Employee Salaries, Buffer Was Inundated with Resumes," *Quartz*, January 24, 2014, http://qz.com/169147/applications-have-doubled-to-the-company-that-discloses-its-salaries/ (accessed September 24, 2014).

17. Alison Griswold, "Here' s Why Whole Foods Lets Employees Look Up Each Other' s Salaries," *Business Insider*, March 3, 2014, http://www.businessinsider.com/whole-foods-employees-have-open-salaries-2014-3 (accessed September 25, 2014).

18. Charles Fishman, "Whole Foods Is All Teams," *Fast Company*, April–May 1996, http://www.fastcompany.com/26671/whole-foods-all-teams (accessed February 5, 2015).

19. Elena Belogolovsky and Peter Bamberger, "Signaling in Secret: Pay for Performance and the Incentive and Sorting Effects of Pay Secrecy," *Academy of Management Journal* 57, no. 6 (2014): 1706–33.

20. Emiliano Huet-Vaughn, "Striving for Status: A Field Experiment on Relative Earnings and Labor Supply," working paper (Berkeley: University of California, November 2013), http://econgrads.berkeley.edu/emilianohuet-vaughn/files/2012/11/JMP_e.pdf (accessed September 25, 2014).

21. John Stacey Adams, "Inequity in Social Exchange," in *Advances in Experimental Social Psychology*, vol. 2, edited by Leonard Berkowitz,

267–99 (New York: Academic Press, 1965).

22. Bamberger and Belogolovsky, "The Impact of Pay Secrecy."

23. Edward E. Lawler III, "Pay Secrecy: Why Bother?" *Forbes*, September 12, 2012.

24. Gary R. Siniscalco, "Developments in Equal Pay Law: The Lilly Ledbetter Act and Beyond," ABA National Conference on Equal Employment Law (March 2010), http://www.americanbar.org/content/dam/aba/administrative/labor_law/meetings/2010/2010_eeo_007.authcheckdam.pdf.

25. Gowri Ramachandran, "Pay Transparency," *Penn State Law Review* 116, no. 4 (2012): 1043–80.

26. Ariane Hegewisch et al., "Pay Secrecy and Wage Discrimination 3," Fact Sheet C382, June 2011 (Washington, DC: Institute for Women's Policy Research).

27. David Card, Alexandre Mas, Enrico Moretti, and Emmanuel Saez, "Inequality at Work: The Effect of Peer Salaries on Job Satisfaction," working paper (November 2011), http://www.princeton.edu/~amas/papers/card-mas-moretti-saezAER11ucpay.

28. Alina Tugend, "Secrecy About Salaries May Be on the Wane," *New York Times*, August 22, 2014.

29. Atkinson, personal communication, February 26, 2015.

30. Ibid.

31. Fishman, "Whole Foods Is All Teams."

32. Elmer, "After Disclosing Employee Salaries."

CHAPTER 6

1. *The Economist*, "Schumpeter: Ties That Bind," *The Economist*, December 14, 2013.

2. Steven Greenhouse, "Noncompete Clauses Increasingly Pop Up in Array of Jobs," *New York Times*, June 8, 2014.

3. Dave Jamieson, "Jimmy John's Makes Low-Wage Workers Sign 'Oppressive' Noncompete Agreements," *Huffington Post*, October 13, 2014, http://www.huffingtonpost.com/2014/10/13/jimmy-johns-non-compete_n_5978180.html (accessed March 24, 2015).

4. Ibid.

5. Dave Jamieson, "Jimmy John's 'Oppressive' Noncompete Agreement Survives Court Challenge," *Huffington Post,* April 10, 2015, http://www. huffingtonpost.com/2015/04/10/jimmy-johns-noncompete-agreement_n_7042112.html.

6. Warren Throckmorton, "Megachurch Methods: Pastor Fired Because He Wouldn't Sign Non-Compete Clause," *Patheos,* May 28, 2014, http://www.patheos.com/blogs/warrenthrockmorton/2014/05/28/megac hurch-methods-pastor-fired-because-he-wouldnt-sign-non-compete-clause/ (accessed April 23, 2015).

7. Ibid.

8. Orly Lobel, *Talent Wants to Be Free: Why We Should Learn to Love Leaks, Raids, and Free Riding* (New Haven, CT: Yale University Press, 2013).

9. *The Economist,* "Schumpeter: Ties That Bind."

10. Lobel, *Talent Wants to Be Free.*

11. ABA Committee on Professional Ethics, formal opinion 61-300 (1961).

12. Lobel, *Talent Wants to Be Free.*

13. Ibid.

14. AnnaLee Saxenian, *Regional Advantage: Culture and Competition in Silicon Valley and Route 128* (Cambridge, MA: Harvard University Press, 1994).

15. Matt Marx, Jasjit Singh, and Lee Fleming, "Regional Disadvantage? Employee Non-compete Agreements and Brain Drain," *Research Policy* 44, no. 2 (2015): 394–404.

16. Carmen Nobel, "Non-competes Push Talent Away," Harvard Business School: Working Knowledge, July 11, 2011, http://hbswk.hbs.edu/item/ 6759.html (accessed March 18, 2015).

17. Marx et al., "Regional Disadvantage."

18. Rafael A. Corredoira and Lori Rosenkopf, "Should Auld Acquaintance Be Forgot? The Reverse Transfer of Knowledge Through Mobility Ties," *Strategic Management Journal* 31, no. 2 (2010): 159–81.

19. On Amir and Orly Lobel, "How Noncompetes Stifle Performance," *Harvard Business Review* 92, nos. 1–2 (2014): 26.

20. Lobel, *Talent Wants to Be Free,* 177.

21. Sarah Jane Rothenfluch, "Dan Wieden Talks About W+K," *Think Out*

Loud (Oregon Public Broadcasting), May 8, 2013, http://www.opb.org/radio/programs/thinkoutloud/segment/dan-wieden-talks-about-wk/(accessed March 30, 2015).

22. Jelly Helm, personal communication with the author, June 3, 2015.

23. Lobel, *Talent Wants to Be Free*.

24. Lee Fleming and Koen Frenken, "The Evolution of Inventor Network in the Silicon Valley and Boston Regions," *Advances in Complex Systems* 10, no. 1 (2007): 53–71.

25. Lobel, *Talent Wants to Be Free*.

26. Ibid.

27. MLab, "Innovating Innovation: Proctor & Gamble," http://www.managementlab.org/files/u2/pdf/case%20studies/procter.pdf (accessed April 1, 2015).

28. P&G, "Febreze® Embracing C+D to Become a Billion $ Brand," January 1, 2013, http://www.pgconnectdevelop.com/home/stories/cd-stories/20130101-febreze-embracing-cd-to-become-a-billion-brand.html (accessed April 1, 2015).

29. Mike Addison, "P&G Connect and Develop – An Innovation Strategy That Is Here to Stay," Inside P&G, http://www.pg.com/en_UK/news-views/Inside_PG-Quarterly_Newsletter/issue2/innovation3.html (accessed April 1, 2015).

CHAPTER 7

1. Rebecca Hinds, Robert Sutton, and Hayagreeva Rao, "Adobe: Building Momentum by Abandoning Annual Performance Reviews for 'Check-ins,'" Stanford Graduate School of Business Case Study HR38, July 25, 2014, file:///C:/Users/Cynthia%20Buck/Downloads/HR38.pdf.

2. Ibid., 1.

3. Ibid., 13.

4. Ibid.

5. Claire Suddath, "Performance Reviews: Why Bother?" *Bloomberg BusinessWeek,* November 7, 2013, http://www.bloomberg.com/bw/articles/2013-11-07/the-annual-performance-review-worthless-corporate-ritual (accessed January 30, 2015).

6. Elton Mayo, "Hawthorne and the Western Electric Company," in *The Social Problems of an Industrial Civilization* (New York: Macmillan, 1933).

7. National Research Council, *Pay for Performance: Evaluating Performance Appraisal and Merit Pay* (Washington, DC: National Academies Press, 1991), 16.

8. Jack Welch and John A. Byrne, *Jack: Straight from the Gut* (New York: Business Plus, 2001).

9. Jacob Morgan, *The Future of Work: Attract New Talent, Build Better Leaders, and Create a Competitive Organization* (San Francisco: Jossey-Bass, 2014).

10. Leslie Kwoh, " 'Rank and Yank' Retains Vocal Fans," *Wall Street Journal,* January 31, 2012.

11. Phyllis Korkki, "Invasion of the Annual Reviews," *New York Times,* November 23, 2013.

12. Don VandeWalle, "Development and Validation of a Work Domain Goal Orientation Instrument," *Educational and Psychological Measurement* 8 (1997): 995–1015.

13. Carol S. Dweck, *Mindset: The New Psychology of Success* (New York: Random House, 2006).

14. Satoris S. Culbertson, Jaime B. Henning, and Stephanie C. Payne, "Performance Appraisal Satisfaction: The Role of Feedback and Goal Orientation," *Journal of Personnel Psychology* 12, no. 4 (2013): 189–95.

15. Jena McGregor, "Study Finds That Basically Every Single Person Hates Performance Reviews," *Washington Post,* January 27, 2014.

16. Tom Warren, "Microsoft Axes Its Controversial Employee-Ranking System," *The Verge,* November 13, 2013, http://www.theverge.com /2013/11/12/5094864/microsoft-kills-stack-ranking-internal-structure (accessed January 30, 2013).

17. Kurt Eichenwald, "Microsoft's Lost Decade," *Vanity Fair* 624 (2012): 108–35.

18. Warren, "Microsoft Axes Its Controversial Employee-Ranking System."

19. Tom DiDonato, "Stop Basing Pay on Performance Reviews," *Harvard Business Review,* January 10, 2014.

20. John Pletz, "The End of 'Valued Performers' at Motorola," *Crain's Chicago Business,* November 2, 2013, http://www.chicagobusiness.com/article/20131102/ISSUE01/311029980/the-end-of-valued-performers-at-motorola (accessed February 1, 2015).

21. Julie Cook Ramirez, "Rethinking the Review," Human Resource Executive Online, July 24, 2013, http://www.hreonline.com/HRE/view/story.jhtml?id=534355695 (accessed February 1, 2015).

CHAPTER 8

1. Gary Hamel, *The Future of Management* (Boston: Harvard Business Review Press, 2007), 75.

2. Whole Foods Market, "Whole Foods Market History," http://www.wholefoodsmarket.com/company-info/whole-foods-market-history (accessed February 4, 2015).

3. Whole Foods Market, "Why We're a Great Place to Work," 2015, http://www.wholefoodsmarket.com/careers/why-were-great-place-work (accessed February 5, 2015).

4. John Mackey and Sisodia Rajendra, *Conscious Capitalism: Liberating the Heroic Spirit of Business* (Boston: Harvard Business Review Press, 2013).

5. CNN Money, "Whole Foods' Hiring Recipe" (video file), January 20, 2011, https://www.youtube.com/watch?v=ZLj9yuai7Q4 (accessed February 5, 2015).

6. Hamel, *The Future of Management.*

7. Peter F. Drucker, *On the Profession of Management* (Boston: Harvard Business School Press, 1998), ix–x.

8. Boris Groysberg, Ashish Nanda, and Nitin Nohria, "The Risky Business of Hiring Stars," *Harvard Business Review* 82, no. 5 (2004): 92–100.

9. Boris Groysberg and Linda-Eling Lee, "The Effect of Colleague Quality on Top Performance: The Case of Security Analysts," *Journal of Organizational Behavior* 29, no. 8 (2008): 1123–44.

10. Boris Groysberg, Linda-Eling Lee, and Robin Abrahams, "What It Takes to Make 'Star' Hires Pay Off," *Sloan Management Review* 51, no. 2 (2010): 57–61.

11. Matt Mullenweg, personal communication with the author, March 10,

2015.

12. Ibid.

13. Ibid.

14. Matt Mullenweg, "The CEO of Automattic on Holding 'Auditions' to Build a Strong Team," *Harvard Business Review* 92, no. 4 (2014): 42.

15. Mullenweg, personal communication, March 10, 2015.

16. J. J. Colao, "An Extended Interview with WordPress Creator Matt Mullenweg," *Forbes*, June 11, 2014.

17. Mullenweg, personal communication, March 10, 2015.

18. Laszlo Bock, *Work Rules: Insights from Inside Google That Will Transform How You Live and Lead* (New York: Twelve, 2015), 21.

19. Ibid., 105.

20. Business and Legal Reports, "Team-Based Hiring Approach Minimizes Turnover," in *Best Practices in Recruitment and Retention* (Old Saybrook, CT: Business and Legal Reports, 2006).

CHAPTER 9

1. Heidi K. Gardner and Robert G. Eccles, *Eden McCallum: A Network-Based Consulting Firm* (Harvard Business School case study) (Watertown, MA: Harvard Business School Publishing, 2011).

2. Julian Birkinshaw, "Making the Firm Flexible," *Business Strategy Review* 18, no. 1 (2007): 62–87.

3. Liann Eden, personal communication with the author, February 5, 2015.

4. Freek Vermeulen, *Eden McCallum: Disrupting Management Consulting*, London Business School case study, 2014.

5. Eden, personal communication, February 5, 2015.

6. Birkinshaw, "Making the Firm Flexible."

7. Eden, personal communication, February 5, 2015.

8. Ibid.

9. Alfred D. Chandler Jr. *The Visible Hand: The Managerial Revolution in American Business* (Cambridge, MA: Harvard University Press, 1977).

10. Alexander Hamilton Institute, *Organization Charts* (New York: Alexander Hamilton Institute, 1923), 6.

11. Roger Martin, "Rethinking the Decision Factory," *Harvard Business*

Review 91, no. 10 (2013): 96–104.

12. Ibid., 101.

13. Ibid.

14. Clayton M. Christensen, Dina Wang, and Derek van Bever, "Consulting on the Cusp of Disruption," *Harvard Business Review* 91, no. 10 (2013): 106–14.

15. Vermeulen, *Eden McCallum*.

16. Ibid., 2.

17. Eden, personal communication, February 5, 2015.

18. Brian Uzzi and Jarrett Spiro, "Collaboration and Creativity: The Small World Problem," *American Journal of Sociology* 111, no. 2 (2005): 447–504.

19. Brian Uzzi, interview with the author, March 11, 2014.

20. Uzzi and Spiro, "Collaboration and Creativity."

21. Uzzi, interview with the author, March 11, 2014.

22. Eden, personal communication, February 5, 2015.

23. Dane Atkinson, personal communication with the author, February 26, 2015.

24. Jeffrey Pfeffer and Robert I. Sutton, *Hard Facts, Dangerous Half-Truths, and Total Nonsense: Profiting from Evidence-Based Management* (Boston: Harvard Business School Press, 2006).

25. Tom Kelley, with Jonathan Littman, *The Art of Innovation: Lessons in Creativity from IDEO, America's Leading Design Firm* (New York: Currency, 1995).

26. Pfeffer and Sutton, *Hard Facts, Dangerous Half-Truths, and Total Nonsense*, 175.

27. Kelley and Littman, *The Art of Innovation*.

28. Teresa Amabile, Colin M. Fisher, and Juliana Pillemer, "IDEO's Culture of Helping," *Harvard Business Review* 92, nos. 1–2 (2014): 58.

CHAPTER 10

1. David Dix, "Virtual Chiat," *Wired*, July 1994, http://archive.wired.com/wired/archive/2.07/chiat.html (accessed May 20, 2015).

2. Nikil Sival, *Cubed: A Secret History of the Workplace* (New York:

Doubleday, 2014).

3. Maria Konnikova, "The Open-Office Trap," *The New Yorker*, January 7, 2014.

4. Michael Barbaro, "The Bullpen Bloomberg Built: Candidates Debate Its Future," *New York Times*, March 22, 2013.

5. Kevin Kruse, "Facebook Unveils New Campus: Will Workers Be Sick, Stressed, and Dissatisfied?" *Forbes*, August 25, 2012.

6. Karl Stark and Bill Stewart, "Open-Plan Office: An Introvert's Worse Nightmare," *Inc.*, February 28, 2013, http://www.inc.com/karl-and-bill/open-plan-office-an-introverts-worse-nightmare.html.

7. Aoife Brennan, Jasdeep S. Chugh, and Theresa Kline, "Traditional Versus Open Office Design: A Longitudinal Field Study," *Environment and Behavior* 34, no. 3 (2002): 279–99.

8. Jungsoo Kim and Richard de Dear, "Workspace Satisfaction: The Privacy-Communication Trade-off in Open-Plan Offices," *Journal of Environmental Psychology* 36 (2013): 18–26.

9. Matthew C. Davis, Desmond J. Leach, and Chris W. Clegg, "The Physical Environment of the Office: Contemporary and Emerging Issues," in *International Review of Industrial and Organizational Psychology* 2011, vol. 26, edited by Gerard P. Hodgkinson and J. Kevin Ford (Chichester, UK: John Wiley & Sons, Ltd, 2011).

10. Gary W. Evans and Dana Johnson, "Stress and Open-Office Noise," *Journal of Applied Psychology* 85, no. 5 (2000): 779–83.

11. Jan H. Pejtersen, Helene Feveile, Karl B. Christensen, and Hermann Burr, "Sickness Absence Associated with Shared and Open-Plan Offices – A National Cross-sectional Questionnaire Survey," *Scandinavian Journal of Work, Environment, and Health* (2011): 376–82.

12. So Young Lee and Jay L. Brand, "Effects of Control over Office Workspace on Perceptions of the Work Environment and Work Outcomes," *Journal of Environmental Psychology* 25, no. 3 (2005): 323–33.

13. David Burkus, "0513: David Craig: The History of Workplace Design and Its Effect on Culture and Performance," LDRLB (podcast), June 23, 2014, http://davidburkus.com/2014/06/0513-david-craig/ (accessed May

20, 2015).

14. Keiko Morris, "More New York Companies Experiment with Innovative Office Space," *Wall Street Journal*, July 7, 2015.

15. Ibid.

16. Belinda Lanks, "Cozy in Your Cubicle? An Office Design Alternative May Improve Efficiency," *Bloomberg BusinessWeek*, September 18, 2014, http://www.bloomberg.com/bw/articles/2014-09-18/activity-based-working-office-design-for-better-efficiency (accessed May 20, 2015).

17. GLG, "GLG's New Global Headquarters Pioneers Latest Approach to Office Design and Culture" (video file), 2014, https://vimeo.com/100165888 (accessed May 20, 2015).

CHAPTER 11

1. Stefan Sagmeister, "Stefan Sagmeister: The Power of Time Off" (video file), TEDGlobal 2009, July 2009, http://www.ted.com/talks/stefan_sagmeister_the_power_of_time_off?language=en (accessed May 12, 2015).

2. Ibid.

3. Society for Human Resource Management (SHRM), *2009 Employee Benefits: Examining Employee Benefits in a Fiscally Challenging Economy* (Alexandria, VA: SHRM, 2009).

4. Society for Human Resource Management (SHRM), *2014 Employee Benefits: An Overview of Employee Benefit Offerings in the US* (Alexandria, VA: SHRM, 2014).

5. Tamson Pietsch, "What's Happened to Sabbatical Leave for Academics?" *The Guardian*, October 5, 2011.

6. Walter Crosby Eells and Ernest V. Hollis, *Sabbatical Leave in American Higher Education: Origin, Early History, and Current Practices*, Bulletin 17, OE-53016 (Washington, DC: US Department of Health, Education, and Welfare, Office of Education, 1962).

7. Grid Business, "How the Lucky Few with Paid Sabbaticals Are Using Their Time," *Chicago Sun-Times*, April 8, 2013.

8. Ibid.

9. Kathryn Tyler, "Sabbaticals Pay Off," *HR Magazine*, December 1, 2011, http://www.shrm.org/publications/hrmagazine/editorialcon-

tent/2011/1211/pages/1211tyler.aspx (accessed April 29, 2015).

10. YourSabbatical.com, "Workplaces for Sabbaticals," http://yoursabbati-cal.com/learn/workplaces-for-sabbaticals (accessed April 28, 2015).

11. Build Network staff, "Why Paid Sabbaticals Are Good for Employees and Employers," Inc. 5000, December 25, 2013, http://www.inc.com/the-build-network/why-paid-sabbaticals-are-good-for-employees-and-employers.html (accessed April 29, 2015).

12. Ibid.

13. Morningstar, "Morningstar Benefits for US Employees," http://corpo-rate1.morningstar.com/us/Careers/Benefits/ (accessed April 29, 2015).

14. Terri Lee Ryan, "Morningstar: The Company That Works!" ChicagoNow, March 18, 2011, http://www.chicagonow.com/get-employed/2011/03/morningstar-the-company-that-works/ (accessed April 29, 2015).

15. Oranit B. Davidson, Dov Eden, Mina Westman, Yochi Cohen-Charash, Leslie B. Hammer, Avraham N. Kluger, Moshe Krausz, Christina Maslach, Michael O' Driscoll, Pamela L. Perrewé, James Campbell Quick, Zehava Rosenblatt, and Paul E. Spector, "Sabbatical Leave: Who Gains and How Much?" *Journal of Applied Psychology* 95, no. 5 (2010): 953.

16. Alexandra Levit, "Should Companies Offer Sabbaticals?" *Fortune*, January 3, 2011.

17. Davidson et al., "Sabbatical Leave," 953.

18. Levit, "Should Companies Offer Sabbaticals?"

19. Deborah Linnell and Tim Wolfred, *Creative Disruption: Sabbaticals for Capacity Building and Leadership Development in the Non-profit Sector* (Boston: Third Sector New England and CompassPoint, 2010).

20. Ibid., 24.

21. Minda Zetlin, "Five Surprisingly Good Reason to Pay – Yes, Pay! – Employees to Go on Vacation," *Inc.*, April 3, 2015, http://www.inc.com/minda-zetlin/5-surprisingly-good-reasons-to-pay-yes-pay-employees-to-go-on-vacation.html (accessed April 29, 2015).

22. Sue Shellengarger, "Companies Deal with Employees Who Refuse to Take Time Off by Requiring Vacations, Paying Them to Go," *Wall Street Journal*, August 12, 2014.

23. Rachel Feintzeig, "Cure for Office Burnout: Mini Sabbaticals," *Wall Street Journal*, October 28, 2014.

24. Will Oremus, (2014). "You Deserve a Pre-cation: The Smartest Job Perk You've Never Heard Of," *Slate*, September 30, 2014, http://www.slate.com/articles/business/building_a_better_workplace/2014/09/precation_perks _companies_offer_employees_vacation_before_they_start.html (accessed April 20, 3015).

25. Ibid.

26. Ibid.

27. Emily McManus, "Why TED Takes Two Weeks Off Every Summer," TED Blog, July 17, 2014, http://blog.ted.com/why-ted-takes-two-weeks-off-every-summer/ (accessed April 20, 2015).

CHAPTER 12

1. Michael Abrash, "Valve: How I Got Here, What It' s Like, and What I' m Doing," Ramblings in Valve Time, April 13, 2012, http://blogs.valvesoft-ware.com/abrash/valve-how-i-got-here-what-its-like-and-what-im-doing-2/ (accessed May 12, 2015).

2. Valve, *Handbook for Employees* (Kirkland, WA: Valve Press, 2012).

3. Leerom Segal, Aaron Goldstein, Jay Goldman, and Rahaf Harfoush, *The Decoded Company: Know Your Talent Better Than You Know Your Customers* (New York: Portfolio, 2014).

4. Samuel Walreich, "A Billion-Dollar Company with No Boss Exists," *Inc.*, March 4, 2013, http://www.inc.com/samuel-wagreich/the-4-billion-com-pany-with-no-bosses.html (accessed May 12, 2015).

5. Claire Suddath, "Why There Are No Bosses at Valve," *Bloomberg BusinessWeek*, April 27, 2012, http://www.bloomberg.com/bw/arti-cles/2012-04-27/why-there-are-no-bosses-at-valve (accessed May 15, 2015).

6. Valve, *Handbook for Employees*, 4.

7. Walreich, "A Billion-Dollar Company with No Boss Exists."

8. Jacob Morgan, *The Future of Work: Attract New Talent, Build Better Leaders, and Create a Competitive Organization* (Hoboken, NJ: Wiley, 2014), 47–48.

9. Valve, *Handbook for Employees*, 44.

10. Ibid., 6.

11. Daniel H. Pink, *Drive: The Surprising Truth About What Motivates Us* (New York: Riverhead, 2009).

12. Edward L. Deci and Richard M. Ryan, "Facilitating Optimal Motivation and Psychological Well-being Across Life's Domains," *Canadian Psychology/Psychologie canadienne* 49, no. 1 (2008): 14.

13. Richard M. Locke and Monica Romis, "Improving Work Conditions in a Global Supply Chain," *MIT Sloan Management Review* (January 2007).

14. Kamal Birdi, Chris Clegg, Malcolm Patterson, Andrew Robinson, Chris B. Stride, Toby D. Wall, and Stephen J. Wood, "The Impact of Human Resource and Operational Management Practices on Company Productivity: A Longitudinal Study," *Personnel Psychology* 61, no. 3 (2008): 467–501.

15. Muammer Ozer, "A Moderated Mediation Model of the Relationship Between Organizational Citizenship Behaviors and Job Performance," *Journal of Applied Psychology* 96, no. 6 (2011): 1328–36.

16. Deci and Ryan, "Facilitating Optimal Motivation," 15–16.

17. Valery Chirkov, Richard M. Ryan, Youngmee Kim, and Ulas Kaplan, "Differentiating Autonomy from Individualism and Independence: A Self-determination Theory Perspective on Internalization of Cultural Orientations and Well-being," *Journal of Personality and Social Psychology* 84, no. 1 (2003): 97–110; Joseph Devine, Laura Camfield, and Ian Gough, "Autonomy or Dependence – or Both? Perspectives from Bangladesh," *Journal of Happiness Studies* 9, no. 1 (2008): 105–38.

18. Herb Kelleher, "A Culture of Commitment," *Leader to Leader* 4 (1997): 20–24.

19. First Round Review, (2014, July 15). "Can Holacracy Work? How Medium Functions Without Managers," *Fast Company*, July 15, 2014, http://www.fastcompany.com/3032994/can-holacracy-work-how-medium-functions-without-managers (accessed May 13, 2015).

20. Gary Hamel, "First, Let's Fire All the Managers," *Harvard Business Review* 89, no. 12 (2011): 48–60.

21. Ibid., 52.

22. Ibid.

23. Ibid., 54.

24. Ibid.

25. Ibid., 52.

26. John Paul Titlow, "210 Zappos Employees Respond to Holacracy Ultimatum: We're Out," *Fast Company*, May 8, 2015, http://www.fastcompany.com/3046121/fast-feed/210-zappos-employees-respond-to-holacracy-ultimatum-were-out (accessed May 14, 2015).

27. Charles Fishman, "How Team Work Took Flight," *Fast Company*, 1999, http://www.fastcompany.com/38322/how-teamwork-took-flight (accessed May 14, 2015).

28. Ibid.

29. Ibid.

30. Darren Dahl, "Kim Jordon on Why Employee-Owned New Belgium Brewing Isn' t Worried About a Craft Beer Bubble," *Forbes*, May 5, 2015.

31. Leigh Buchanan, "It' s All About Ownership," Inc., April 18, 2013, http://www.inc.com/audacious-companies/leigh-buchanan/new-belgium-brewing.html (accessed May 15, 2015).

32. Michelle Goodman, "How to Build an Employee-Owned Business," *Entrepreneur*, February 23, 2015, http://www.entrepreneur.com/article/241522 (accessed May 15, 2015).

33. Katie Wallace, "The Power of Employee Ownership: New Belgium," *Conscious Company Magazine*, Winter 2015, http://www.consciouscompanymagazine.com/blogs/press/16248541-the-power-of-employee-ownership-new-belgium (accessed May 15, 2015).

34. Dahl, "Kim Jordon on Why Employee-Owned New Belgium Brewing."

CHAPTER 13

1. Daniel Cohen and Sean Brown, "Global Leaders Summit 2014: Sean Brown" (video file), December 3, 2014, https://www.youtube.com/watch?v=kHU2kt7mQdA (accessed April 3, 2015).

2. McKinsey & Company, "Alumni – A Community for Life," http://www.mckinsey.com/careers/our_people_and_values/alumni-a_community_for_life (accessed April 2, 2015).

3. Andrew Hill, "Inside McKinsey," *Financial Times*, November 25, 2011.

4. Duff McDonald, "The Answer Men," *New York*, July 27, 2009.

5. Hill, "Inside McKinsey."

6. Duff McDonald, *The Firm: The Story of McKinsey and Its Secret Influence on American Business* (New York: Simon & Schuster, 2014).

7. Cohen and Brown, "Global Leaders Summit 2014: Sean Brown."

8. Ibid.

9. Brian Uzzi, personal communication with the author, March 23, 2015.

10. Brian Uzzi, "The Sources and Consequences of Embeddedness for the Economic Performance of Organizations: The Network Effect," *American Sociological Review* 61, no. 4 (1996): 674–98.

11. Uzzi, personal communication with the author, March 23, 2015.

12. Ibid.

13. Cohen and Brown, "Global Leaders Summit 2014: Sean Brown."

14. Ibid.

15. Joe Laufer, "Corporate Alumni Programmes: What Universities Can Learn from the Business Experience," November 5, 2009, http://www.slideshare.net/joeinholland/what-universities-can-learn-from-corporate-alumni-programs (accessed April 23, 2015).

16. Reid Hoffman, Ben Casnocha, and Chris Yeh, *The Alliance: Managing Talent in the Networked Age* (Boston: Harvard Business Review Press, 2014).

17. Ibid., 140.

18. Ibid., 144.

19. Microsoft Alumni Network, "About Us," https://www.microsoftalumni.com/about-us (accessed April 21, 2015).

20. Todd Bishop, "Microsoft Alumni Groups Combine, Aim to Expand, Led by Former Exec Jeff Raikes," *GeekWire*, June 26, 2014, http://www.geekwire.com/2014/microsoft-alumni-groups-combine-aim-expand-led-former-exec-jeff-raikes/ (accessed April 21, 2015).

21. Emily Glazer, "Leave the Company, but Stay in Touch," *Wall Street Journal*, December 20, 2012.

22. P&G Alumni Network, "About," http://www.pgalums.com (accessed April 21, 2015).

23. Big Four Firms Network, "Accenture Alumni Network Is a Win-Win Proposition," http://www.big4.com/news/accenture-alumni-network-is-a-win-win-proposition/ (accessed April 20, 2015).

24. Jennifer Salopek, "Employee Referrals Remain a Recruiter's Best Friend," *Workforce*, December 6, 2010, http://www.workforce.com/articles/employee-referrals-remain-a-recruiters-best-friend (accessed April 20, 2015).

25. Chevron, "Join Chevron Alumni and Bridges for Contract Positions," http://alumni.chevron.com (accessed April 20, 2015).

26. L. M. Sixel, "Chevron Woos Ex-employees Back as Contractors," *Houston Chronicle*, February 10, 2010.

에필로그

1. Yunus A. Cengel and Michael A. Boles, *Thermodynamics: An Engineering Approach,* 4th ed. (New York: McGraw-Hill, 2015), 496.

2. Steve Crabtree, "Worldwide, 13% of Employees Are Engaged at Work," Gallup, October 8, 2013, http://www.gallup.com/poll/165269/worldwide-employees-engaged-at-work.aspx (accessed May 26, 2015).

3. Amy Adkins, "Majority of US Employees Not Engaged Despite Gains in 2014," Gallup, January 28, 2015, http://www.gallup.com/poll/181289/majority-employees-not-engaged-despite-gains-2014.aspx (accessed May 26, 2015).

4. Dane Atkinson, Personal communication with the author, February 26, 2015.

데이비드 버커스

경영의 이동

제1판 1쇄 발행 | 2016년 9월 7일
제1판 9쇄 발행 | 2020년 5월 6일

지은이 | 데이비드 버커스
옮긴이 | 장진원
펴낸이 | 손희식
펴낸곳 | 한국경제신문 한경BP
책임편집 | 마현숙
교정교열 | 공순례
저작권 | 백상아
홍보 | 서은실 · 이여진 · 박도현
마케팅 | 배한일 · 김규형
디자인 | 지소영
본문디자인 | 디자인 현

주소 | 서울특별시 중구 청파로 463
기획출판팀 | 02-3604-553~6
영업마케팅팀 | 02-3604-595, 583   FAX | 02-3604-599
H | http://bp.hankyung.com   E | bp@hankyung.com
F | www.facebook.com/hankyungbp
등록 | 제 2-315(1967. 5. 15)

ISBN 978-89-475-4136-7   03320